The London Dream

Migration and
the Mythology of the City

伦敦梦

移民与城市神话

Chris McMillan

[英]克里斯·麦克米伦 著　李小霞 译

中国科学技术出版社

·北　京·

First published by Zero Books, 2020
Zero Books is an imprint of Collective Ink Books Ltd. (Originally John Hunt Publishing) 11, Shepperton House, 89-93 Shepperton Road, London, England. www.collectiveinkbooks.com
Text copyright: Chris McMillan 2019
The simplified Chinese translation rights arranged through Rightol Media（本书中文简体版权经由锐拓传媒取得 Email:copyright@rightol.com）
Simplified Chinese translation copyright © 2024 by China Science and Technology Press Co., Ltd.

北京市版权局著作权合同登记　图字：01-2023-6058

图书在版编目（CIP）数据

伦敦梦：移民与城市神话 /（英）克里斯·麦克米伦（Chris McMillan）著；李小霞译 . -- 北京：中国科学技术出版社，2024.5
书名原文：The London Dream: Migration and the Mythology of the City
ISBN 978-7-5236-0566-0

Ⅰ . ①伦… Ⅱ . ①克… ②李… Ⅲ . ①移民—研究—伦敦 Ⅳ . ① D756.138

中国国家版本馆 CIP 数据核字（2024）第 059312 号

策划编辑	陆存月	责任编辑	聂伟伟
封面设计	周伟伟	版式设计	蚂蚁设计
责任校对	焦　宁	责任印制	李晓霖

出　　版	中国科学技术出版社
发　　行	中国科学技术出版社有限公司发行部
地　　址	北京市海淀区中关村南大街 16 号
邮　　编	100081
发行电话	010-62173865
传　　真	010-62173081
网　　址	http://www.cspbooks.com.cn

开　　本	880mm×1230mm　1/32
字　　数	260 千字
印　　张	11.75
版　　次	2024 年 5 月第 1 版
印　　次	2024 年 5 月第 1 次印刷
印　　刷	北京盛通印刷股份有限公司
书　　号	ISBN 978-7-5236-0566-0/D·137
定　　价	69.00 元

（凡购买本社图书，如有缺页、倒页、脱页者，本社发行部负责调换）

致哈德逊（Hudson）和赫胥黎（Huxley）：

在你们亲爱的母亲忙着养育你们的时候，我写下了这本书；

在她哄你们入睡的时候，我对它进行了编辑。

如有不足之处，请读者多多谅解。

致谢

如果说有什么事推动了人们的伦敦梦，那么它同时也推动了我写这本书。除去所有理性的思考，我非常钟爱写这本书的初衷，以及创作出这些文字的地点——城市各处的咖啡馆。此外，就像伦敦梦一样，我的理想也离不开他人的劳动与付出。

有人说，写作有时候就是把一摞书浓缩成一本书的过程。本书正好是这样。读者将会看到，我的写作在很大程度上依赖杰瑞·怀特（Jerry White）关于伦敦历史的长篇著作，以及彼得·阿克罗伊德（Peter Ackroyd）关于这座城市的传记。林赛·杰曼（Lindsey German）和约翰·里斯（John Rees）的《伦敦人的历史》（*A People's History of London*）也是一本非常宝贵的书，我强烈推荐。我还借鉴了许多其他人的学识和研究。

毋庸置疑，对那些奉献出自己的大量时间来讲述伦敦的故事、回答困难的问题，并忍受我各种要求的人们，我由衷地表示感激。我谨希望，我的文字忠实地捕捉了你的梦想。

我也要感谢泽罗出版机构（Zero Books）为我的项目提供机会；感谢我的文字编辑约翰·罗曼斯（John Romans），为我的书提出了修改和建议。

感谢理查德·博德曼（Richard Boardman）、安迪·卢因（Andy Lewin）和马丁·温斯莱德（Martyn Winslade），感谢你们在项目早期提出的各种思路，以及你们围绕资本主义、社会正义和板球运动这些话题的持续贡献。虽然我并不认同你们对大多数事情的看法，但这并不会影响我们的友谊。

同时，我也由衷地感谢我的家人，你们给予的爱和支持让我能全力以赴。现在，我站在了这个爱的等式的另一边，我一天比一天更爱你们，更感恩你们的陪伴。我的伦敦梦的最大缺点不是噩梦般的通勤和不可靠的合约，而是每天要离开你们出去工作。我还要特别感谢我的母亲苏·麦克米伦（Sue McMillan），她认真而高效地校对了书中的文章。

我还要感谢我的雇主，阿卡迪亚大学伦敦中心，不仅为我提供了热爱的工作，而且为这个写作项目提供资金支持。我的同事们与我团结一心，为我提供了源源不断的支持和善意，甚至还有关于伦敦的各种小道消息。

读者还会看到，我在书中经常提到伦敦的大学生，他们对伦敦的热情一直是我快乐的源泉。这也让我每个学期都能以一种全新的眼光来看待这个城市。

最重要的是，我的心一直与我的妻子、我的双胞胎孩子哈德逊和赫胥黎同在。

我的孩子们，当我在 2019 年 6 月写这本书时，你们哥俩正甜美地睡在我身边，我无法想象还有比这更幸福的事。我热切地盼望着与你们一起走过人生的风风雨雨，即使今晚要给你们换尿布也不在话下。

维多利亚（Victoria），你就是为我保驾护航的小企鹅。在这本书的写作过程中，对我而言，你的支持比你认为的更有意义。我爱你。

你，以及我们那两个襁褓中的婴儿，对我而言，就是梦想成真。

前言

　　这本书原本是想对伦敦的工作现状做一次相当悲观的批判。我试图证明，资本主义和伦敦经济运转的那套逻辑自维多利亚时代起就充满了不公平和屈辱，至今没有多大改变。我最初的几次访谈都是为了证实这一观点。我不断要求受访者给我讲各种悲惨的故事，这些故事也就源源不断地来了。然而，在这些访谈中，我总能感受到一丝矛盾和犹豫。接受我采访的人确实对伦敦的生活颇感不满，但这种不满并不是这些伦敦人想要传达给我的信息。

　　无疑，伦敦时不时让他们体验到生活的艰辛。这种艰辛仍在继续，我们经常在一起交流这些不怎么美好的经历。但是，他们想要甚至可以说是渴望告诉我，他们喜欢这座城市。没错，尽管有那么多不如意，他们还是喜欢伦敦。这些忠诚、忙碌的伦敦人想要说的是，他们正在奋发向上。他们向我讲述他们的希望和梦想。他们告诉我，虽然风雨兼程，但他们的明天会更好。通常，他们都做到了。这本书中提到的许多人，都在伦敦过上了更好的生活。

即使面临绝境也要心怀希望，这就是人类境遇的真实写照，也是我们那些不幸的故事中蕴含的力量。这是一种希望，如果我们能够克服这个障碍，或者实现那个愿望，生活一下子就会好起来。也许你现在正在伦敦东区的一家咖啡馆里一杯接一杯地为客人制作平白咖啡（flat white coffee）①，但也许其中的某一杯咖啡就会为你带来一份属于平白经济（flat white economy）的工作。当然，在伦敦生活，房租会占去你工资的一半，但当你找到一份合适的工作时，这一切都是值得的。

伦敦这座城市以及资本主义，运行在希望与绝望、欲望与不满的矛盾之上。长久以来，资本和城市的联姻促使人们来到伦敦，因为这座城市提供了他们需要的一切：文明、消费、酷炫、光明的前途，甚至只是安全的生活环境。这就是伦敦梦，一个生机勃勃、无孔不入而又剥肤椎髓的梦。

---

① 平白咖啡在国内有很多叫法，例如澳白、小白、馥芮白等。本书后文会提到一本名为《平白经济》的书，指的是一群热衷喝"平白咖啡"的群体带动的经济环境。——译者注

目录

第一部分

适彼乐土

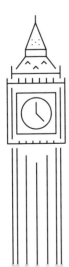

伦敦梦

　　"如果你厌倦了伦敦，你就厌倦了生活。"这句话早已是老生常谈，如今只适合出现在最陈腐的旅游博客上。不过，这也许刚好是你在伦敦哈克尼区[①]工作时的感慨。

　　这句变成老生常谈的话，恰恰也揭示出一个关于伦敦的不朽神话。

　　塞缪尔·约翰逊（Samuel Johnson）最初讲这句话时，并非为了能成为无数图书、博客和宣传手册标题之类的商业用途。和约翰逊那知识分子的魅力一样，济贫院同样是乔治王时代伦敦的一大特色。

---

　　①　哈克尼区是英国伦敦的一个区，和东区毗邻，过去曾是移民和贫民的聚居区。——译者注

约翰逊博士更应该被后人铭记的身份是文学巨匠，以及那个时代最杰出的字典编撰的开创者。据记载，约翰逊曾对他的朋友、后来成为传记作家的詹姆斯·包斯威尔（James Boswell）说过上面那句话。包斯威尔在他的《约翰逊博士传》（The Life of Samuel Johnson）中讲述了1777年他和约翰逊在德比城外的阿什伯恩小镇的生活。据包斯威尔描述，9月20日星期六的早晨，他和约翰逊进行了一次"严肃的谈话"，讨论约翰逊不断加深的"忧郁和疯狂"。包斯威尔对这位朋友的忧虑似乎并不理解。

尽管如此，他很高兴能够"认真商讨一个对我来说关系重大的问题，约翰逊出于朋友般的关心，替我细细斟酌了一番"[1]。苏格兰出身的包斯威尔写道，他向约翰逊表达了一个担忧："我如果久居伦敦，先前偶尔到访时的那种兴致勃勃，对伦敦非常喜欢的心情，可能会消失，对它渐渐感到厌倦也说不定。"[2]

约翰逊对这种傻念头很是不屑一顾，他回答说：

> 哪怕是稍微有点理智的人，也没有一个肯主动离开伦敦的。没有。如果一个人厌倦了伦敦，他也就厌倦了生活，因为伦敦有生活能赋予人的一切。[3]

这种关于伦敦的看法，关于它能提供无限可能的念头，让数百万人踏上了移民之旅，也让厌倦了生活本身、厌倦了城市的尘垢和苦难的伦敦人固守在原地。它给人的感觉就是，如果一个人想要成功，伦敦就是他要来的地方。不管在伦敦的生活有多艰难，人们总会觉得，只要有一点点运气，生活就会变得更好。

这就是伦敦梦。

这种感觉也出现在英国记者托尼·帕森斯（Tony Parsons）的观点中。2016 年，他在《智族》（GQ）杂志发表了一篇感情饱满的文章，题为《伦敦是世界上最伟大的城市》。在文章的结尾，他写道：

> 人们关于伦敦的一切传言都是真的。想在这里生活，就必须学会接纳八方来客。那些曾在人们口中传唱的关于纽约的歌曲，如今用来形容伦敦则更为真实——你如果能在这里成功，就能在任何一个地方成功。请把我的骨灰撒在汉普斯特德荒野吧，让它们随风飘过那绿色的田野，越飞越远，飞过一片片曾用作浴池的池塘，飞过肯伍德庄园，飞到议会山（Parliament Hill）。伦敦，这座城市，世界之都，宇宙的中心，它会夺走你的一切，但却值得。爱它者甘之如饴，恨它者避之不及。[4]

这样的梦并不仅仅局限于约翰逊博士这种"纯粹的知识分子"，怀揣这类梦想的人也不一定就热衷于帕森斯推崇的汉普斯特德荒野。对于那些厌倦了给帕森斯这类人倒咖啡、做西装的城市外来者来说，伦敦梦可能更加强烈。山姆·塞尔文（Sam Selvon）在 1956 年发表的小说《孤独的伦敦人》（The Lonely Londoners）中，描述了加拉哈德（Galahad）对皮卡迪利广场的印象：

当他第一次看到爱神厄洛斯（Eros）的雕像和那些路灯的时候，那个广场就深深吸引了他。那个圆形的广场代表着生命，是世界的起点，也是终点。他每次去那里，都会产生同样的感觉，让他回想起第一次看到它的那个晚上。可以来杯可口可乐，也可以随时来一杯健力士黑啤酒，还有牛肉茶和烟火表演、无数闪亮的路灯、欢乐的笑声、剧院宽阔的大门、巨幅海报、"永备"（everready）牌电池。富人们进出高档酒店，老百姓进出剧院。街头的人或坐，或站，或走，或说，或笑，公共汽车和小轿车川流不息，当然，人群中还有加拉哈德先生。所有这一切，都被包容进了这座大城市——伦敦。哦，我的上帝！ 5

伦敦梦是一个神话，但并非虚构。它是人类理解社会进步的诸多故事之一，也是关于我们自己的故事。其真实程度不在于它反映了多少客观现实，而在于它是否能使那些故事讲述者产生共鸣。

如果我们谈的是一个小镇梦，寥寥几句即可结束。但当我们谈的是美国梦、是"金山银山"时，这些梦就会成为几个世纪以来吸引移民不断前往的故事。同样，自从两千年前古罗马人抵达伦敦以来，伦敦梦就在不断激发人们的想象力。它吸引了来自英伦三岛、欧洲大陆、英联邦各国和全世界其他地区的移民 6，当然还包括那些刚在北方的大学里度过青葱岁月的学生。

正是这样的伦敦梦，让无数学子在毕业后成群结队地来到伦敦寻求刺激和机遇。也正是这样的伦敦梦，让新来者甘愿忍受风雨飘摇的生活，让难民们不断涌入伦敦，哪怕会被英国政府正式"遣散"到全国各地也在所不惜[7]。

也正因为如此，伦敦人能够享受到物质消费带来的愉悦，而雇主们能够不断突破工资水平和工作条件的下限。

这里讲的故事，就是伦敦梦的故事。

梦想成真

我终于实现了自己的伦敦梦。

和许多前辈一样，我移民来伦敦是为了寻找新的希望和新的谋生机会，结果却发现自己徘徊在失业的边缘，置身于无数移民同胞的大军之中。

伦敦给了我再度焕发青春的机会。它（最终）给了我一份有意义且收入优厚的工作、一个旅游胜地和一个朋友亲如一家的社区。我喜欢这种身处世界中心的感觉。对我来说，来到伦敦就是适彼乐土。

不过，我的经历并非一帆风顺。对于相当一部分伦敦人而言，情况也是如此。

我和妻子原籍新西兰。由于无力支付房租，也没有稳定的就业前景，我们变卖了家产，买了两张前往伦敦的单程票，坚信一旦来到这座大城市，一切都会好起来。很明显，我们不是，也不会是最后一个将命运寄托在这种天真念头上的人。

很快，我们就发现自己根本负担不起整租住房。尽管福克斯顿房产中介公司（Foxtons）的员工开着小面包车，载着我们热情地在城里四处转，竭力劝说我们别合租，但我们还是选择了合租，和另外 11 个人一起住在一栋改建的维多利亚时代的公寓楼里。很难找到一个更贴切的比喻来形容在伦敦的生活。来自葡萄牙、爱尔兰、澳大利亚和新西兰的移民，偶尔能和谐地共享同一个空间，必须彼此让道才能快速通过。我们形成了一个个小圈子，公寓里的住客不停流转，只有在被某种毫无必要的、坦率的警告打扰时，我们才会团结得像一个人。友谊是虚伪的，我们彼此为敌。这里既有绝望的痛苦，也有胜利的喜悦。所有人只要一有机会，就会离开。有些人去了更好的地方，前途光明；还有些人则带着故事回到故乡，向朋友们讲述伦敦的残酷。

工作方面也没有轻松多少。和职业代理机构签合同是一种常规做法，无论是作为迈入理想行业的第一步，还是作为一种生存方式，均是如此。我妻子靠这些合同维持我们的生计。作为一名刚毕业开始工作的教师，她早上 5：30 起床，然后给她注册的教育招聘机构打电话，在 6：30 之前等待电话回复。顺利的话，早上 6：45，她会查看伦敦交通局（TfL）的地图，找出前往伦敦某个不熟悉的地区的通勤线路，然后去上一堂课。如此，便可确保她远离焦虑，还能让我们在伦敦又度过一天。

如果一周工作 4 天，意味着我们能交上房租；工作 5 天，就能有一点余钱供其他消费（在伦敦谁会攒钱呢？）；如果一周只工作 3 天，就意味着一整个星期都会寝食难安。在 2010 年 6 月那个异常炎热的夏季，清晨等候电话的经历，可以算是我们人生中最艰难的时刻。

　　这种不稳定的生活，会迫使你去做很多你不想做的事情。我申请去做临时演员，但不肯支付 10 英镑的注册费。我会从牧羊人丛林步行到布卢姆茨伯里参加心理学研究，只为省 5 英镑交通费。我听说了某个挣钱的方法，注册参加了医学实验，测试一种新流感药物，能挣 3000 英镑。我需要做的就是一个星期不出门。我的生活方式本来就差不多如此。我的家人强烈反对我这么做，从新西兰给我汇来了一笔钱，看到账户里多了这笔钱，我既愤慨又感激，内心五味杂陈。事实上，很少有移民能够得到这样的帮助。

　　然而，我还是需要找工作。我从简历中抹去了我的博士学位，换成了早已不提的学生时代的零售工作经历。我应聘了一家招聘勤杂人员的公司，为了面试和入职培训，我花了不少钱在伦敦的通勤上。在证明了自己身体健康、有国民保险号码后，我进入了零工时合同（Zero-hour Contract）的世界。我会收到一封信（简直像是史前时期的事情），里面是一项为近期的赛事活动提供服务的工作邀请。我有一天的时间打电话确认是否接受工作，但对方不能保证我回电时岗位还在。

　　许多零工时的工作是为赛马比赛提供服务，需要乘坐火车进入伦敦的通勤带。为一份时长为 4 个小时、时薪刚达到最低工资标准的工作，花 15 英镑买往返车票实在不值得。而在伦敦南部举办的英格兰对阵巴基斯坦的板球比赛，对我这个铁杆粉丝而言非常有吸引力。然而，尽管我对板球运动如数家珍，但多年前的零售工作经验，并没有让我准备好面对伦敦不稳定的工作带来的痛苦。

一到比赛场地，我们就被赶进一间等候室，被迫交出手机和钱包，换下自己的衣服，穿上一套黑裤子、白衬衫的标准制服，拿上一个装着午餐的牛皮纸袋。

我们一周工作 4 天，每天工作 10 小时，工资不比最低工资标准高哪怕一分钱，而且工作期间不允许离开活动现场。这样的工作条件，只要拒绝，立刻就让你走人，以后几乎也没机会再回来工作。我们这些人干什么的都有，胜任工作都绰绰有余。我们当中有在校学生，有经常失业的创意人员（大多数有研究生学历），还有出来赚外快的酒店工作人员。大家都对这份工作心存感恩。

几周后，我在水石书店（Waterstones）签到了一份临时工合同，既宽慰又愤懑，我加入了刚毕业的学生和书店从业人员的行列——这些人的收入甚至低于伦敦的维生工资[1]。我的一大堆工作申请石沉大海，最后一次是布鲁内尔大学学习支持部门的失败的面试。但几个月后因为一个员工跳槽，我又得到了这份工作。虽然这份工作只是兼职，而且是临时工作，但对我来说算是个立足点，可以和优秀的人一起从事有意义的工作。有了这个切入点，我又得到了社会学这门课的教学机会，那是一个按小时计薪酬的工作，对任何人而言都算是剥削。但最重要的是，这为我申请其他教学工作提供了工作经验。在来到伦敦 7 年后，我终于在自己的专业领域找到了一份全职的、永久的工作。

---

① 维生工资是指一个劳工为了支付生活开销（包含食、衣、住、行）所需的最低收入，它往往比最低工资高。——译者注

如今，在伦敦我有了自己的家，也是我们的双胞胎儿子的第一个家，可以旅行，可以与朋友共进晚餐，有机会时还能做一些新奇有趣的事。我们的生活仍然日复一日地重复着，在伦敦，这样的安全是一种殊荣。在这个城市生活需要能吃苦耐劳、能屈能伸。当工作不稳定时，你更需要勤勤恳恳、坚忍不拔。很少有移民能靠他们的教育背景出人头地，也很少有移民凭借其白人身份或中产阶级出身就享有特权。而且，并不是每个人都能在需要时开口向家里要钱付房租。

此外，虽然非常不想这样，但当我在这座城市消费时，我的确会从它对弱势群体的盘剥中获益。当我走进超市或去看电影时，我从那些低薪人士提供的服务中获益。虽然我很少用优步（Uber）叫车，但当我深夜外出只得依赖出租车回家时，我从遍地网约车司机的现实中获益。我叫外卖时总是优先挑选价格便宜的，这种做法无疑助长了外卖司机违法驾驶的风潮。当然，我可能会通过给小费来减轻心中的罪恶感，可是，对抗大大小小的企业利益，对抗为了生存而苦苦寻找最低价格的城市消费者的利益，又有什么益处呢？

对于许多在伦敦为这种消费形式提供服务的人而言，生活是一种既消耗体力又折磨精神的苦差事，由需要和希望共同支撑。全球性的消费文化和商品化的酷炫感受，与生活的含辛茹苦如影随形。这并不是什么可以随着城市发展而逐渐消失的反常现象，这恰恰是推动伦敦经济发展的动力。卡尔·马克思早已通过亲身感受和逻辑推演，洞悉了这一切。

马克思（主义）在伦敦

马克思在他呕心沥血创作的《资本论》（*Das Kapital*）^①一书中提出：

> 在一极是财富的积累，势必，同时在另一极，是贫困、劳动折磨、受奴役、无知、粗野和道德堕落的积累。[8]

马克思生活在维多利亚时代的伦敦。基于那时的观察，他做出这样的断言一定是有其道理的。作为众多逃离欧洲大陆的激进分子的一员，马克思在 1871 年 6 月给他女儿的信中写道，"来自（我们）国家的同胞""挤满了（伦敦的）街道。满脸的困惑让人一眼就能区分出来（认出来）"[9]。1849 年德国革命失败后，他到伦敦寻求庇护，直到 1883 年去世。

尽管马克思大部分时间都泡在大英博物馆的阅览室里，四周堆满了大英帝国的战利品，但他在伦敦的生活和维多利亚时代的众多移民家庭一样，始终动荡不安。1851 年，他在写给其追随者约瑟夫·魏德迈（Joseph Weydmeyer）的信中抱怨："我们就在这种悲惨的环境中苟延残喘"[10]；1850 年到 1855 年间，马克思和他的妻子燕妮（Jenny）因为生活贫困失去了 3 个孩子[11]。

---

① 人民出版社，2004 年，第一卷第七篇第二十三章第 4 节，第 566 页。——译者注

生活困苦的并不止马克思一家。19 世纪的伦敦被一种如今包罗万象的资本主义氛围所迷惑，正在孕育一种新的人类生活方式，一种会积累大量财富和痛苦的生活方式。正如英国记者兼剧作家布兰查德·杰罗尔德（Blanchard Jerrold）在他的《伦敦：一次朝圣》（*London, A Pilgrimage*）中所写的那样："单是伦敦的老人、孤儿、瘸子和盲人就能填满一座普通城市。"[12]

对马克思而言，充满这座首都之城以及资本之城的人们的绝望，正是这座城市扩张的动力；多数人的苦难正是少数人积累财富的关键。马克思对于城市中不平等现象的观察并不新鲜。柏拉图在《理想国》①一书中说："无论多么小的国家，都分成相互敌对的两个部分，一为穷人的，一为富人的。"[13] 然而，对于马克思而言，普遍的贫困并不是人类生活境遇的自然组成部分，也不是什么可以随着城市发展而逐渐克服的反常现象。相反，马克思的基本主张就是，不平等是资本主义本质的一部分。

本书并不想质疑这一主张。不过，我们可以对马克思的关键论点加以扩展。不仅财富的积累，特别是在 21 世纪，靠的是对最弱势群体的剥削，而且对伦敦这座文明、"酷炫"的国际化大都市的消费，同样是建立在那些努力创造这种酷炫经济的弱势群体的痛苦之上的。

这句话适用于古代的伦敦，即"朗蒂尼亚姆"城（Londinium）；那时，这座城市里既有耀眼的公共集会场所，也有繁荣

---

① 商务印书馆，1986 年，郭斌和、张竹明译，第四卷，第 137页。——译者注

的奴隶市场。在乔治王时代，伦敦也可以看到这种景象，夜晚的灯火通明只会让济贫院看上去更加黑暗。它也同样存在于维多利亚时代的伦敦，灯红酒绿与阴沟粪土并存。这催生了一种时髦、酷炫的感觉，驱使年轻人纷纷移居伦敦，跳进不稳定生活的旋涡中，成为推动英国经济的新工人阶级。

一面是刺激的生活，一面是残酷的剥削，如何看待这种尖锐的对立，全看你如何理解伦敦梦了。那些相信这个城市的神话，认为这里充满机遇、繁荣和刺激的人，源源不断地涌入伦敦，反过来又进一步坐实了"去伦敦是适彼乐土"的神话。在此过程中，他们为伦敦提供了稳定的劳动力储备，就像以前那些让农民大量涌入城市的农地清洗运动（agricultural clearances）一样，提供了马克思所说的"大量人力资源"，这些资源无论是在服务行业还是在创意行业，都极易受到剥削。

这些伦敦人，无论是初来乍到的还是久经沙场的，在与雇主和同行的交流中都深知这样一个事实：在这里，总是有时刻等待着的、心甘情愿的人取代你的位置。这使得本就不稳定的工作环境变得更加脆弱。过去，每一个辛勤工作的码头工人都会绝望地发现，总有人盼着接替他们的苦差事；如今，每一个优步司机都知道，总会有新人登录系统，等着接下他们拒载的订单。同样，每一个新来的戏剧专业的毕业生，都是伦敦创意产业那些濒临失业的人群的潜在替代者。这就是新一代的伦敦后备劳动力大军：他们并不是严格意义上的失业者，而是那些大材小用、资历过高、一边打工一边等待着被更刺激、更能赚钱的机会剥削的人。

然而，他们还是来了：尽管年轻人遇到了残酷的人员流转，但伦敦的人口仍在以每年 10 万人的速度增长。这些人来到这座城市，追寻那个看似永不熄灭的伦敦梦。

在一个不容易摆脱贫困的城市里，这种梦想的传播促进了各行各业的发展。然而，希望并不仅仅是镜花水月般的愚蠢错觉，打工人也需要它。在面对逆境以及冷漠的理性时，他们需要心怀希望。

在伦敦，唯一比被剥削更糟糕的事，就是没有机会被剥削，以及没有机会留在伦敦。

展望未来

伦敦梦带来的希望，以及这种希望在这座城市掀起的剥削与倾轧，这二者的纠缠和斗争构成了本书的核心。我走访了伦敦的角角落落以及生活在那里的人[14]，为读者讲述这个城市的故事。在这个城市里，兴奋与机遇、剥削与堕落密不可分。在我记录的故事里，没有公众人物，没有名人，只有一个个独特又普通的伦敦人。

我还要说的是，尽管伦敦梦的确造就了一种独具伦敦特色的神话，但我并不敢自诩这本书就代表了伦敦的全部。书中没有房地产开发商或建筑工人，也没有公务员、科学家和护士。他们的故事当然很重要，特别是那些来自底层的故事，但这些故事在其他书中已经讲得很好了。我特别推荐辛西娅·科伯恩（Cynthia Cockburn）的《凝望伦敦》（*Looking to London*）[15] 和本·朱达（Ben Judah）的《这里是伦敦》（*This is London*）[16]。我在本书中要谈论的是伦敦的城市神话，以及这个城市神话在一个受消费资本主义影响的、文明的、国际化的、酷炫的城市中所扮演的角色。

本书由探究伦敦如何成为胡格诺派教徒和嬉皮士的聚集地开始谈起，接着讨论了伦敦转变成后工业化重地的过程。在这一过程中，一种颠覆性的酷炫感为 21 世纪的伦敦经济注入了活力，并由此吸引了创意行业和服务行业的从业人员。通常，这种酷炫感会吸引创意从业人员甘愿成为服务行业的打工人。

这正是 21 世纪伦敦故事的第二部分。这部分讲述了一支由众多志存高远的创意工作者组成的后备劳动力大军如何在服务行业辛勤耕耘。他们的加入加剧了服务业的竞争，使工作环境更不稳定，让零工经济（gig economy）变得越发残酷、恶劣。

然而，人们仍会陆续来到伦敦。不仅如此，已经在这里的人也准备好为自己的希望、为和他们一样的无数伦敦人的前途奋斗。

本书谈论的是财富的积累，以及那些看得见的和看不见的打工人的辛苦劳动。它描述的是对贫苦人的剥削和对最弱势群体的排斥。它探讨的是酷炫时尚的消费以及它带来的痛苦。它讲述的是一个海洋般广阔的城市，似乎能吸纳所有的新来者，但也如海洋一般，一个大浪就能淹没那些不在同一条船上的人。它刻画的是那些为寻求更好的生活而奋斗和挣扎的人们，以及那些受益于这些追梦人的雇主们。

第一章
缘起英国梦

在 2017 年大选之后，特蕾莎·梅（Theresa May）试图摆脱她的"机器梅"（Maybot）形象，但效果并不尽人意。不过，大部分人早就料到会是这个结果。

在当选后的保守党大会演讲中，这位时任英国首相将本来要表达道歉的话变成夸张的雄心壮志，她动情地解释说，自己加入保守党是因为：

> ……它的核心是一个简单的承诺，说出了我的价值观和我的抱负：我们国家的每一代人都应该能够创造一个更美好的未来。每一代人都应该活出自己的英国梦。
>
> 这个梦，也是我始终坚守的信念。

这番话引来一片典型的英式回复：无情的嘲讽。推特（Twitter）成了传播这种欢乐嘲讽的完美媒介。"到底什么是英国梦？"一个网友的问题引来无数回答。有人说是"一壶塞满了茶包的英国茶！"有人说是"每个街角都有连锁酒吧Wetherspoons！"甚至还有人冷笑道："英国梦？就是梦到自己毫无准备地参加一场重要考试吧？或者换一种说法叫脱欧！[17]"

在《卫报》（The Guardian）上，专栏作家内斯琳·马利克（Nesrine Malik）的话虽然平和得多，但毫无同情之意："即使英国脱欧带起了新一轮本土主义风潮，（英国梦）这个词仍然十分刺耳。这实在太尴尬了，太造作了。无论是从夸张的角度还是从感伤的角度看，一点都不英国。那种用力过猛的词，恰恰揭示出它背后捉襟见肘的寒酸[18]。"就连"机器梅"本人也必然觉得这些言辞刺耳。

特蕾莎·梅的演讲因其不停地咳嗽而频频中断，尽管如此，听众们似乎并不买账。演讲会场的背景板口号"建设一个为所有人服务的国家"（A Country that Works for Everyone）上的字母居然不停地往下掉落。甚至还有一个家伙趁她演讲时，恶作剧般地递上了一份 P45 终止雇佣表格①。尽管这番演讲的语言风格

---

①　P45 终止雇佣表格是英国人在结束工作时，雇主给的退税表格，除了包含收入和税额分析外，这份表格最重要的作用是当持有人找到下一份工作时，需要将这份表格交给新的雇主。简而言之，如果雇主递给你一张 P45，就相当于"解聘书"。这里指的是在特蕾莎·梅演讲现场上发生的一幕闹剧。——译者注

有鲜明的美国特色，但演讲本身是一场不折不扣的英式闹剧。

特蕾莎·梅的演讲受到的批评言辞刻薄，有些甚至惊世骇俗，但正是这些批评让人们看到了英国梦缺乏激励人心的一面 [19]。关于英国，我们最多能想到的就是英国版的社会契约：按时缴税，低调做人，有需要时政府会照顾你。这里完全没有雄心壮志：不光没有白手起家的故事（英国的穷人和富人完全是两个世界），也没有充满希望的移民故事 [20]。

事实上，《阳光下的家》（*A House in the Sun*）和《南半球在召唤》（*Wanted Down Under*）等移民题材的电视节目大受欢迎，这也许恰恰说明，更强烈的英国移民梦其实是离开这个国家，把英国抛在脑后，重新开创一番天地。当年的英国人曾经长途跋涉抵达北美殖民地，现在他们搭乘廉价航班，投向南欧明媚阳光的怀抱，和一群熟知麦芽酒、马麦酱和太阳灼痛的同胞们建设自己的新社区。

然而在伦敦，在这座万国之城，却仍在上演着不同的故事，这些故事比纽约还要纽约。这座城市从来都与移民有着一种共生关系。由于无法自行补充有意愿、有能力工作的人，伦敦迫切需要移民来满足其经济运转的需求 [21]。同样，自从约 2000 年前古罗马人在泰晤士河上建起第一座桥以来，伦敦就一直不乏来此追寻伦敦梦的移民。

难民梦

入侵的古罗马人之所以能在伦敦定居，是因为尽管西部、威尔士和北方部落与古罗马公开敌对，但伦敦当地的部落对他们却非常包容[22]。这是移民城市形成的第一步。古罗马人带来了士兵、行政官员、奴隶和商人。反过来，这些人又吸引了来自英伦三岛的移民[23]。

公元 5 世纪，古罗马人的朗蒂尼亚姆城沦陷，在那之后动荡凄凉的岁月里，伦敦的人口减少了很多，但移民依旧在零星地涌入这座城市。以至于到了 13 世纪，伦敦被描述为"人口泛滥，到处都是意大利人、西班牙人、普罗旺斯人和普瓦图人"[24]。

如今，最急切的脱欧派人士可能对伦敦东区抱有同样的看法，只不过当年的普瓦图人如今已经被嬉皮士和孟加拉人所取代。然而，对于大多数伦敦人而言，这种高度多样化的人群聚居在一起、努力按照自身意愿生活的现状，虽说很杂乱，但并不混乱。这似乎本就是伦敦的生活。值得深思的是，尽管英国以 51.89% 对 48.11% 的投票结果支持脱欧，但在伦敦，有 60% 的人投票支持留在欧盟。在伦敦的陶尔哈姆莱茨区，2/3 的人投票支持留在欧盟[25]。

陶尔哈姆莱茨区坐落在伦敦金融城东北边界外的一处古罗马墓地上。那里堪称文化大杂烩，在伦敦历史上一直是移民梦上演的主场地。2011 年的人口普查显示，在斯皮塔佛德地区和孟加拉镇，只有 27% 的居民自称是英国白人；而在全英格兰，这一比例为 81%。只要看看孟加拉镇这个区的名字就明白，孟加拉裔居民在这里占主导地位就不足为奇了[26]。

300 多年来，斯皮塔佛德一直是穷人和受迫害者的避难所，它也为那些想开辟新生活的人提供了立足之地。在 20 世纪 70

年代，这里主要生活着孟加拉裔居民。21 世纪初，嬉皮士们为了逃避传统文化规范的束缚，在这里建立起具有共同价值观的社区。然而，斯皮塔佛德自存在之日起，在历史上的大部分时间里，一直都是欧洲受排挤之人的聚集地。

这些新来的人最初遭人怨恨，继而被人钦佩、效仿和接纳。他们承担了伦敦"本地人"不想干的工作，并饱受歧视，因为他们为了生计甘愿被剥削 [27]。他们的习俗怪异，在旁人眼里和社区原有的习俗不相容。但很快人们就难以想象没了他们的伦敦会是什么样。是啊，谁能想象得出，一个没有咖喱屋、爱尔兰酒吧、优步司机和雄心勃勃的咖啡师的伦敦会是什么样呢？

虽然从行政区划上看，在伦敦并不存在明确的胡格诺派社区，但逃到斯皮塔佛德的法国胡格诺派教徒在这里留下了最持久的遗产。1685 年，法王路易十四（King Louis XIV）废除了允许胡格诺派教徒在特定地点做礼拜的《南特敕令》，令他们本已岌岌可危的生活面临绝境。1677 年至 1710 年间，有 4 万到 5 万胡格诺派教徒拥入信奉新教的英格兰。尽管英王查理二世（Charles II）不信任法国人，但他渴望胡格诺派移民带来的技术和财富，因此向这些人提供了避难所 [28]。1666 年伦敦大火之后，总共有 2.5 万人涌入了这座用砖块重建的城市，其中一部分人去了苏豪区，大部分人则去了斯皮塔佛德 [29]。

这些人来到斯皮塔佛德，一是因为这里的丝绸工业正在萌芽，而许多胡格诺派教徒先前都涉足过丝绸工业；二是因为行会系统保护城内的商业，在这里他们可以在行会的控制之外做生意。他们之所以选择斯皮塔佛德，主要是因为这里已经有人来过。正是由于这样一系列的历史偶然，才拼凑起了伦敦这锅大杂烩。

人们经常把胡格诺派教徒看成是理想的移民：既对接纳他们的地主心存感恩，又能迅速融入新环境。然而，他们初到这里的经历并不那么美好。和那些被迫逃离危巢的族群一样，第一波移民也会苦苦坚守他们的语言和宗教。

并不是每个人都准备好了接受这些新文化。就像如今支持脱欧的铁杆球迷会辱骂一名动作夸张的外国足球前锋一样，这些文化差异让"那些将奢华的风气与堕落的外国影响等同起来的人"[30]心怀不满。1675 年、1681 年和 1683 年均发生过反法骚乱，一位国会议员甚至将移民来的胡格诺派教徒描述为"青蛙瘟疫"[31]①。

胡格诺派教徒的习俗遭到过嘲笑，但人们还是接纳了他们，为城市增添了一层喜人的文化活力。胡格诺派教徒受过良好的教育，技术娴熟，他们把斯皮塔佛德区从伦敦经济和地理位置的边缘地带变成了（虽然有些杂乱）欣欣向荣的丝绸工业中心。从伦敦的传统产业格局上看，胡格诺派在经济上的成功并不在于生产丝绸原料。相反，他们凭借创造性的天赋和高超的技术，丰富了大英帝国的产品（在斯皮塔佛德缝制的丝绸制品的原料大部分来自东印度群岛[32]）。用今天伦敦东区的技术资本家的话来说，胡格诺派颠覆了这些传统产业。

---

① "青蛙"是英国人对法国人的蔑称。——译者注

随着伦敦的消费需求日益高雅，大受欢迎的不仅仅是他们的丝绸制品。由理发师、室内设计师、牙医和裁缝等组成的服务业不断发展[33]，这在一定程度上为伦敦增添了世界大都会风格。随着时间的推移，这些文化差异变成了伦敦这张文化织锦上的又一根织线。胡格诺派教徒的群体不断开枝散叶，越来越壮大。正如随后的许多移民群体一样，他们逐渐分散到郊区。他们留下的服装业在斯皮塔佛德一直延续至今，还带了一丝鲜明的复古潮人的风范。他们存在的证据仍然有迹可循。从富尔尼耶大街到弗乐德利斯大街，这些胡格诺派风格的名字和房屋定义了斯皮塔佛德的街道风格；最显著的特点是巨大的阁楼窗户，这在当年为纺织工提供了充足的光线。胡格诺派风格的人名，例如"法拉奇"（Farage），也同样保留了下来，只不过随着时间的推移，很多名字都英语化了。

这些房子还算不上胡格诺派教徒最持久的遗产。他们更显著的贡献是为英语引入了"难民"（refugee）一词。英语的refugee 一词最早源于法语的 réfugié，意为"寻求庇护的人"[34]。说得更具体些，réfugié 指的就是胡格诺派教徒面临的困境。胡格诺派教徒们当年的事迹一度成为冷战后前往伦敦寻求庇护的一大波难民心中的精神支柱，这在辛西娅·科伯恩的《凝望伦敦》一书中得到了鲜明的体现[35]。

虽然大多数寻求庇护的难民第一站都是伦敦，但他们却被故意分散到了全国各地。英国政府接纳他们的条件就是把最贫穷的难民迁出伦敦。然而，尽管英国政府声称 92% 寻求庇护的人都居住在伦敦以外[36]，但政府的扶持一旦到期，或者只要有机会逃脱当局的监管，多数人就会回到伦敦，加入他们流散在海外的同胞队伍，以便有更好的机会找工作 37。这就是伦敦梦的力量。

虽然今天这些最贫穷的伦敦人负担不起住在斯皮塔佛德的费用，但当年的欧洲犹太人，也就是效仿胡格诺派教徒做法的下一代人，恰恰是因为生活成本低而特意来这里定居的。但是，他们并没有那么受欢迎。

1066 年，征服者威廉（William the Conqueror）鼓励犹太人移居伦敦。这些犹太人在伦敦金融城的银行业建设中发挥了重要作用 38。然而，在 12 世纪和 13 世纪，人们对犹太人的偏见越来越强烈，引发了一系列迫害和屠杀，最终在 1290 年驱逐了 1.6 万犹太人 39。

1656 年，奥利弗·克伦威尔（Oliver Cromwell）允许犹太人公开做礼拜。尽管强烈的偏见仍然存在，但在伦敦还是重建了一个犹太人社区。18 世纪，犹太人社区得到了巩固；但在 1881 年至 1914 年间，由于东欧的经济困境和政治迫害，200 万犹太人逃离家园，其中许多人来到伦敦定居，直到那时，大规模的犹太人社区才在伦敦真正建立起来 40。这些人当中大多数原本打算追寻的是美国梦，他们通常先抵达伦敦，然后前往利物浦，再横渡大西洋 41。然而，追梦大潮中有相当一部分人留在了伦敦。到 1901 年，伦敦有 14 万犹太人，其中 95% 生活在斯皮塔佛德的温特沃斯街附近 42。

这些新伦敦人在大街上和市场上因陋就简地谋生活，许多人正是在斯皮塔佛德的前辈们建立起来的服装业工作。尽管这些胡格诺派风格的房屋现在被密密麻麻地分成了多个小房间，但工作正是在与这些房屋相连的作坊中进行的。在发展中国家的服装业有过工作体会的贫苦大众很快意识到，他们在这里同样被迫忍受"血汗工厂"的环境。

伦敦的犹太人还不得不忍受没完没了的歧视。人们认为他们的习俗古怪，常常指控他们拒绝融入社会；对于一个逃离迫害、试图保留原有生活方式的民族，这实在是个残忍的要求。抗议活动，特别是在伦敦东区，非常普遍。1905 年通过的《外国人法》（*Aliens Act*）是第一个真正将移民控制纳入英国法律系统的法案。当时，极右的英国兄弟联盟（British Brothers' League）四处强烈抗议，呼吁英国停止充当"欧洲败类的垃圾场"[43]。

然而，随着时间的推移，犹太人越来越富有，也越来越为社会所接纳，第二次世界大战之后更是如此。那些没有躲到伦敦郊区的人已经被纳粹空袭轰炸得无家可归[44]。正是这些轰炸，把怀揣伦敦梦的下一代人从英联邦各地带到了伦敦。

母亲之城

德国纳粹的轰炸创造了伦敦的新神话——"大轰炸精神"（The Blitz Spirit）。这种精神在恐怖袭击、地铁罢工和暴雪灾难中不断重现。尽管如此，在 20 世纪 50 年代，伦敦梦在传统居民的心中迅速褪色。伦敦需要重建，需要重振，需要重塑。这就需要注入另一个群体、另一种希望。伦敦转而求助于正在迅速瓦解的大英帝国，并永远改变了这座城市的文化形态。尽管长期以来，不列颠英伦三岛的移民一直在不断涌入，欧洲大陆的移民也零零星星地抵达这里，但在 1951 年，95% 的伦敦人是在英国出生的，剩余的外国人也普遍被认为是"白人"[45]。

《1948 年英国国籍法案》（*British Nationality Act 1948*）的颁布改变了这一切。法案创建了"英国和殖民地公民"身份，允许来自"英联邦国家"的公民自由移民，首先是加勒比地区，其次是印度次大陆地区。这一新的法律身份巩固了英联邦国家的公民移民英国的权利，1948 年至 1962 年期间，约有 50 万非白人移民英国，其中 3/4 的人定居在伦敦[46]。

一个新的伦敦、新的英国，由此诞生了。经过几代人的发展，伦敦这座城市从"英国人的熔炉"变成了"世界的熔炉"[47]。40 年间，出生于国外的伦敦人的数量已从 5% 升至 1991 年的 20%[48]。到 2017 年，这一比例超过了 1/3；在伦敦出生的所有婴儿中，有 2/3 的人双亲中至少有一方是在国外出生的[49]。

就像胡格诺派教徒和随后的移民群体一样，加勒比地区的移民也为这座城市注入了新的文化活力，进而鼓励其他人搬到伦敦，在城市中寻找自己的位置。紧随其后的还有印度移民和孟加拉移民。前者从 20 世纪 50 年代开始在伦敦绍索尔地区（Southall）聚集；后者则延续胡格诺派教徒和犹太人的道路，在斯皮塔佛德附近特别是在红砖巷（Brick Lane）定居。

在杰瑞·怀特看来，这次移民"比诺曼征服以来的任何事件都更显著地改变了伦敦人的面貌"[50]。在第二次世界大战之前，伦敦只有苏豪区和东区被认为是国际化区域，如今，移民社区在伦敦遍地开花，与当地社区融合在一起。英国保守党议员伊诺克·鲍威尔（Enoch Powell）曾在 1968 年那个臭名昭著的"血河"（Rivers of Blood）[51]演说中，宣称英国对移民的态度好像是"忙着为毁灭自己的柴堆收集燃料"；但事实上，正是战后的伦敦移民建造出了当代的、酷炫的首都。

"帝国疾风号"（Empire Windrush）上的 500 名加勒比乘客从蒂尔伯里码头下船的那一刻起，内心的希望就非常明确。从小到大他们都把自己看作英国的臣民，把伦敦想象成"他们在教科书里学到的世界中心"[52]。英国广播公司（BBC）的摄像机拍摄到了奥尔德温·罗伯茨（Aldwyn Roberts）即兴表演的《伦敦是我喜欢的地方》（*London is the Place for Me*）的开场小节。他这样唱道：

> 伦敦是我喜欢的地方
> 伦敦，这座可爱的城市
> 你可以去法国或美国，去印度或澳大利亚
> 但你一定要回到伦敦
> 相信我，我可是见多识广
> 我很开心能了解我的家乡
> 多年前我已经去过许多不同的国家
> 但这里是我真正想了解的地方
> 伦敦，就是我喜欢的地方

关于伦敦梦，还有比这更好的例子吗？在伦敦城市的各个角落，新移民们都在唱他们自己版本的《伦敦是我喜欢的地方》。他们还要经历理想和现实的冲突：理想是美好的，但现实

则是逼仄的生活环境、卑微的工作，以及每天遭遇的歧视。许多人，特别是那些来自南亚的人，出身特权阶级（因此有钱支付他们的旅程），会发现这些经历尤其令人难堪[53]。

2004年，当英国政府向欧盟东部地区开放边境时，乘坐廉价航班和长途汽车涌入伦敦的波兰人和立陶宛人，毫无疑问会有同感。这些出生在欧盟地区的工人，有准备，也有意愿在大城市里受人剥削，他们不仅在伦敦填补了60万个工作岗位，还充当了房屋粉刷工和洗车工的劳动力储备。在伦敦市中心看到自己的同胞蜗居在纸板箱里，会不断提醒他们生活是多么不堪一击。

他们的脆弱为伦敦梦的两个阴暗层面提供了真实素材。其一，这个城市以及这个城市的商业系统，是建立在对那些宁愿在伦敦而非家乡（无论远近）工作之人的剥削之上的。其二，许多伦敦人会把自己的苦难归咎于城市里新来的那些追逐梦想的人。胡格诺派教徒、犹太人、西印度群岛的人，以及孟加拉人都受到过这种指责。正是这种恐惧，让20世纪70年代的国民阵线（National Front）阴魂不散。

这些外来文化让一些人陷入焦虑。他们抱怨移民的习俗，怨恨移民抢走了他们的工作，怨恨移民占了他们福利国家的便宜。这些成了推动英国脱欧的核心潮流。值得庆幸的是，这种对脱欧近乎偏执的追求超出了伦敦的地理和文化边界。尽管如此，在继续讲述伦敦梦之前，我们有必要直面这个问题。

第二章

逐梦者的竞争

1902 年，当美国作家杰克·伦敦（Jack London）鼓起勇气进入伦敦东区的贫民窟时，他形容自己的"心态可以说像个探险家"[54]。他伪装成一个落魄的美国水手，发现"街道上到处都是新来的、不同种族的居民，身材矮小的，外表凄惨的或者看上去醉醺醺的"[55]。

杰克·伦敦在《深渊居民》（*People of the Abyss*）一书中记录了自己的经历。书中写道，当他在麦尔安德（Mile End）闲逛时，突然遇到了一群"阶层比较高的工人"正在激烈地争论。他很快弄清了他们谈话的主题，回忆道：

"那些廉价的移民劳工呢？"其中一人质问道，"例如白教堂（Whitechapel）的犹太人，那些通过自降工资来取代我们的家伙？"

有人答道："这你可不能怪他们。他们跟我们一样，也要过日子。别怪那些自愿降低工资，抢走你工作的家伙。"

"但是我们的老婆小孩怎么办？"对方再次质问。

"你说到重点了。"他答道，"自降工资那个人的老婆小孩又该怎么办？嗯？他也有老婆小孩啊？他只管自己的老婆小孩，对你的可没兴趣，他可看不得自己家人挨饿啊。所以他自降工资，我们就得走人了。但是你不能怪他，可怜的家伙。他也没办法。如果有两个人要抢一份工作，工资一定会下降的。问题出在抢工作的现象，不是出在自降工资的人身上。"[56]

一个多世纪后，这场争论仍在伦敦东部的边缘地区不断上演，只不过现在的"东部"又往东了许多，以至于更像是埃塞克斯郡而不是伦敦的事。而且，故事里谈论的"白教堂的犹太人"如今换成了穆斯林、波兰人或者罗马尼亚人。或者干脆是——"他们那些人"。

总是"他们那些人"。

这就是西方新政治的竞技场：在发达的资本主义社会，是谁造成了劳动人民的生活越来越艰难？过去 10 年里，是谁造成了真实工资的下降[57]，而富有的人却变得越来越富有[58]？为什么我们会听到警告说，贫富差距就快要回到维多利亚时代的水平

了 [59]？这是一场不同叙事者之间的斗争，一场如何解释不满情绪的政治斗争。

这里的问题与杰克·伦敦在麦尔安德听到的问题是一样的：在争夺工作和资源的过程中，是否应该优先考虑当地人？移民的加入是否对他们不公平？还是说，所有的打工者其实都在同一条船上，都是出于生计抢着被雇主剥削？如果是后一种情况，那问题出在从竞争中获益的人身上，而不是出在竞争者身上。

目前，在伦敦以及其他大都市之外，有一方明显是赢家。"他们那些人"是受到指责的一方。

格雷格（Greg）知道自己在这场辩论中站在哪一边，也很乐意向我说个明白。

我为伦敦感到心碎

格雷格留着灰白胡子，身材短小精悍，面容和善。但他对新伦敦并没有产生好感。格雷格出生在诺丁山，他"为伦敦感到心碎"。我们坐在一家酒吧里呷着健力士黑啤酒。这间酒吧四面漏风，估计很快就会被那种创意酒吧所取代——他居住的伦敦北部遍地是那类新型酒吧。终于，他下定决心，告诉我他心碎的原因。

> 因为真正的伦敦人都消失了。我是说，像我这样的人。知道吗？也就是一代人的时间，20 年，或者 25 年。就这么都走光了，消失了。我真想念他们。

他所怀念的伦敦指的是地地道道的伦敦"土著"生活的老伦敦。伦敦考克尼作为老伦敦的名声，是在维多利亚时代的大迁徙时期建立起来的。杰瑞·怀特断言，在当时，移民到城市里生活，尤其是未婚女性，意味着到 19 世纪中期的时候，祖父母双方都是伦敦土著的情况"在本质上是不可能的"[60]。

然而，尽管维多利亚时代的新移民大多定居在伦敦的郊区边缘，通常聚居在他们抵达伦敦时的火车站附近[61]，但伦敦东区的人口密度越来越大，伦敦人血统延续的时间更长。这种情况在贝斯纳尔格林地区尤其突出。1851 年的人口普查显示，该地区 82% 的居民是在伦敦出生的，而整座城市的这一比例为 62%[62]。

然而，作为一个土著社区，他们的渊源其实很短。这个正宗的老伦敦社区其实只是一个扎根时间更久的移民社区而已；最初，18 世纪从事丝绸业的胡格诺派教徒挤满了贝斯纳尔格林，他们最终发展出如今广为人知的伦敦腔，也就是我们说的"考克尼口音"[63]。成为地道的伦敦人并不需要很长时间。

但格雷格对伦敦人这个观念很较真，我不确定自己算不算得上他口中的伦敦人。他为伦敦腔的消失感到痛心。在老伦敦地区，他可以操着这种带押韵风格的俚语和陌生人攀谈。他坚持说，"我们的伦敦口音都消失了"；对于伦敦工人阶级如今很喜欢的"牙买加口音"，他感到十分困惑。

他心中的光辉岁月是在伦敦"沦陷"之前，是在移民到来之前，是在我们的资源枯竭之前：

那时候，这里才是伦敦人的城市。注意，我说的可是处于工人阶级和中产阶级的伦敦人。

但现在这里不再是了。他说，伦敦人如今"即便在自己的地盘上，也会觉得孤立无援，因为他们周围都没有伦敦人了"。在他看来，这简直太令人难过了。

如果不是人，而是传统建筑或者类似的东西，反而会作为遗产被保护起来。

说到这里，格雷格停了下来，盯着面前的健力士黑啤酒，用上了年纪的人的那种忧郁而真诚的腔调叨着：

唉，心碎啊，真是心碎。

难怪格雷格对伦敦的爱淡了下来，不过这背后的原因也许不是他以为的那样。逃离了学校以后，格雷格经过一番努力，当了一名电工学徒。那时候，表面上工人阶级的伦敦和格雷格所珍视的伦敦工人阶级还未消失，"没上过大学的孩子有的是其他机会"。

他将这一变化部分归咎于玛格丽特·撒切尔，这位英国前首相将伦敦的经济重点从制造业转向服务业。那时格雷格支持社会主义，憎恨种族仇恨，托尼·布莱尔（Tony Blair）的工党执政时期是（他）一生中最快乐的一段日子。

那时的生活很美好。

随着金融危机的爆发，生活环境急剧恶化。从设备管理岗位上被解雇后，格雷格前往海外"躲避经济衰退"，最终在东南亚落脚，以教英语为生。后来他得了胃溃疡，在医院住了几个星期。治病的账单几乎让他破产，于是他回到了伦敦。尽管他已离家多年，但伦敦仍未从经济衰退中恢复过来，工作很难找。格雷格再次失业了。他的失业救济申请还遭到了拒绝，因为他离开英国的时间太长，现在被视为"外侨"（foreign national）。

尽管"为国家缴了一辈子税"，格雷格却发现就业中心完全不想帮自己。这对格雷格而言真是个痛苦的讽刺：在他眼里，自己才是就业中心里"唯一的英国人"，而现在却因为新的外侨身份拿不到失业救济，而"那些新移民到英国的人，没有为国家缴一分钱的税，却能享受作为公民应得的一切福利"。

工作很难找，去就业中心找工作是一种残酷的体验。他们试图逼着格雷格做无报酬的工作，试图逼着他当清洁工，但他做不到；这对他来讲太耻辱了。打零工的短期合同同样有辱人格，没得谈，而其他的工作申请都石沉大海。

很快，格雷格成为伦敦"隐藏的无家可归者"大军中的一员。这类人虽然没有流落街头，但也没有正式的住处，靠朋友和家人的接济度日。据伦敦议会估计，每天晚上都有多达 1.25 万伦敦人处于这种状况[64]。

但接济久了总不是办法。他四处碰壁，受人冷眼。

在工作了近半个世纪后，格雷格陷入绝望，成了伦敦 8000 名"街头勇士"中的一员[65]。如今的他年过半百，白天在图书馆和各种公共交通工具上打发时间；晚上要躲避瘾君子，为了保暖和安全，必须整夜保持清醒。这样的情况，在他曾经热爱的那个伦敦，在那个工人阶级团结一心、移民知道自己的位置、社区泾渭分明的伦敦，根本不会发生。

他所在地区的地方议会拒绝为他提供住房援助，但他在避难所获得了救助。这些非官方的避难所提供食物、归属感和善意，这是在新的、以紧缩为导向的政府管理机构中所没有的。后来，食物银行（Food Bank）提供了急需的食物。如果说格雷格体验到了伦敦最糟糕的一面——金融危机和经济衰退、财政紧缩、充满敌意的移民政策，他同时也体验到了伦敦残留下来的最好的一面。

格雷格目前的处境好了一些，他得到了一份工作，让他可以施展自己的能力，分享自己的一些经历。但他心头的苦楚依然存在。

我们不难看出，令格雷格感到心碎的原因有很多。不可否认，格雷格的生活已经变得很糟糕了，导致这一现状的大部分原因是他无法控制的。但读者也不难看出，格雷格根深蒂固的地域意识遭到了破坏，这进一步加剧了他的痛苦。我们可以把这些归咎于撒切尔夫人与传统制造业的斗争，以及托尼·布莱尔对银行家和新自由主义经济的支持。还可以归咎于2010年保守党和自由民主党联合政府推出的紧缩政策，这些政策导致伦敦各行政区在2010—2015年期间削减了44%的预算资金[66]。我们还可以归咎于这样一个经济体系：它允许银行业继续繁荣发展，而像格雷格这样的工人，其生活却雪上加霜。

对格雷格来说，答案显而易见，问题的症结就是移民。这些人涌入伦敦，就像"一场入侵，或是我们输掉了一场战争"。格雷格并不是第一个持这种观点的伦敦人。尽管伦敦一直以来都被看成是"万国人士共享之城，不同的只有各自的习俗、礼仪和规矩"[67]；但是，在新来的人和那些已经在伦敦定居的人之间，紧张关系始终都存在。

这些抱怨遵循着一种耳熟能详的模式。

"他们那些人的习俗真够奇怪的。"

"他们那些人拒绝适应我们的生活方式。"

"他们那些人非要坚持自己的行事方式。"

"他们那些人正在抢走我们的工作。"

例如，当第一波犹太移民开展被基督徒明令禁止的信贷业务时，他们遭到了攻击，并最终被暴力驱逐出了伦敦[68]。在16世纪，人们对意大利商人也有过类似的怀疑[69]。胡格诺派教徒因为人数众多、操着本地人不熟悉的语言，也引起了恐慌。他们还遭到指控，说他们占据了"城市里最美丽的房屋，将其分割、改造成若干用途，还擅自将这些房屋租给房客和居民"[70]。

尽管人们普遍认为这种担忧不合时宜得无可救药，但担忧仍在继续；从英国广播公司的纪录片《伦敦东区最后的白人》（*The Last Whites of the East End*）引起的反应中可见一斑，不少观众，例如尼基·凯（Nicci Kay），抛出了这样的问题："为什么我们要为电视上播出的种族主义观点付费？"[71]这部纪录片以伦敦纽汉区为背景，这里曾经是伦敦考克尼的大本营，如今却是英国白人最少的地区[72]。纪录片探讨了当地居民的态度；这些居民感受到威胁，加入了"白人的迁徙"大军，不断向东迁移直至进入埃塞克斯郡。其中一位居民彼得·贝尔（Peter Bell）是东汉姆工人俱乐部（East Ham Working Men's Club）的秘书长，他向记者表达的担忧和 18 世纪早期指控胡格诺派教徒的话非常类似。他说：

> 我经常听到多元文化主义、共同体这类词，我认为这都是无稽之谈。我们所在的地区有大量的失业人口，而且即将变得过度拥挤。我们感觉处处遭到排斥。

他提到的过度拥挤和失业这两个问题引人思考，突显了对贫困移民的攻击悖论。人们对这些移民的刻板印象是：好吃懒做，靠施舍过日子；同时又抢走了"我们"的工作 [73]。

例如，英国通俗报纸《每日快报》（Express）就发表过一个典型的、危言耸听的声明：

> 欧洲人在享受英国国家医疗服务体系（NHS）等公共服务的同时，比英国本土出生的人更有可能去申请税收抵免和育儿福利。他们缴的税还比我们本国职工少，因为他们的工资更低。从建筑业到制造业，许多行业的工资都被他们压低了 [74]。

在《每日快报》的头版头条，经常出现"外来移民夺走英国年轻人的工作""移民只要支付 100 英镑就能入侵英国"这类新闻，体现了民粹主义政治的永恒逻辑。只要有不满，就要找到罪魁祸首，现在这个敌人就是"他们那些人"。在这种叙事逻辑中，只要消灭敌人，就能消除不满。从这之后，假新闻和美国联邦调查局（FBI）都纷纷中枪，被拿来扮演"敌人"这个角色。

英国脱欧的全民公投也是基于类似的逻辑——"我们"要对抗欧盟，"我们"担心外族（特别是有色人种）入侵。这些情绪在伦敦肯定一直都存在，但并不像在其他地方那样显眼，没有成为首都政治的一大特色。格雷格说得没有错，他熟悉的伦敦消失了。正如语言学家苏珊·福克斯（Susan Fox）发现的那样，如今，相比伦敦东区，在巴斯尔登（Basildon）这样的地方更容易听到伦敦腔[75]。那些心碎得最厉害的人可能早就不住在伦敦了。

或许，如果在伦敦生活的时间足够长，也会像格雷格那样，出现地域意识的错位：只要不随着城市一起改变，就会被这座城市抛弃。首都的生活瞬息万变，人们很难死守着单一的身份不松手。在这样一座以"开放的伦敦"作为标签的城市，那些在格雷格眼中不是伦敦人的人，并不会把他的观点看作所谓的真正的伦敦人的观点。

伦敦为什么开放？

对新移民的暴力和歧视从来都是伦敦生活的一部分。把伦敦描绘成世界大同乌托邦的做法并不公平。许多移民，特别是有色人种移民，一直在遭受歧视，这种情况从没断过。保守党政府正在积极营造一种"敌对环境",这种情况对移民的生活是一种挑战[76]。在这样一个快速流动的城市,人们很容易忘记一个事实:伦敦是大不列颠联合王国的首都,要想长期留在这个国家,需要填写一堆表格、准备若干考试和大量资金,还需要无限的耐心,与注定会故意怠慢的移民机构磋商谈判。

但伦敦仍然是一个"大门敞开"的地方。成为一名伦敦人可能只需要几个月而不是几年,甚至不需要填写什么表格。每当有一次诺丁山骚乱①,就会有一次诺丁山狂欢节。每当有一次反移民抗议,就会有一次卡布尔街之战②或"欢迎难民到来"的集会。

保守党伦敦市长候选人扎克·戈德史密斯(Zac Goldsmith),在 2016 年的竞选活动中利用反穆斯林偏见发动了一场散布恐惧的运动,声称他的对手"一再为激进分子争取合法身份"[77]。不幸的是,他低估了伦敦人。就在英国脱欧公投前 6 周,英国工党候选人、公交车司机之子萨迪克·汗(Sadiq Khan)以 57%的得票率胜出,当选为伦敦市长,成为首位穆斯林市长。他的巴基斯坦移民父母无疑会为他感到自豪(正如他一直告诉我们的那样)。

在伦敦,很少有人会长期缩在"他们那些人"的圈子里。

---

① 诺丁山骚乱是 1958 年 8 月 29 日至 9 月 5 日在英格兰诺丁山发生的一系列出于种族动机的骚乱。诺丁山狂欢节起源于 1964 年,是欧洲规模最大的街头文化艺术节。——译者注

② 卡布尔街之战发生于 1936 年 10 月 4 日,当时在伦敦东区的卡布尔街上发生了一场规模较大的警民冲突,冲突双方为伦敦警方和一众反法西斯示威者。——译者注

面对暴力和排斥，大多数移民群体都慢慢地融入伦敦这座大熔炉深处。他们适应了这里的习俗，开始做生意，生活的触角伸到了郊区，成为城市马赛克拼贴画上的又一片瓷砖[78]。融入文化生活相对困难些，对第一批移民和第一代移民来说更是如此。但他们会适应这座城市，也会被这座城市接纳，尽情拥抱这座充满活力的世界都市。当然，他们被这座城市接纳，也可能只是因为雇主们需要他们的劳作和钱包。

正是在这里，我们看到了"开放的伦敦"这个口号的另一层含义。在为回应英国脱欧公投而创建的竞选网站上，伦敦市长萨迪克·汗这样评价伦敦人：

> 我们不光包容彼此的差异，还由衷赞美这种差异。众多来自世界各地的人们在这里生活、工作，为我们城市生活的方方面面作出了贡献。现在，我们要保证伦敦乃至全球的人们都能听到"开放的伦敦"这个口号。我敦促每个人都参与到这个简单而充满力量的活动中，向全世界传递正能量[79]。

这真是鼓舞人心的讲话。然而，要赞美的不仅仅是多样性。尽管市长希望"向生活在伦敦的100多万外国人保证，他们永远受欢迎，这里绝不容忍任何形式的歧视"，但他也想向世界表明：

> 伦敦仍然具有创业精神和国际化视野，仍然充满创造力和可能性……伦敦是世界上最好的城市。我们就是

创业精神、国际化视野和放眼世界的最佳典范。

伦敦当然是开放的，但它首先是对主动工作的企业和个人开放。的确，与《每日快报》上那些头条新闻相反，普华永道（PwC）的一份报告显示，伦敦 180 万移民从业者对伦敦的经济影响巨大，他们每年会产生价值 830 亿英镑的经济效益[80]。难怪伦敦的雇主们如此热切地希望伦敦继续对移民开放。

这些移民，无论他们来自哪里，都是伦敦新经济的支柱。所谓新经济，指的是高科技和创意经济，它不仅依赖有才华的新来者的加入，也依赖那些为这种经济服务的人。无论这些移民在他们的新家要忍受什么样的条件，伦敦都比他们抛在身后的故乡更好。

伦敦的雇主们欢迎甘愿受剥削的新来者，这并不是什么新鲜事。这一点正是伦敦在 19 世纪变身成为全球最大的都市的基础。

第三章
首都之梦

马克思的亲密战友恩格斯在其不朽著作《英国工人阶级状况》①中，对 19 世纪中期的伦敦满怀敬畏地写道：

> 像伦敦这样的城市，就是逛上几个钟头也看不到它的尽头，而且也遇不到表明快接近开阔田野的些许征象——这样的城市是一个非常特别的东西。这种大规模集中，250 万人聚集的一个地方，使这 250 万人的力量增加了 100 倍；他们把伦敦变成了全世界的商业首都，建

①《马克思恩格斯全集》，人民出版社，1957 年，第二卷，第 303 页。——译者注

造了巨大的船坞，并聚集了经常布满泰晤士河的成千船只。从海面向伦敦桥溯流而上时看到的泰晤士河的景色，是再动人不过的了。沿河两岸，特别是在伍尔维奇上游，有为数众多的房屋、造船厂、河道两侧停泊的无数船只，这些船只愈来愈密集，最后只在河当中留下一条狭窄的空间，成百轮船就在这条狭窄的空间中不断地穿梭。这一切是这样雄伟，这样壮丽，简直令人陶醉，使人在踏上英国的土地以前，就不能不对英国的伟大感到惊奇。[81]

恩格斯对维多利亚时代伦敦宏大规模的描述是正确的。19世纪的伦敦人，在一场对人类生活环境撼天斗地的实验中簇拥到一起，规模空前，发展出一种不可思议的、多样化的生活方式和生存方式。

并不是只有恩格斯一人观察到了这一点。亨利·梅休（Henry Mayhew）是第一位为早期现代伦敦撰写编年史的学者，他笔下大都市里的"砖屋荒野"中，总是隐藏着许多高深莫测的事物[82]。

那时，伦敦正在迅速扩张，在向世人展现工业化精粹的同时，也在试图控制自身造成的混乱。此外，这座城市总是与黑暗和混乱纠缠不清。如今，在先进的数字技术时代，城市的每个角落都标在了地图上，每个网红店都有人评论过。但在过去，地图上没有标明的地方不仅是未知的，而且是危险的，甚至充满了罪恶。人们可能会偶遇一座优雅的庄园，也可能会发现一个破败的贫民窟，街道上笼罩着一种神秘的气氛，既令人充满期待，又令人感到魅影重重。

随着对迅速扩张的伦敦令人眼花缭乱的描述日益增加，这种对未知的恐惧逐渐蔓延开来。那些以非洲类比的文章更甚。一提到非洲——那里有大英帝国曾经的殖民地——人们就会联想到黑暗，联想到野蛮的人类[83]。英国小说家亨利·菲尔丁（Henry Fielding）在他1751 年出版的小册子《关于近期强盗增多的原因调查》（*An Enquiry into the Causes of the Late Increase of Robbers*）中，对伦敦这座城市杂乱无章的设计进行了批评，他声称，如果建造这座城市——

> ……的目的恰恰是为了隐匿强盗，那（这个设计）真是再出色不过了。持这种设计思路的人会发现，整座城市看起来就像一片广袤的森林，小偷可以像在阿拉伯和非洲沙漠中的野兽一样安全地藏身其中[84]。

不光如此，救世军（Salvation Army）的创始人威廉·布斯（William Booth）直接将伦敦"社会最底层"的人群与"最黑暗的非洲"进行了比较：

> 既然存在最黑暗的非洲，难道就不存在最黑暗的英国吗……我们会不会在自家门口，在离我们的教堂和王宫只有一箭之遥的地方，看到不亚于亨利·莫尔顿·斯坦利（Henry Morton Stanley）①在赤道森林里看到的那

---

① 亨利·莫尔顿·斯坦利（1841—1904），探险家。他曾深入中非，搜寻失踪的英国传教士兼旅行家戴维·利文斯通并发现了刚果河，因此名声大噪。——译者注

种恐怖事件呢？[85]

伦敦是一座充满光明和梦想的城市，但这光明背后的肮脏和黑暗却显得格外刺眼。尽管维多利亚时代的人试图约束这些城市里的"残渣余孽"，效果却很不理想。到 19 世纪中期，这些黑暗的元素开始在街道上蔓延。19 世纪末，底层贫民走上街道，开始了抗议活动。

历史作家彼得·阿克罗伊德认为："这里存在一个悖论，这座帝国之城，这座维持并资助了一个巨大的世界帝国的城市，就在它的心脏地带，竟然居住着一群比帝国一直坚信必能征服的任何一个种族都要野蛮和肮脏的人。"[86]

这也许算不上悖论。富裕与贫穷，肮脏与辉煌，从来都是在伦敦共存。只不过，这些矛盾的地方在维多利亚时代走上了伦敦的街头，第一次不可避免地暴露了出来。

无处不在的穷人

让维多利亚时代的人感到无所适从的，不仅仅是伦敦街道的规模和密度，还有扑面而来的痛苦和怨念，它们渗入城市街道的沟沟坎坎、角角落落。伦敦这座城市庇护着那些被世界抛弃的人，那些在社会网络中无立足之地的人，还有那些生活在赤贫状态中的人。苦难自古有之，但对于维多利亚时代的人而言不同的是，这些困苦的状态无处不在，而且常常与富贵繁华临街相望。不光如此，随着伦敦的经济不断繁荣发展，赤贫阶层并没有随着经济大潮的上涨而消失。在 19 世纪 40 年代和 70 年代经济崩溃时，这个城市的流浪者随处可见。

对于伦敦的穷人来说，生命是短暂的、危险的、瞬息万变的。亨利·梅休在他的著作《伦敦穷人的生活和劳作》（*Life and Labour of the London Poor*）一书中估计，1865 年，约有 3 万人在街头谋生，一场连下 3 天的大雨，就会把他们逼向饿死的边缘[87]。19 世纪末，政府为布尔战争（Boer War）征兵时发现，伦敦东区许多男孩的健康状况不适合参战。这一情况造成了相当普遍的公众恐慌，并引发了医疗改革[88]。

查尔斯·狄更斯（Charles Dickens）笔下伦敦的走失儿童和贫民的悲惨遭遇，成为文学海洋中的不朽篇章。在《雾都孤儿》（*Oliver Twist*）①一书中，狄更斯描述了奥利弗（Oliver）对伦敦的第一印象：

> 他从来没有看到过比这更脏、更穷的地方。街道窄得要命、泥泞不堪，空气里充满臭味。小店倒有不少，但仅有的商品恐怕就是大量的小孩，他们这么晚还在门口爬进爬出，或者在屋里哭喊。在这满目凄凉的地方，似乎独有酒馆生意兴隆，可以听到一些最下层的爱尔兰人在里面直着嗓子大吵大嚷。[89]

---

① 上海译文出版社，2018 年，荣如德译，第八章，第 67 页。——译者注

19 世纪 50 年代，在伦敦出生的男孩平均寿命是 35 岁。在贫民窟，这个数字更低；记录表明，与父母同睡一张床的孩子经常因窒息而死[90]。让孩子们去工作对许多家庭来说是一种必要，而且儿童能干那些需要用小手才能干的特殊活计，这种必要就更明显了。引起更多麻烦的是街头成千上万的孤儿。他们通常住在临时搭建的简易棚里，长大以后往往会成为街头流浪大军中的一分子——如果他们能活那么久的话。

他们在市场上卖货，在大街上乞讨，在街头的长凳上睡觉。这就是维多利亚时代一些伦敦人的卑微人生：生活在污秽中，靠残羹剩饭过活。通常，他们唯一的生存手段就是清除富人的垃圾，寻找人行道上的残渣废料，清理城市的粪便。

人类产生的垃圾无处不在。如何处理文明社会中消费所产生的垃圾，一直是伦敦棘手的问题。在古罗马时期的伦敦，统治者希望创造一个文明的社会，他们利用各种复杂的手段和规则来应对城市生活产生的剩余废物。即使到了中世纪，虽然伦敦的文明生活问题重重，但对垃圾的倾倒场所仍有明确规定。例如，在 13 世纪，他们规定"任何人不得在街道或小巷中倾倒粪便或其他秽物，上述垃圾必须用耙子收集起来、弃置于指定地点"[91]。虽然"倒屎大街"（Shiteburn Ave）和"撒尿小巷"（Pissing Alley）这种街道名称已经成为历史，但我们可以从"下水街"（Pudding Lane）这样的名字中看到这类规定的遗存[92]。

然而，到了维多利亚时代，中产阶级的消费不断扩张，制造的各种垃圾再也无法得到有效控制。经济规模的增长还引发了城市雾霾。雾霾严重的时候，居民甚至离家数米就会迷路[93]。

城市里缺少卫生的垃圾处理方式，再加上不少伦敦人只能从棕色的泰晤士河（"棕色"实在是个委婉的形容词）里获取生活用水，传染病一直困扰着那些没有私人供水装置的伦敦人。此外，虽然疾病往往集中在首都最贫穷的地区，但它们会经由这些穷人传播开来[94]。1858 年夏天伦敦暴发的"大恶臭"[①]，使疾病大范围传播。疾病以及由此产生的恐惧，让所有的伦敦人都生活在污秽之中。"大恶臭"最终促使土木工程师约瑟夫·巴泽尔杰特（Joseph Bazalgette）设计了革命性的下水道系统，这套系统直到今天仍然运行良好。

伦敦在忙着控制垃圾的同时，发现穷人不可能被限制在某个指定好的黑暗角落里。伦敦的贫民窟、棚户区、大街和济贫院，对那些前去探索的人而言，可能像是另一个国家；但这些地方在不断扩张，逐渐侵占了那些尚未被开发利用的场地。伦敦金融城和威斯敏斯特周围不光有"小康家庭"居住，还有大量"长期贫困"的家庭居住[95]。不光如此，这些所谓的社会底层和垃圾一起横流街头，刺激着人们的感官，最底层人群的存在变得越来越明显。

杰克·伦敦的观察揭示了这些社会底层和垃圾之间的必然联系。他将自己在探险中遇到的"运货马车夫与木匠"写进了书里。他困惑地发现，这些人走路时，眼睛总是盯着人行道。接着，他吃惊地发现了原因：

---

① 1858 年夏天，大量未经处理的生活污水直接排入泰晤士河，由于高温干旱，泰晤士河水位很低，恶臭笼罩伦敦城。——译者注

他们从到处是唾液的黏滑人行道上捡起橘子皮、苹果皮和葡萄梗来吃。他们用牙齿嗑开青梅果核，吃里面的核仁。他们捡起像豌豆一样大小的面包屑，还有又黑又脏、已经跟原有模样完全不同的苹果核，全都放进嘴里咀嚼，吞下肚子；而这件事，就发生在 1902 年 8 月 20 日晚上 6 点到 7 点之间，事发地点是当时世界上最强盛富足的帝国之都。[96]。

因此，尽管这座城市一直隐藏着黑暗，但新来者不断涌入，贫民窟的居民需要出去糊口，这些都导致最底层、最贫穷的伦敦人越来越随处可见。在富人区之外，人们总能感受到穷人的存在，即便他们总是躲在阴影之中。正如阿克罗伊德观察到的那样，这些人生活的地方"几乎像是城中之城，这样庞大的人类苦难聚在一起，不可能看不见"[97]非洲最黑暗的部分，来到了伦敦的街头。

尽管如此，移民们还是以前所未有的规模来了。尽管苦难显而易见，但伦敦的吸引力却比以往任何时候都更强。这恰恰说明伦敦梦的巨大魅力，以及它在维多利亚时期的体现。工人们意识到流落街头的风险，纷纷涌入城市，渴望获得在工作场所被剥削的机会。

1801 年，伦敦有 100 万人[98]。到 1861 年，又新增 200 万人，就挤在现在伦敦二区的周边地带，使伦敦成为世界上人口最多的城市。值得注意的是，至少有 38% 的伦敦人是新来的[99]。随着铁路网不断扩大，铁路所到之处，两侧都是新建成的郊区；街道上到处是贫民，空气中弥漫着浓重的雾霾。但是，这些生活在最底层的伦敦人的不满和沮丧，并没有阻止更多人加入他们的行列；伦敦的人口从 1851 年的 260 万增加到 1901 年的 650 万[100]。

城市的运转依赖的正是这些伦敦人。重要的是，这些人并没有意识到自己的阶级地位，也没有从他们在欧洲大陆的同志们的反抗行为中获得启发。

正如杰瑞·怀特的书中所写的那样[101]，该如何对待穷人——对待他们传播的疾病、对待他们的犯罪行为、对待他们造成的政治动荡——是 19 世纪 30 年代最紧迫的问题。帝国需要一次文明的变革，以彰显帝国的美德。

教化穷人

在维多利亚女王统治之初，人们并不怎么同情穷人，至少那些有权力对此做些什么的人是这样。劳工阶级当然也没有自己的政治权力。那时，还没有工党，也没有世界银行；甚至没有类似博诺（Bono）①这样的人来推动"让贫困成为历史"（Make Poverty History）运动，或是打造一场由富有名流领导的反贫困运动。甚至连穷人自己也没有一丝自我觉醒。

相反，公众将社会道德的沦丧归咎于穷人。说他们游手好闲、不负责任，这明摆着是不道德的。谁会为一个连衣服都懒

---

① 原名保罗·大卫·休森（Paul David Hewson），博诺是其艺名，爱尔兰音乐家、诗人和社会活动家。——译者注

得洗、对古典文学看都不看的街头顽童辩护呢？自暴自弃的人是得不到帮助的。也许，正如君权神授和英国潮湿的夏天一样，穷人的苦难不过是事物的自然规律。

这种奇怪的道德感构成了 1834 年《济贫法修正案》(*Poor Law Amendment Act*) 的基础。公众认为，未修正前的法律把国家税收用在了这些游手好闲之徒的身上，还鼓励他们生育子女，因此产生了普遍不满。修正后的法律规定，穷人必须进入济贫院才能获得救济。穷人可在济贫院获得最低程度的温饱，代价是艰苦的、通常毫无意义的劳动。当时的社会普遍认为：懒惰是一种病，只有让穷人觉得获得救助比不获得救助更痛苦，才能治好它。

这就是济贫院的逻辑。狄更斯在《雾都孤儿》中用讽刺的口吻做出了精准的描述。他说这些济贫院"理事会的成员是一些睿智、深沉的贤哲……他们定下了规矩，让所有的贫民自行选择（他们决不强迫任何人，决不），要么在济贫院里慢慢地饿死，要么在济贫院外很快地饿死。"[102]

这些济贫院令人生畏。正如当局希望的那样，它们被穷人视为万不得已的最后选择。杰克·伦敦用文字记录了去"那里面"排队时的失落和绝望：

为了体验那种恶劣的环境，首先我该跟我的身体道歉，接着我还必须向我的胃说一声对不起。我曾去过"那里面"，在那里过夜，吃东西；我还从那里逃出来过。

前两次设法混进白教堂收容所失败后，我提早行动，下午 3 点前便加入了那支凄凉的队伍。直到 6 点，他们才"放人进去"，但是很早就去的我已经是第 20 号了，先前已经有消息传出来，当天只会放 22 个人进去。到了 4 点，排队的已经有 34 人，最后 10 个人坚守自己的位子，怀揣着渺茫的希望，期待奇迹出现。更多的人来了，他们看看队伍就走开，痛苦地接受收容所已经"满额"的事实。[103]

这当然是一种有效的方法，让你远离和你共享一座城市的穷人，不必面对他们的痛苦。世界各地的保守派政治家们一直在使用这个法子。例如，英国保守党前领袖、"社会正义中心"（Centre for Social Justice）创始人、英国就业与养老金事务大臣伊恩·邓肯·史密斯（Iain Duncan Smith），就如此回应过不断增长的贫困问题："让家里面有人工作，打造牢固的夫妻关系，让父母远离毒品、远离负债——所有这些都比往失业救济中投入资金给孩子带来的福祉更大。[104]"他可真适合生活在维多利亚时代。

但这种对穷人的约束和限制不可能持久，也不会持久。诸如威廉·布斯和梅休这样的研究人员以及众多的改革家们，正在尽心尽力地对贫困现象进行识别和分类。虽然这些人多多少少带着屈尊降贵的优越感，甚至还有些许困惑和怜悯，但这种维多利亚式的社会管理方式把伦敦人的苦难带进了公共视野。同样，狄更斯笔下描绘的穷人的美德，从另一个角度唤起了人们对贫困的关注。随着时代的发展，社会良知的第一批萌芽出现了[105]。

1848 年，帕默斯顿（Lord Palmerston）^①宣布：

> 我们的责任和使命不是奴役，而是解放；我们站在道德、社会和政治文明的前列——我这么说既非沾沾自喜，也非大言不惭。我们的任务是领导、引导其他国家进步。

解决穷人"威胁"的首要办法是将他们纳入国家的管辖范围，严厉惩处侵犯财产的罪行，并改善公共卫生——如有可能，清除贫民窟也要列入这一范畴。

但伦敦的穷人们却有自己的答案。19 世纪初，伦敦的激进主义政治活动已经有了很长的历史[106]。尽管伦敦多元化的经济限制了那种由单一行业主导一个地方时会出现的强烈的阶级意识，但各种激进的政治请愿、小册子、报纸和集会仍随处可见。当时，选举权仅限于拥有财产的男性，腐败盛行，激进的政治活动的主要目标是政治改革而非经济改革[107]。

这股政治能量最终聚焦在了宪章运动中，该运动的政治纲领《人民宪章》（People's Charter）提出了 6 项政治改革要求。最为突出的一条是年满 21 岁的男性都有普选权。由于伦敦的生活环境相对舒适，宪章运动最初在英国北方发展得更为迅猛。然而，到了 19 世纪中叶，随着伦敦的经济日渐疲软以及"饥饿

_____

① 帕默斯顿，英国政治家，于 1855 年至 1865 年任英国首相。——编者注

的 40 年代"的到来，积怨越来越多，宪章运动吸引了一大批民众追随者[108]。

1848 年的欧洲革命进一步推动了宪章运动。虽然宪章派的要求比那些"人民之春"运动（Springtime of the Peoples）的要求更为温和，但他们向英国的精英阶层传达出一个尖锐的信号。面对众多无法公开发声，从工业资本主义扩张中得不到明显好处的人，无论是王室贵族还是资本家，都需要寻找某种方法来平息这些人的怒火。

他们的解决策略分为两部分。宪章派被迫卷入了一场可能对抗政府的叛乱，最终遭到镇压[109]。然而，这次政治上的失败只是暂时的。反抗行动虽然失败，但反抗精神并没有被粉碎。为了平息人民的愤怒，统治者还需要找出另一种解决办法。

如果说国家有办法应对令人担忧的政治诉求，那么资本主义也有自己的办法。必须让工人阶级和非工人阶级、让伦敦人和将要成为伦敦人的人觉得自己是社会跃进中的一部分。其中一些是通过真实的或者想象出来的物质进步实现的；其余的则是通过资本主义的黑暗魔法实现的，也就是对社会进步和伦敦梦的一种具体化的（即使是无意识的）认同。

这并不是说工人阶级会放弃斗争。他们的斗争，连同贯穿其间的妇女运动，始终没有停歇。叛乱继续遭到无情的镇压。事实证明，要将一个分裂的、疲于奔波的、并不总有工作的工人阶级组织起来是很困难的。暴力压制并不是宪章派的示威活动止步不前的唯一原因，另一个原因在于群众意识的转变，以及政府对伦敦梦的宣扬。

造梦博览会

形成这一转变的一个主要推动力就是"万国博览会"，全名是"万国工业博览会"。1851 年 5 月 1 日，万国博览会在伦敦海德公园里临时搭建的"水晶宫"中开幕，这是第一次国际范围的制造业和设计业的展览。或者，正如马克思所说的那样，是"资本主义商品拜物教的象征" [110]。

博览会共展出了 10 万件展品，有 1.5 万个参展商，其中包括液压机、加法机和世界上第一台投票机。公共抽水马桶的发明者乔治·詹宁斯（George Jennings）还在现场搭建了"盥洗室"。这些都堪称资本主义的奇迹。自然，英国的展品在这里占据了一半的空间 [111]。此外，博览会上还展出了一台印刷机，每小时能印刷 5000 份《伦敦新闻画报》（*Illustrated London News*），该画报对博览会满是溢美之词，称其将"一个伟大国家的首都变成了世界的首府"。

这种对工业资本主义的庆祝效果奇佳。博览会吸引了 600 万游客，这个惊人的数字是当时英国全国人口数字的 1/3 [112]。参观者对展览的规模和展品的新奇性啧啧称赞。例如，作家夏洛蒂·勃朗特（*Charlotte Bronte*）在写给她父亲的信中，描述了她第二次参观这个博览会的见闻：

> 我们在那里流连了约 3 小时。我要说，这一次它给我的印象比第一次深得多。这是个奇妙的地方，其庞大、奇特、新颖，非笔墨所能形容。它的宏伟壮观并不

在于某一件东西，而在于所有一切的一种罕见的配合。凡是人类的勤劳所能创造的一切，都可以在那里找到。仿佛只有魔法才能把这样巨大的财富从天涯海角聚敛到这里来，仿佛除了一只超自然的手，没有人能够把它安排成这个样子，显示出如此炫目的光辉和强烈的色彩对比，产生出如此巧夺天工的神奇效果。宽阔的通道里挤满了参观的人群，他们像被某种无形的力量制服和震慑住了。我去的那一天，在场的 3 万人中，听不到一点喧闹声，看不到一个不轨的动作，人潮静悄悄地向前滚滚流动，发出低沉的嗡嗡声，如同遥远的海涛 113①。

考虑到工人阶级躁动的状态，起初人们担心伦敦的穷人们不会安分守己地配合这次博览会。政府往伦敦市区总共调去了 1 万名士兵，还特别加强了伦敦警察的力量，甚至成立了一个由伦敦知名人士组成的工人阶级中央委员会（Working Classes Central Committee，但不是严格意义上的工人阶级）114。出人意料的是，这次博览会把制造业领域上下两个阶级的人都吸引来了。工人阶级（也许并不是那些在街头苟且谋生的人）在"先令日"② 大量涌入会场参观。对于那些认为工业是肮脏的和无情

① 《夏洛蒂·勃朗特书信》，三联书店（1995 年），杨静远译，书信编号 674，第 345—346 页。——译者注
② 先令日，指门票只卖 1 先令的日子，先令是英国的旧辅币单位。——译者注

的人而言，博览会上展出的机器向他们预示了一个光明的未来。

万国博览会将伦敦置于全球想象力的中心，同时也向所有英国人呈现了这座城市的可能性。以伦敦为中心的国家铁路系统为游客的出行提供了便利；尤斯顿（Euston，1837 年），国王十字（King's Cross，1852 年），帕丁顿（Paddington，1854 年），以及滑铁卢（Waterloo，1848 年）都相继建成车站。这些铁路为人和货物进出城市提供了便利的通道，1850 年《泰晤士报》（The Times）宣称："30 年前，见过这座大都市的乡村居民不足百分之一。现在的情况完全倒过来了，从没来过这里的人大概不足百分之一。[115]"

一些游客回家后，要么决定跃入首都这座大漩涡，要么四处传播这里的故事，激励他人加入。还有的人，压根就没有回家。正如怀特指出的那样，"搬到伦敦，是这个国家的生活中最重要的一个社会事实"。[116] 在维多利亚时代，每年平均有 3 万人到 5 万人怀揣梦想，从英国各地涌入伦敦[117]。

当全国各地的城镇都在与伦敦建立联系时，伦敦也在英国和世界的集体意识中不断发展。生活在伦敦之外的人可以读到伦敦熟人的来信，或者在访问伦敦期间听到这里的故事。或许，这其中最能影响他们的，是从文学作品中接触到的被美化过的伦敦。像皮尔斯·伊根（Pierce Egan）的《伦敦生活》（Life in London）这样脍炙人口的作品，就讲述了各种冒险和充满机遇的故事[118]。

伦敦还发展出"伦敦社交季"，跨度从每年 5 月初到 7 月底。如今，它已经受到全球精英的关注，许多大型的传统活动从最早的社交季就开始出现了，例如阿斯科特赛马会、温布尔登网球公开赛、"亨利杯"皇家赛艇会和切尔西花展。19世纪，这个社交季"吸引了成千上万的资产阶级和中上层阶级家庭"，在他们看来，"参加伦敦社交季是必不可少的活动"[119]。他们来到这里参加各种聚会和时尚活动，造访摄政购物街和新兴的百货商店，比如哈罗德百货（Harrods）。

他们之所以来这里，是因为这里值得来。伦敦是一个有无限可能性的地方，是一个世界文明交汇的地方，也是一个为试图逃避苦难之地的人提供机会的地方。用英国律师、政治家和作家罗伯特·普卢默·沃德（Robert Plumer Ward）的话来说，"伦敦的人们彼此激励，有一种生机勃勃的感觉"[120]。伦敦，就是梦想能够成真的地方。

这些关于辉煌和机遇之城的神奇梦想，把伦敦打造成了独一无二的国际化都市，一座"似乎包含了以前所有文明"的现代巴比伦[121]。正是这些文明在伦敦的展现，不断吸引着四面八方的移民和游客。

这个起始于维多利亚时代的伦敦梦，激励着当代伦敦持续焕发出勃勃生机。它不断讲述着一个以自己为宇宙中心的故事，展现出一个"即便你在伦敦生活很多年，仍能每天发现新鲜事"的现代大都市形象[122]。截至2018年，伦敦的人口达到前所未有的数量，这座城市的财富也达到前所未有的高度，其经济产出是英国其他地区的两倍[123]，经济规模更是轻松超过荷兰[124]。

伦敦是毫无争议的"世界上最伟大的城市"了，这是自维多利亚时代就开始的梦想。大多数伦敦人，即使每天早晨要在拥挤的地铁里通勤，只有靠埋头看手机屏幕，才能暂时逃避在人群中挤挤挨挨的痛苦，他们也会不情愿地承认，他们并不愿意去其他地方。哪怕他们天天做着身处其他地方的白日梦，也并不想离开伦敦。

为了梦想受苦受难，与财富的积累、文化的消费一样，都是伦敦故事的一部分。和维多利亚时代的人一样，英国记者托尼·帕森斯也这么想：

> 如果你打算在伦敦生活，你就得准备面对整个世界。不管你是白手起家的百万富翁还是货车司机，你都必须去竞争。长期定居在伦敦，努力工作的伦敦人现在要与每周工作 7 天的新来者争夺饭碗。乘坐头等舱的伦敦人，突然要与乘坐私人飞机的人争夺住房、学校名额和餐厅座位。在这个新的伦敦，总有人比你更富有，总有人比你工作更卖力，总有人比你更渴望得到机会[125]。

这就是伦敦梦的内容，一段关于大展宏图、积功兴业的叙事，让无数移民不断来到这座城市，让伦敦人面对苦难甘之如饴。它让人们相信，事情总会变得更好；这座城市会提供其他地方没有的机会；这里部分居民的不幸也只是一种反常现象。

这座城市渴望新鲜血液的注入，渴望新来者、新的梦想家。尽管伦敦神话让更多的穷人来到了这里，但它对年轻的群体吸引力最大——这一点都不奇怪。

第四章

现代伦敦的三次重生

　　维多利亚时代的伦敦，并没有随着维多利亚女王的逝世而终结，它只是又披上了爱德华时代的外衣[①]；除了中途偶有几个王室小插曲外，它在不停歇的发展中进入了 20 世纪。1939 年，伦敦的人口一度达到了 860 万，这一峰值直到 2015 年才再次达到。在经济大萧条时期，伦敦的情况比英国其他地方好得多，大量移民涌入伦敦，用杰瑞·怀特的话来讲就是"……在两次世界大战之间，伦敦这座城市散发出古老的魅力，这里的街道似乎都铺了一层金子，在当时的人们眼里比在前几代人眼里更明亮"[126]。

---

① 1901 年 1 月 22 日，维多利亚女王逝世，之后是爱德华七世继位。——译者注

第二次世界大战改变了一切，也改变了英国本身。十年中，不光是胆大的美国鼓起帝国雄心，要取代大英帝国成为全球超级大国，就连英国自己许多显赫的殖民地也纷纷要求独立。当美国"最伟大的一代"正在开拓进取时，英国的同龄人还在使用商品配给簿。

在 20 世纪下半叶的大部分时间里，伦敦作为首都，似乎要走上和英国同样的道路。

虽然第一次世界大战让伦敦成为权力中心，但第二次世界大战却产生了相反的效果。战后，城市 1/3 的建筑遭到毁坏，从 1939 年到 1945 年，企业迁出伦敦的速度是自伦敦大火以来从未有过的。战争的破坏和战后的分区规划极大地限制了伦敦东区的工业。各家公司早早学会了在伦敦之外的地方生存，在 20 世纪 50 年代持续向外迁移。

1951 年的英国艺术节带来了可喜的刺激，多达 800 万人参观了位于泰晤士河南岸的展览。然而，它并没有像万国博览会那样产生持久的影响。相反，如果说一个世纪前的那场博览会是帝国的欢迎仪式，那这一次艺术节则更像是帝国的告别派对。

假如伦敦曾站在工业资本主义的前沿，那如今的它正经历着最严重的"城市危机"。在 20 世纪 70 年代和 80 年代，去工业化导致了失业、流离失所和犯罪现象的增加。过去，身居陋室的伦敦工人阶级至少还有工作可干，现在这些工作岗位正在消失：1966 年至 1996 年间，伦敦 80% 的制造业岗位消失了[127]。

从 1962 年至 1994 年，伦敦的工作岗位总计减少了 30%[128]。从 1981 年到 1991 年，伦敦的犯罪活动上升了 46%[129]。尽管伦敦西部"摇摆的 60 年代"（Swinging Sixties）魅力十足，众多新移民社区引起了公众的兴趣，但伦敦的光芒正在消退。它再也不能声称自己是世界中心了。伦敦的人口数量显著下降，1981年下降到了 660 万人。城市居民逃离到偏远的郊区生活，田园城市运动更是计划将英国的经济重心从伦敦移到别处。

然而，伦敦梦并不会因此终结，它只是需要新的逐梦人。

正如我们看到的那样，首批新移民来自英联邦，他们第一次为伦敦带来了广泛的种族多样性。这些移民不仅协助重建了这座城市，还重振了这座城市的神话。他们将伦敦看成乐土，又将这种认知在从来没有过的、更大的范围内传播，吸引了更多的人成为伦敦人。此外，这些来自加勒比海的新移民也带来了一种国际化的酷炫感，再加上"地道的美洲人"、青少年音乐革命的出现，把伦敦的夜生活从第二次世界大战大轰炸的废土边缘拉了回来[130]。正是这种酷炫的风格和万事皆有可能的感觉，成为伦敦在 20 世纪 60 年代再次重生的核心动力。

摇摆之城，摇摆人生

美国艺术评论家兼作家皮里·哈拉斯（Piri Halasz）对 20世纪 60 年代伦敦的描写很难不让人对这座城市着迷。她在《时代周刊》（*Time*）杂志上发表了一篇题为《你可以在草地上漫步》的文章，让"摇摆之城"（Swinging City）这个词在全球激发出无限的想象。哈拉斯忙不迭地宣称，"每十年都会有一座属于这个时代的标志性城市"。20 世纪 20 年代是巴黎，20 世纪

30 年代则是柏林。之后，这一称谓又移交给了纽约和罗马。20 世纪 60 年代，全球的目光则聚焦在伦敦。

随着伦敦向后工业世界迈出第一步，它作为乐土的故事渐渐复苏。这种复苏是一股反主流的文化浪潮，是对一个规训社会（disciplinary society）及其衰落帝国的反抗。年长的英国人因为持续的定量配给制，以及 1956 年的苏伊士运河危机倍感沮丧，伦敦的年轻人则因为"大轰炸精神"所宣扬的自我牺牲倍感压抑。不少青少年帮派，例如一身爱德华式风格打扮的泰迪男孩帮派，走上街头，引发了种族骚乱[131]。在这种紧张关系下，出现了摩登派，出现了一种"对现代、酷炫和精致的崇拜"[132]，并传遍了全世界。空气中飘浮的不再只是工业雾霾，还有某种新的气息。

哈拉斯描述了伦敦的一系列场景，用充满活力的语气带领读者去探索这座城市。伦敦就是我们要去的地方，就是我们的乐土，在那里：

> 旧日的优雅和今日的奢华，古典和现代，交织在一起，令人眼花缭乱。城市里活力四射，既有摩登女郎在低语，也有"披头士"在歌唱。迷你汽车在街头穿行，电视明星在荧屏上款款深情，任何人看了、听了，都会兴奋得跟着节拍跃动。白金汉宫的卫兵们在列侬和麦卡特尼的乐曲中换岗，查尔斯王子坚定地加入长发阵营……旧日的华丽褪去，一切崭新的、不羁的、古怪的事物，正在伦敦之巅绽放。

哈拉斯的文字描绘出整个伦敦西区的场景，从苏豪区一直到梅费尔区和切尔西区。如今，旧日的辉煌只剩残影。国王路太过奢华，已经算不上时尚。卡纳比街是那个时代的商业纪念碑。苏豪区仍在兜售它的解放文化，但租金却在透露另一个事实。不过，在20世纪60年代，这里是伦敦这座城市象征层面上的（也许不是经济层面上的）复兴中心。

哈拉斯的文章中还引用了偶像型的画廊老板罗伯特·弗雷泽（Robert Fraser）——他有个昵称叫"时髦鲍勃"——的话。弗雷泽告诉哈拉斯，"每个人都想去那里。别处都没意思。巴黎彻底僵化了。而伦敦却带有一种不可言说的东西，让大家渴望去那里。"持这种观点的不止他一个人。英国著名演员迈克尔·凯恩（Michael Caine）在他的纪录片《我这一代》（*My Generation*）中，回忆了自己20世纪60年代在伦敦的时光，他说："（伦敦）是每一个想出人头地的人都想去的地方。你可能没有工作，你可能很落魄，但如果你住在离白金汉宫两英里以内的地方，这一切都是划算的。"[133] 如今，住在离白金汉宫这么近的新来者大致可以分为两类：要么是无家可归者，要么是全球精英。

正是像凯恩这样的人来到伦敦，或者至少是因为这些人的声望够大，让哈拉斯得以声称一个新群体正在伦敦兴起，他们就是著名城市规划学家理查德·佛罗里达（Richard Florida）所说的"创意阶层"[134]，这是一个"令人惊讶的新领导群体；经济学家、教授、演员、摄影师、歌手、广告人、电视节目制作人和作家——一个摇摆着身体的、时髦的精英阶层"取代了"旧的

保守党 - 自由党建制"。凯恩也认同这个观点，他记得：

> 在英国历史上，年轻的工人阶级，那些像我这样的
> 人，第一次站起来为我们自己说话："我们在这里，这是
> 我们的社会，我们不会离开。"[135]

"摇摆之城"的兴起，正值英国有关性别和性行为的法律走
向自由化之时，这并非巧合。尽管物化女性是 20 世纪 60 年代
的一部分，但避孕药的问世对女性而言的确是一场革命。不过，
这个时代的文化和法律精神并没有辐射到所有的地方。当这场
革命在伦敦兴起时，英国其他地区的反应则要保守得多。这只
会让伦敦和伦敦梦越发引人注目；面对战后社会的循规蹈矩，
伦敦就是让人展现真实自我的地方。

在文章中，哈拉斯声称：

> 伦敦虽然有很多优点，但缺点也很多。不过，在很
> 大程度上，它具有一种曾经只有超大城市才有的标志
> 性特点：一种最宽泛意义上的礼貌。相比于大多数大城
> 市，伦敦对人的个性剥夺得更少，对个体及个体的权利
> 包容得更多。

这种彰显个性的力量，这种能够展现真实自我或者重塑自
我的感觉，就是伦敦梦吸引众多移民的原因。这种力量有很多
种形式。战后第一批移民来到这里，是因为他们可以找到在自

己家乡找不到的工作，当然也可能是因为他们想看看英国的首都是否能达到自己的期望。而下一代移民则是寻求自由的年轻人，即使这种自由只不过意味着从城市的东部搬到西部。

20世纪60年代的"摇摆之风"并没有持续下去，这是常有的事。接下来的几十年是现代伦敦历史上最令人担忧和最吵闹的时期。然而，在20世纪90年代初的经济衰退期间，在这座曾经伟大的城市之上，一些新的东西正在逐渐形成。虽然金融业和来自英联邦的移民发挥了作用，但这一次并不是工业或大英帝国的复兴。相反，它受到了20世纪60年代精神的启发。这一次，曾经的"摇摆之城"的氛围，以及与之交织在一起的经济，在这座城市扎了根。更重要的是，它从西区一直蔓延到新十字和哈克尼等地区，引领这一进程的是那些从父母在郊区搭建的安乐窝里逃离的年轻人。巧合的是，当这一切出现的时候，伦敦的经济似乎正处于最低点：1991年，城市的失业率高达11.6%。

再次重生

我们不得不提到另一本美国杂志，它重新刺激起全球对伦敦的想象。《新闻周刊》（*Newsweek*）的一期封面上赫然出现一个大标题：《伦敦规则！》（"London Rules!"），带着与30年前哈拉斯在《时代周刊》上同样的热情，《新闻周刊》感叹道："劲爆的时尚设计、跃动的俱乐部氛围，还有大量的新财富，让伦敦成为这个星球上最酷炫的城市。"[136] 一年后，《名利场》（*Vanity*

Fair）杂志则更进一步，直接宣布"伦敦再次摇摆！"[137]20 世纪90 年代的伦敦无疑吸引了美国人的注意，编剧理查德·柯蒂斯（Richard Curtis）利用这一点，在伦敦拍摄了《四个婚礼和一个葬礼》（Four Weddings and a Funeral，1994 年）和《诺丁山》（Notting Hill，1999 年），两部影片都邀请美国演员出演了关键角色。

这些杂志对伦敦的赞扬完全正确。这座城市正在从内部复苏。20 世纪 80 年代末，达米恩·赫斯特（Damien Hirst）等艺术家掀起了一股艺术表达的浪潮，席卷了整个伦敦，结果却被布莱尔政府收编。发行于 18 世纪的英国海军军歌《不列颠万岁！》（Rule, Britannia!）被另类翻唱，所以"酷不列颠"（Cool Britannia）一词流行起来。这一双关语非常应景；1966 年《时代周刊》杂志上那篇标志性的文章将大英帝国的衰落作为酷炫文化出现的关键，忙不迭地声称，"大不列颠失去了大英帝国，倒像是胖佬减轻了一磅（约 0.45 千克）体重。在这一过程中，失去跨越几个世纪的世界领导地位造成的心理落差得到了缓解"。

如果说那些在"摇摆的 60 年代"重塑伦敦的人是在摆脱帝国的重担，那么对 20 世纪 90 年代伦敦的年轻一代而言，帝国就好像是个遥远的遗迹。奇怪的是，正如《新闻周刊》的作者史崔克·麦圭尔（Stryker McGuire）和迈克尔·艾略特（Michael Elliott）所主张的那样，在"这个最不像英国的地方"，将会出现爱国主义文化的复兴。

"英国青年艺术家"也许并没有公开宣扬爱国主义，但这个松散的艺术团体凭借其"震撼征服"的理念，同样对"酷不列颠"的兴起产生了巨大的影响力。虽然他们被贴上了"英国"艺术家的标签，但伦敦才是他们的主场。有些人，比如毕业于金史密斯学院的赫斯特[138]，从利兹来到伦敦；还有一些人，比如毕业于皇家艺术学院的特雷西·艾敏（Tracey Emin），从马盖特来到伦敦。艾敏在 20 世纪 80 年代初搬到了伦敦东区，她形容那里就像一个"巨大的爆炸现场"[139]。尽管如此，艾敏回忆说，她在那里总是"感到轻松自在"。这是一个常见的评价：艺术家以及有艺术灵感的人在伦敦找到了一个家，一个彼此认同的群体，在此之前，他们甚至不知道这些群体的存在。伦敦为他们提供了在家乡无法想象的可能性。他们出力创建一个新的城市。在这里，各种令人无法相信的可能性不仅变成了现实，还让他们从中获利。

英国青年艺术家团体聚集在城市东区，特别是在霍克斯顿区、肖尔迪奇区和码头区，他们占据了不少曾经忙碌繁荣、如今遭到废弃的工厂和仓库，进行艺术展示。正是受到这种对工业空间再利用的灵感启发，伦敦后来将废弃的河畔发电厂改造成了如今的泰特现代美术馆（Tate Modern）。这座美术馆也在不断展出英国青年艺术家团体的作品，并颁发透纳奖（Turner Prize）来表彰他们的艺术成就。

音乐产业同样以伦敦为中心。正如怀特暗示的那样：

即使音乐不是在伦敦创作的，也必须到伦敦去录制；通常，出于商业上的合理考虑，音乐工作室和现场音乐家、经纪人和巡演策划人、摄影师和记者，最后都会在伦敦生活，哪怕只是生活一段时间。[140]

从 1950 年到 2017 年，20% 的热门音乐制作人都生活在伦敦，不过只有 7% 的人是土生土长的伦敦人[141]。20 世纪 90 年代初期，许多英国流行乐队都来自伦敦的大学。"模糊乐队"（Blur）是在金史密斯学院成立的。"山羊皮乐队"（Suede）的成员都在伦敦大学学院聚会。毕业于伦敦政治经济学院的贝斯手马特·奥斯曼（Mat Osman）在描述他们的首张同名专辑时回忆道：

> 伦敦对乐队的每个成员来说都是一块试金石，所以这张专辑讲述的是我们搬出郊区的卫星城，被置于这个充满了性、贫穷的城市的故事。伦敦到处都是这样的艺术专业人士：在 12 岁时，父母给他们买了吉他，然后就读公立学校，加入乐队。[142]

伦敦的时装业也再次蓬勃发展。亚历山大·麦昆（Alexander McQueen）和斯特拉·麦卡特尼（Stella McCartney）这些冉冉升起的新星就是其中的代表人物。随着废弃的工业空间被那些喜爱用化学品刺激生活的人重新利用，仓库和停车场里出现了地下狂欢派对。

如果你年轻、酷炫、有创意，或者只是想赚点钱，那伦敦就是你的乐土。《时代周刊》杂志称："没有哪个城市能提供如此丰富多样的消遣方式，伦敦人也像世界上其他地方的人一样，不停地追求快乐。"[143] 用这句话描述 20 世纪 90 年代末的伦敦再真实不过。这一次，繁荣持续了下来。

到 1991 年，这座城市的人口已经降到 640 万人。人口数字在上一个 10 年减少 4% 之后，在 20 世纪 90 年代又增加了 13%，在 2001 年达到 820 万人。这扭转了几十年来的人口趋势，而大部分人口增长来自伦敦市中心。美国城市规划专家艾伦·埃伦霍尔特（Alan Ehrenhalt）称之为"大逆转"（Great Inversion）[144]，世界各地的年轻人都在国际化城市的市中心寻找机会。在伦敦，大批年轻人涌入这座城市，这是自爱德华七世继位以来从未有过的现象。这些年轻人的祖父母们逃到郊区，他们的父母们则逃到通勤带或新城，但这些郊区居民的后代在 20 世纪 90 年代使伦敦内城的面积增长了近 1/4 [145]。

新的基础设施出现了，其中最著名的当属伦敦眼和千禧桥。1997 年，工党以压倒性优势赢得大选，撒切尔夫人和保守党 18 年的统治就此结束。如今可能很难想象，但在当时，身为工党领袖的英国首相托尼·布莱尔非常受民众欢迎。公众甚至邀请他参加娱乐颁奖典礼，可以说相当酷炫。

这是一个崭新的、酷炫的不列颠。而伦敦，再次成为这一切的中心。

同时，这也并非一帆风顺。伦敦的自由程度和其冷漠程度不相上下，有时在同一趟地铁上就展现得淋漓尽致。对许多人而言，喧闹的都市生活非常吸引人，所以他们会来大城市寻找机会。正如宿醉、快餐和空荡荡的酒吧是人们追求梦想的必由之路一样，生活成本和生活节奏也是伦敦奇幻生活的一部分。

因此，他们来了。这些年轻人不惜一切代价想要飞黄腾达。

对于卡莉（Carley）、帕特里克（Patrick）以及"煎熬和沙漠蜘蛛"（Torture and the Desert Spiders）乐队组合的其他成员来说，新十字区就是他们实现这一目标的起点。

青春的十字路口

哈拉斯当年称赞伦敦这座"摇摆之城"充满乐趣，在《时代周刊》杂志的那篇文章里，描述它"昔日的优雅和今日的奢华，古典和现代，交织在一起，令人眼花缭乱"[146]；但这段文字描述的场景与新十字区的风格相去甚远。战后伦敦东南部这片地区的氛围与其充满激情想象的"被变化所占据、被富裕所解放、被水仙花和银莲花所点缀"的城市形象并不相符。

这片地区没有多少改变。主导新十字区街道上肃穆风格（也许该称为刚硬风格？）的色彩是灰色，而不是绿色。烤肉店和零零星星的街道涂鸦，完全体现不出什么艺术渴望，街道上也看不出任何富裕的迹象。在以伦敦为背景的好莱坞浪漫喜剧的开场风景中，也完全没有这里的镜头。新时代王子公主的浪漫故事都发生在肯辛顿。他们才不会过河到这边来。

然而，如今的新十字区站在了改变首都结构的先锋阵营里。它是 20 世纪 90 年代兴起的英伦摇滚的中心，很快就有了像"模糊乐队"、"绿洲乐队"（Oasis）和"电台司令乐队"（Radiohead）这样的标志性乐队，在重新出现的露天酒吧里演出。后来，又出现了所谓的"新浪潮"（New Wave），在 21 世纪初甚至兴起了"新十字场景"（New Cross Scene）这一概念。再加上金史密斯学院学生们放荡不羁的、充满批判性的创造力，新十字区终于变了样子。受到这种时尚的粗粝风格——更重要的是低廉的房价——的吸引，中产阶级化的浪潮率先将创意阶层带到了伦敦东南部地区。

2007 年，《标准晚报》（*Evening Standard*）宣布，新十字区"正式迈入酷炫的行列"[147]。

现在，新十字区成为伦敦经济的十字路口，这里是体现伦敦最新动向的关键主角。这座城市错综复杂的历史情节在新十字区的大街上清晰地呈现出来，丝毫看不出这里即将上演中产阶级的故事。

优雅的维多利亚式的联排房屋临街的部分如今被改成了商店门脸，与战后最差的市政廉租房混杂在一起。英国白人仅占新十字区人口的 26%[148]。这里的美食商店，从新香料餐厅到奥斯曼烤肉餐厅都有。从这些名字就能看出，它们代表着文化的大杂烩。新十字区有 40% 的儿童生活在贫困中，犯罪率比英格兰其他地区高 62%[149]。白天街上到处是无所事事的人，许多人就坐在人行道上。

五颜六色的条幅从不规则的灯柱上伸出来；金史密斯学院在条幅上打出一系列口号，强调街道之外是他们的天下：

路径无数

观点林立

机会万千

我走过写着"无限创意"的条幅，溜进了一家紧挨着滑稽戏服店的古怪咖啡店。咖啡店伸进一座特设的啤酒花园里。沐浴在二月变幻莫测的阳光下，我在这里和"煎熬和沙漠蜘蛛"的成员们谈论音乐。这个乐团里，有一个美国人、一个德国人，鼓手是英国人。他们是那种只有在伦敦这样的国际城市才会出现的音乐组合。我见到的是那个美国人和德国人，他们的笑声富有感染力，语言表达清晰完整，看起来就是一支正在向上发展的乐队。

他们从不同的地方来到伦敦，但来到这里的原因却完全相同。主唱卡莉身穿休闲西装外套，戴着一对橙色耳环，与她的牛仔短裤和冬季人字拖看起来很搭。她从美国纳什维尔的一所大学毕业后去了纽约，后来又来到伦敦。她告诉我：

> 对我来说，这里有一种不同的工业色彩。我猜，我就是想要一些完全不同的东西，想要触及更广的范围。我觉得这里给我的更多。在纽约，大部分人……都是第二代移民、第三代移民。但是这里呢？这里不一样。这里的人往往说，"哎呀，不不不，我也是刚到这里。"你明白我的意思吗？

我完全明白。于是我问她，来伦敦是你的梦想吗？卡莉立刻打开了话匣子，我简直无法阻止她的热情：

> 这是我从小的梦想，只不过它并没有按照我期望的

方式实现。我完全没想到，自己会在这个年龄，在我生命中的这个阶段过来。我以为我可能还要再过几年才会来呢。你瞧，我有一大堆东西都留在了纳什维尔。怎么说呢，待在那儿已经不酷了。我呢，我心里一直想寻找点什么。差不多就是，"也许我想退学，也许我想去玩音乐，也许我会去工作"，或者说，"也许我会去读社区大学"，然后我可能又会想，"不行，我还想走得更远一些"。然后，伦敦就成了我唯一明智的选择。

只有艺术家才会认为，身无分文、举目无亲地搬到伦敦是个明智的选择。至少她是以学生身份来到这里的。她最初参加了一个美国留学项目，如今在金史密斯学院做交换生。

吉他手帕特里克身材紧凑有型，穿一件带破洞的黑色皮夹克，戴着一顶看起来会成为其外貌永久特征的无檐小帽。和卡莉相比，他可没有那种安全感。帕特里克是德国人，来自慕尼黑，在自己家乡的城市做舞台工作。他一直在努力寻找和他一样热爱音乐的乐队成员。所以，他对我说话时，眼里带着光：

> 我想，只要我还年轻，还有闯劲，我就希望有一段时间（能做这些事）。我有时想专心投入在这件事上。我不知道，2年到3年吧。尝试一下，如果不成功，我完全接受……

帕特里克想找一个音乐氛围浓厚的地方。他起初想到了柏林。虽然那里很酷炫，但"如果有现场表演的话，就只有电子音乐"。因此，2018 年 8 月，他结束学徒生涯，来到了伦敦。在第一个月里，他努力适应一切，包括生活费用等，努力让自己不被周围发生的事情弄得太心烦意乱。但现在，他找到了自己的最佳状态。

这座城市吸收年轻人的比例总是多于这个国家吸收年轻人的比例。在某种程度上，这就是它酷炫的原因。1966 年，《时代周刊》杂志曾指出，"青春，就是伦敦这座城市的标志"，因为伦敦近 30% 的人口都在 15 岁至 34 岁之间[150]。如今，在伦敦市中心，这一数字为 34%[151]；相比之下，全英国的这一数字为 26%。在伦敦，年轻就意味着有精力与这座城市抗争，承担重压，并留下自己的印记。或者至少这就是卡莉和帕特里克的计划。

真正让人难以适应的，是哈拉斯在 1966 年的《时代周刊》杂志上表扬伦敦时所提到的："这座城市给了你做真实自我的空间"。但帕特里克告诉我，这就意味着：

> 因为这里的节奏非常快，每个人都在做自己的事情，基本上没人帮你，尤其是当你孤身一人来这里的时候。所以，总的来说，你要对自己、对你的行为、对一切后果完全负责。这种自由可能很好，当你意识到它的时候，你可以把它作为一种动力——但也可能很糟。我想，我们要清醒地认识到这两个方面，然后去做自己想做的事。

卡莉又插话说（在我们的采访中，他们两人互相穿插谈话，简直天衣无缝），伦敦是一个给音乐家创造机会的地方，"但在这里发展，需要付出的代价比世界上其他任何地方都要大"。当她把伦敦描述成介于"音乐家的儿童游乐场和监狱操场的健身区"之间的地方时，他俩都笑了。

　　她还告诉我们，伦敦有一些神奇的、几乎是古怪的地点和地下场所，在伦敦，"艺术比我们想象的丰富得多。所以我会在这里，在一个我以前闻所未闻的地方，与一群素未谋面的人在一起。这让我非常兴奋"，即使在这样的场景中，所需要的天赋、要付出的努力，有时候多得让人难以承受，但也是值得的。这里是一座大池塘，鱼龙混杂；和许多艺术家一样，每个人都想跳入水中一试身手。

　　这些渴望跃龙门的小鱼们花了不少时间才找到了彼此。帕特里克曾在录音室做过几次练习，但他发现除了即兴演奏会之外，很难融入他们。卡莉做了不少街头表演、即兴演奏，在脸书（Facebook）①上的伦敦音乐团体间穿梭。她回忆说，当他们在脸书上找到彼此时，"我们都迫切地想搞出点名堂来。我们真是找得太苦了，太需要有点什么了"。他俩同时说，从10月到12月，他们都觉得时光飞逝，每天都在不停地创作。

　　他们看了看对方，告诉我说，这个乐队"超越了所有风格"。也许有一些车库音乐风、朋克风、流行音乐风。时而这

---

① 脸书，现已更名为元宇宙（Meta）。——编者注

样，时而那样。也许它就是更魔幻、更非主流。但绝对是忧郁的，而且有着强烈的英伦风格。我完全听不懂，不过他们陶醉其中。

不管是什么风格，总之他们的关系越来越紧密，四处寻找演出机会。卡莉大大咧咧地笑着告诉我们说，她就是一只"猎狗"，在诸如"伦敦音乐家"和"伦敦演出"这样的脸书小组上闲逛，不放过任何演出机会。过去的音乐人只能通过有限的渠道获得演出机会，但如今这些平台对所有人完全民主、一视同仁，这让小组中一些资深的音乐人非常沮丧。卡莉是一名音乐管理专业的学生，她完全知道，现在就演出与花上 5 分钟和经纪人或者乐队成员交谈后再演出之间的区别。他们这个乐队现在也和一个音乐推广人有了联系，最近获得了 6 场现场演出的预定，也许是 7 场。一周之内，所有的音乐平台上肯定会发行他们的首张单曲。

这是伦敦给他们的机会。不像慕尼黑和纳什维尔——他们告诉我，那里的音乐表演要么是大型演出，要么只是朋友间的表演助兴，但伦敦有很多介于二者之间的地带，可以让你梦想成真。伦敦有很多提供音乐表演的酒吧，他们可以一周演出 7 天，"只要你不怕苦，不怕累"。

如果你愿意免费演出，或者只挣点免费酒水，机会更多。

尽管在伦敦进行现场表演令人兴奋，尽管"煎熬和沙漠蜘蛛"乐队雄心勃勃，但一场 40 分钟的演出几乎分文不赚，或者充其量只收取酒吧收入的百分之一当作提成，这都是行业惯例。在伦敦，各种崭露头角的新锐乐队每周演出 4 场，每周排练 2 次，乐队成员自掏腰包录音，所有这些不过换来一些免费的酒水和一点点零用钱。即使在"布吉"这样的演出场地，那里"人人看起来都像《绯闻女孩》（Gossip Girl）里的姑娘"，乐队之间的竞争异常激烈，也只有大明星才能得到真正的报酬。

许多人来到伦敦时，已经在自己家乡的表演中大放异彩。卡莉告诉我，她的室友之前是《罗马尼亚好声音》（The Voice: Romania）真人秀节目的冠军。这些人，尽管在照片墙（Instagram）上拥有很多粉丝，在家乡也有稳定的现场表演机会，但到了伦敦后却发现自己再次垫底。卡莉很少愤世嫉俗，不过她明确表示："来伦敦的每个人都很成功。也正因为如此，这里没有人是成功的。"有人让你演出就是一种奖励，不用考虑报酬。至少现在如此。

这是一种充满音乐激情，甘于粗茶淡饭的生活。

卡莉目前是学生身份，但她也会在缺钱时去街头卖艺——她几乎总是缺钱。她告诉我们，在伊斯灵顿区，她一小时能赚60英镑。不过，在新十字区就要难得多了。帕特里克刚想努力工作就遭到了解雇。他索性在麦当劳做了煎炸工。"不，是伦敦最好的煎炸工！"他们俩异口同声地笑着说。

帕特里克一到伦敦就重新干起了乐队管理员的工作。几个星期后，他暗暗对自己说："好吧，这也太浪费时间了。我应该在周末干点兼职工作。我来伦敦可不是为了干这个的。"于是，他选择了最简单的方案，找一个干活不需要思考，想什么时候来就什么时候来，而且不会因为迟到早退就被解雇的工作。所以他成了麦当劳麦尔安德店的煎炸工。

在干完了一班煎炸工作之后，帕特里克感到筋疲力尽。他简直无法想象，自己能否应付一份真正的工作，那种他不能想不干就不干的工作。不过，当你是伦敦最好的煎炸工时，一个月赚800多英镑还是相当不错的。但疲惫和挣扎始终都伴随着他。有时，日子太过煎熬了，他会怀疑，当初离开慕尼黑，离开自己的工作、朋友、家人和狗的决定是否值得。他不得不暗暗提醒自己，这是他的追求。他是来搞音乐的，如果必须得这样生活，那就这样吧。

卡莉告诉我，他们会互相照顾。如果"我俩有一个赚了钱，那就算我俩都赚了钱"。所以只要有机会，他们就一起吃喝。有时候，这些钱是卡莉在街头表演时挣的。但有时候连这些钱也没有，比如去年她回家过圣诞节前，就好几天都没东西吃。

尽管街头表演的钱罐子偶尔会是空的，煎炸工作会让人一身薯条味，哪怕这里只是他们音乐生涯的临时栖身地，但毫无疑问，伦敦仍然是他们的乐土。卡莉的交换生项目将于今年7月结束；英国脱欧后，德国人在英国将何去何从尚无定数。但他俩仍然在共同向前努力。伦敦可能不再是最具颠覆性的音乐场地——帕特里克一直试图在慕尼黑寻找类似的地方，比如"某个林地，音乐人在那里演出"；卡莉也发现金史密斯学院传说中的艺术表演太过自命不凡，令人难以接受。尽管如此，如果你准备好拼尽全力，不在乎工作到精疲力竭，不在乎在肮脏的酒吧里演奏，不在乎赚不到钱，那么伦敦会是一个充满机遇的好地方。

这些都是伦敦梦的一部分。卡莉和帕特里克就是两个不顾一切的伦敦逐梦人。

第二部分

酷炫的首都

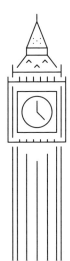

第五章
泰晤士河上的蜕变

近两千年来，泰晤士河一直是伦敦的地理中心[152]。自从古罗马人在河上架起桥梁，向朗蒂尼亚姆古城运送"丰富的物资"以来[153]，伦敦的经济就一直以泰晤士河为中心，与世界联系在一起。因此，从古罗马人的到来到早期帝国主义的探索与扩张，再到维多利亚时代的工业主义，以及多灾多难的后工业经济转型，泰晤士河以及沿河两岸的开发利用，一直是伦敦经济的晴雨表，不管是定性还是定量上的。

在中世纪，伦敦效仿古罗马人的做法，在伦敦桥和伦敦塔之间建起了大大小小的码头。16 世纪，英国在德特福德和伍尔维奇开设了首批大型（海军）造船厂。这一时期，大多数伦敦人，无论是运输货物的、偶尔钓鱼的，还是绝望的清淤拾荒者，都靠泰晤士河谋生 154。

在大英帝国的形成时期，由于贸易扩张、战争频繁，为了满足战船打造和商业往来的需求，海军和私人造船厂都进行了大规模扩张。帝国在膨胀，帝国的码头也越来越多。1802 年，政府为了支持英国东印度公司的运营，专门在布莱克威尔开设了东印度码头。19 世纪初，英国东印度公司统领了一支 26 万人的私人军队 155，统治着 9000 万人，并控制着全世界一半的贸易 156。

1803 年，西印度码头开放，这里运输的商品黑暗得令人发指，英国人自己也羞于公开承认：已经工业化了的奴隶贸易。从 1690 年到 1871 年，英国、非洲和加勒比地区之间的这种三角贸易共运送了 300 万奴隶 157，它带来的利润和各种商品推动英国成为工业化强国。

这些三角贸易的起点和终点都是伦敦。运输奴隶的船最初都是在伦敦的码头建造并从泰晤士河驶出的，不过这个产业后来转移到了布里斯托尔，之后又转移到了利物浦。和东印度公司一样，这些远洋贸易的资金也来自伦敦以外的地方。帝国积累的盈余又回到伦敦。咖啡、糖和烟草经过加工后，在伦敦的码头上被重新运往各地。

帝国繁荣的工业推动了基础设施的发展，使伦敦迅速发展为全球最大的都市。虽然在工业化中，大部分工业（以及随后出现的工人阶级）都聚集在英国的北部地区，但正是在这一座座受到帝国扩张的刺激而建起的码头上，伦敦以及伦敦人迎来了工业革命。

工业化的伦敦完成了转型。这是一座充满变革的城市，但它自己几乎不生产商品。相反，伦敦接收、加工产品，然后再运往世界各地。从事这种贸易意味着伦敦从 18 世纪开始就充当起了"帝国的仓库"和"世界的工厂"，拥有世界上最繁忙的港口[158]。记录显示，1700 年，有 6900 艘船进入伦敦的港口。到 1795 年，这个数字已经增长到 1.48 万艘，商品价值增长了 3 倍。1790 年，伦敦承担了英国 70% 的进口量和一半以上的出口量[159]。相应地，伦敦发展出庞大的海洋经济体系，包括英国最大的造船中心以及 100 家制糖厂[160]，到 1750 年，这些制糖厂承担了英国近 3/4 的食糖进口生意[161]。

在伦敦的船坞和码头上，有帝国能提供的所有资源。船工和码头工人、搬运工和装卸工的双手，提供了"……纽卡斯尔的煤炭，大洋洲的罐头和冷藏食品，非洲的宝石和印度的茶叶"[162]。大量进口商品标志着以前封建社会的、孤立的经济发生了转变。英国人可以消费不是自己生产的东西了，这对那些吃着没有调味的肉类和土豆长大的人而言，实在是个好消息。对于那些有办法获得帝国边缘地区的生产和税收产生的财政盈余，并再投资的人而言，这也是一个好消息。维多利亚女王登基时，伦敦充斥着帝国的收益，它们都是通过码头来到这里的。

维多利亚时代的伦敦迅速扩张，码头上的工作机会也在迅速增加。和维多利亚时代城市里的诸多生存机会一样，码头上的工作严酷且极不规律。维多利亚时代的研究者和改革家亨利·梅休撰写的《伦敦劳工与伦敦贫民》（*London Labour and the London Poor*）[163] 一书被小说家罗伯特·费尔赫斯特（Robert Fairhurst）誉为"维多利亚时代最伟大的小说"[164]，他在书中记录了码头上的绝望：

> 当工头拿着名册吆喝名字的时候，有些人会跳到其他人的背上，好让自己显得比其他人高出一截，从而引起雇主的注意。所有人都在大叫大喊……的确，看到成千上万的人为了一天的工钱而奋斗，这实在是最令人痛心的景象……看看这群饥饿的面孔，这景象你一定无法忘记。[165]

他们的挣扎——亨利·梅休称之为"为了生存而奔波、抢夺和挣扎"——构成了伦敦故事的一部分。这座城市积累的巨大财富，与创造这些财富的人遭受的苦难旗鼓相当。但他们还是来了。不管条件如何，在伦敦有工作总比没工作要好。

然而，第二次世界大战后，伦敦的经济和人口数量迅速下滑。工厂主们找到了更贫穷的人去盘剥。伦敦工业的衰落就意味着码头的繁荣不再，不过，还有一系列其他因素导致了码头经济的最终衰落。众多殖民地的独立从根本上改变了贸易模式，这通常意味着制造业流向海外，英国不得不将目光转向欧洲。法国的敦刻尔克、德国的汉堡、荷兰的鹿特丹，以及英国的南安普顿等港口抢走了伦敦的生意。

集装箱运输是最后的打击。这迫使货船只能进入蒂尔伯里这类深水港才能装载这些集装箱。1967年，东印度码头关闭；1968年，伦敦和圣凯瑟琳码头关闭；1976年，西印度码头关闭拆除；1981年，皇家码头关闭。码头区以及依赖码头生活的产业和工人，都被丢给了企业园区和伦敦码头区再开发公司随意处置。

码头、工厂和发电站遭到闲置——似乎从没人料到有一天它们会成为炙手可热的房地产。那些曾经让人引以为傲的仓库空空如也——伦敦的学生们很快就会发现，这对他们有利。伦敦，这个"世界的仓库"和"帝国的工厂"，不复存在了。

但伦敦的故事并没有结束。

在很大程度上，由于撒切尔首相的"金融大爆炸"（Big Bang）政策，伦敦金融城放松了金融监管；再加上国际移民的出现，伦敦在 20 世纪 90 年代重新成为国际化都市（当然不是唯一的国际化都市）；从 1997 年到 2007 年，伦敦经济以每年 4% 的速度增长[166]。

与泰晤士河的涨落一样，伦敦的复苏也可以从泰晤士河上体现。资本总能找出法子再回到这条河上来。我们尤其可以通过伦敦两座发电厂的命运变迁，看到这座城市摆脱工业主义的痛苦过程，它们分别是河畔电站和巴特西电站。

伦敦的电站

伦敦的河畔电站和巴特西电站是伦敦历史上工业占主导地位时的产物。1891 年，河畔电站首次用煤发电，发电量高达 30 万千瓦。20 世纪 30 年代，伦敦的人口达到高峰，巴特西电站成为全国统一电力系统的首批电站之一。1955 年，当巴特西第二电站竣工时，该电站的总发电能力为 50.9 万千瓦，被誉为泰晤士河南岸西侧拐弯处的"电力神庙"。它是英国最大的发电站[167]，发电量曾占伦敦电力供应的20%[168]。

到1983年，河畔电站和巴特西电站都已停止发电。当时由于新能源兴起、发电量下降以及运营成本增加，很多电站都停产了[169]，它们只是众多停产电站中的两家[170]。随着产业从资本主义的工业化城市中流出，坐落在沿河两岸的发电厂、仓库和工厂，迅速沦为过往时代的遗迹。当然，在这些地方工作的人，也成了遗迹的一部分。

然而，几乎没有人愿意拆除这些坐落在河边的标志性建筑。人们也不知道该如何安置曾经在这些建筑里工作的人。这些电站，就像这座城市一样，是战后许多失败想象的主题。

1980年，巴特西电站被列入英国国家房屋保护计划二级单位，逃脱了成为迈克尔·杰克逊（Michael Jackson）设想的"梦幻中心"或切尔西足球俱乐部新址的厄运。它也不会成为城市公园或生物发电厂[171]。人们提出了无数个房地产改造方案，最终在2012年，巴特西电站以4亿英镑的价格卖给了马来西亚的开发商。他们的开发计划是让所有伦敦人都感到沮丧的、熟悉的项目：豪华公寓。

在该项目第一批推出的866套公寓中，有824套作为期房出售给了外国投资者[172]。当然，首批公寓销售所得的90亿英镑会用于项目再开发，会包括苹果公司的伦敦新总部，还会包括保障性住房。只不过在2017年，马来西亚的新投资者宣布，在总数4000套公寓住房的计划中，"保障性住房"的数量将削减40%，只剩386套[173]。还有最后一个打击：由于缺乏预判，需要修建一条巨大的下水道。结果首次购房者的住房被转移到了距离这个豪华公寓开发项目半英里（约合 0.8 千米）远的地方，位于繁忙铁路线旁的一个旧工业区里[174]。

巴特西电站的重新开发可以算是我们后工业时代愚蠢行为的纪念碑，也是伦敦的成功与伦敦人的成功不再相干的经典案例。这是一个充满矛盾的经济体，城市人口中最富有的 1/10，他们的收入是最贫穷的 1/10 的 270 倍[175]。伦敦是世界上亿万富翁最多的城市[176]，却有 37% 的儿童生活在贫困中[177]。就像巴特西电站的情况一样，许多传统的英国上层阶级可能因为物价过高而搬离了伦敦市中心，但来自全球的精英们却占据了那些富丽堂皇的居所，占据了那些依靠铁门和私人服务远离不体面的公共生活的地方。

河畔电站的改造则讲述了伦敦经济转型的另一面，那是一个更酷炫、更成功，但也和巴特西电站同样痛苦的故事。和巴特西电站一样，由于伦敦正处于探索阶段，尚未弄清楚要成为什么样的城市，所以河畔电站的重新开发也陷入了停滞。历时 10 年之久，一系列提议，从工业博物馆到歌剧院，都遭到拒绝；最终，泰特美术馆机构的跨河扩建方案通过了审核。当时，作为世界主要国家的首都，伦敦是唯一一个没有当代艺术博物馆的城市，这实在太不合时宜了。正如 30 年前为英国艺术节而改造的皇家节日音乐厅推动了泰晤士河南岸的发展一样，泰特美术馆项目不仅要填补伦敦的空白，而且要重新开发这一地区[178]。

与麻烦不断的巴特西电站再开发项目的粗鲁贪婪相比[179]，泰特现代美术馆的出现是新伦敦的胜利。2016 年，近 600 万游客造访这里，使其成为英国第三受欢迎的旅游景点[180]。泰特美术馆机构声称，如果按照其商业价值和不断升值的艺术品来衡量，泰特现代美术馆每年为伦敦经济增加了 1 亿英镑的产值[181]。

就连女王也察觉到了泰特的成功，但她对新伦敦持怀疑态度。虽然在当年早些时候，女王对大英博物馆表示了（相对而言）鼓舞人心的支持，但她对泰特现代美术馆开张的唯一表态就是："我宣布，泰特现代美术馆开放。"爱丁堡公爵也明确表示他不会来这里。

尽管冷嘲热讽、玩世不恭的态度已深入这座城市的骨子里，但伦敦人对这种全新的、大胆的尝试并没有那么不屑一顾。泰特现代美术馆在开放当年，就吸引了超过 500 万名游客。甚至连投靠了新工党的《太阳报》（The Sun）也宣称，"既然我们亲爱的工友们已经认可了伦敦的新泰特现代美术馆，那么它就得到了人民的正式祝福。"[182]

从很多方面来讲，将河畔电站改造成泰特现代美术馆是伦敦做得最好的一面。这个项目既没有抛弃历史，也没有执着于已经支离破碎的过去，而是振兴了这个荒废的空间，让这里再次焕发活力。这个美术馆还能将伦敦辉煌的过去与不光彩的衰落联系起来。最值得注意的是，泰特现代美术馆的建成促成了泰晤士河南岸和北岸之间一道崭新的、时髦的联结：千禧桥——这是自 1894 年伦敦塔桥建成以来，在伦敦市中心建成的第一座跨河大桥。就像伦敦大部分再次出现的项目一样，它从一开始就飘摇不定，这并非比喻。2000 年 6 月，这座大桥在正式开放后的第三天被迫关闭。因为大桥在周末开放时，有 16 万人（似乎没有预料到）"同时步行"通过大桥，导致大桥出现了令人担忧的摇摆[183]。

经过 2000 名志愿者的大量测试，千禧桥在 18 个月后重新开放。它为旧伦敦和新伦敦提供了一种合适的、创造性的联系。或者更准确地说，它为老伦敦和其最新迭代版本提供了联系。走上这座连接圣保罗大教堂和泰特现代美术馆的千禧桥，仿佛穿越了伦敦的历史。

正是这种联系吸引泰特美术馆总馆长尼古拉斯·塞罗塔（Nicholas Serota）来到这片当时被遗弃的电站遗址[184]。当塞罗塔向泰特美术馆的受托人展示这处候选地点时，他坚持从圣保罗大教堂出发开始他们的参观之旅，而不是直接从极度贫困的南岸萨瑟克区的街道中走过。当时，泰晤士河尚有活力的北岸和几乎被遗弃的南岸之间没有任何联系。千禧桥将这两个地方连接了起来。在 350 米的步行过程中，行人会走在泰晤士河神奇的浑浊水面之上，那里仍有许多漂浮的船只从事着大多数伦敦人几乎看不到的工作。沿着千禧桥前往泰特现代美术馆的时候，只要回头就可以看到伦敦金融城那些被起了各种绰号的大楼，从"干酪刨丝机"到"对讲机"，一览无余。在这群大楼东侧，是孤独矗立在泰晤士河南岸的碎片大厦。

这些争当伦敦地标的大楼里驻扎的都是伦敦顶级的金融机构。它们曾为帝国的探险和工业化提供资金，如今它们是这座城市未来的、后工业化时代的一部分。对许多这样的机构来说，这意味着为了金融交易而进行金融交易，为了获得利润而获得利润。那些敢于低头细看千禧桥的人，如果他们看得足够近、足够仔细，就会发现另一个以一种不太可能的形态呈现出来的、不同形式的后工业化伦敦：千禧桥上的口香糖。

艺术家本·威尔逊（Ben Wilson）用喷灯、丙烯酸颜料和油漆将1万块口香糖变身成伦敦多彩多姿的抽象街景，并将它们嵌进了千禧桥的防滑地缝中，把桥变成了"一座画廊，只要在上面散步……就可以开始一场艺术之旅"[185]。伦敦外汇市场的日交易额达到2.5万亿英镑[186]，而威尔逊的工作不会产生任何收入。相反，这是"对公共空间进行的微妙的、颠覆性的干预"，既"异想天开"又"厚颜无耻"。

这种获得人们支持的颠覆感是伦敦酷炫形象的重要组成部分。威尔逊曾多次被捕，但当局没有采取任何惩罚措施阻止他的行为。虽然威尔逊没有直接从这项工作中赚钱，但游客脚下的口香糖构成了人们对酷炫城市的想象。反过来，这种想象不仅使千禧桥另一端的机构获得了成功，例如伦敦重建了莎士比亚环球剧院和泰特现代美术馆，也使许多科技和通信企业获得了成功。此外，这种想象还让伦敦的金融业比它的竞争对手更时髦一些。

因此，伦敦废弃的发电站以及这座城市本身复兴的关键，并不是技术进步或工业实力，而是一场文化的变革，它是对战后令人窒息的规范性和资本主义危机的回应，这座城市需要新市场和新型消费者。在这里，创意和酷炫从单纯的文化实践转向了有利可图的、商品化的文化实践。

河畔电站的再开发以及泰晤士河南岸的商业化改造是这一变革的标志。从中世纪开始，泰晤士河南岸就一直是娱乐区。

在伦敦金融城之外，在河对岸这片"三不管"的地方，卖淫、逗熊游戏和剧院（环球剧院因此坐落在这里）就是这里的特色。这里的新变化就是这片地区所产生的、所代表的财富。查尔斯·布斯（Charles Booth）曾经这样评价河畔地区：

> 这一带坐落着一大堆院落和小街，在数量、邪恶程度、贫穷程度和拥挤程度方面，我在伦敦的任何地方都没有见过与之类似的……这里的居民可以说都是……社会渣滓。[187]

现在，河畔区是高度商业化的南岸的一部分，这里"……充满各种令人兴奋的活动、表演、赛事，让你根本闲不下来"。河畔区宣称自己是"伦敦的文化区，是英国的艺术、电影和演出中心"[188]。南岸不仅仅是一个体验文化和追求刺激的地方；或者说，不是单纯为了文化而文化、为了刺激而刺激的地方。在伦敦，创意和文化产业（以及支持它们的金融和服务行业）本身就是伦敦的经济：南岸的创意产业为首都的经济增添了 420 亿英镑的收入，提供了 88.29 万个就业岗位[189]。此外，自 2009 年以来，按名义价值计算，伦敦创意产业的总计产值增长了 38.2%。

1976 年，哈佛大学社会学家丹尼尔·贝尔（Daniel Bell）称当前这个社会为后工业化社会[190]。斯洛文尼亚哲学家斯拉沃热·齐泽克（Slavoj Žižek）则更轻蔑地将其批判为"文化资本主义"社会[191]，他的这一理念源于文学理论家弗雷德里克·詹姆逊（Fredric Jameson）的"晚期资本主义的文化逻辑"这个概念 [192]。在接下来的章节中，我将把这些观点集中在"酷炫资本主义"这一术语下——这一点要特别感谢托马斯·弗兰克（Thomas Frank）[193] 和吉姆·麦圭根（Jim McGuigan）[194] 的研究和论著。不管用什么术语，在这个充满创意和酷炫的经济背后，都隐藏着对逐梦而来的打工人——从满怀抱负的创意工作者到卑微的服务工——的剥削。我要回到新十字区，这里是酷炫经济看似最不可能成功的家园之一。在这里，我要和玛格丽特（Margaret）讨论伦敦酷炫经济的阴暗面。

与泰特的较量

如果说南岸郊区正处在席卷伦敦的中产阶级化的酷炫浪潮的边缘，那么这股浪潮激起的浪花就是那些商业街上的酒吧。我正在其中的一家酒吧里等人。怎么说呢？我可能会形容它是昏暗的、肮脏的，但实际上这是一家别致的美食酒吧。瞧我有多傻。

在酒吧外的灯柱上，挂着一条蓝色的广告横幅。那是金史密斯学院的广告，它总是标榜自己是"创意的摇篮，灵感启迪之地" [195]。横幅上只写了"批判性的思考者"几个字。酒吧外装点着各种鲜花，非常适合拍照分享到照片墙，这似乎是持续吸引年轻人和富人来此光顾的必要之举 [196]。酒吧邻近的车站外，站着几个默默乞讨的流浪妇女。相比之下，这样的景象可没人想要分享到社交媒体上。

在酒吧里，白天饮酒的客人并不会和那些点一杯可乐等着见下一个客户的房产经纪人混在一起。不知怎的，酒吧的地板虽然铺着地毯，但是却黏糊糊的。这是六月里的一个星期二，在这个阴沉乏味的日子里，夏天似乎只是一种名义上的季节，唯一的作用就是赶走了学生群体。我孤独地坐在角落里的一张桌子旁，十分欠考虑地点了一杯咖啡，等着与令人敬畏的玛格丽特见面，希望从她那里多了解一些伦敦从工业时代的冷酷到百炼成钢的酷炫这一转变过程。

很少有人像玛格丽特那样了解伦敦后工业经济的矛盾和挑战。作为公共与商业服务工会（Public and Commercial Services Union，PCS）文化产业部门的官员，她完全了解城市博物馆和美术馆工作人员的压力，尤其是那些低收入群体，那些在泰特美术馆机构工作的人。

玛格丽特坐在桌边，用力吸着可乐，展现出一股坚强的、钢铁般的韧劲儿。她需要这种精气神儿。PCS 与泰特美术馆机构的争执已经持续了一段时间。2016 年 5 月，在泰特美术馆将工作外包给了瑟求里塔斯（Securitas）私营公司后[197]，双方发生了摩擦。起因是瑟求里塔斯公司不再承认 PCS 的工会资格，并强行和一些员工签订了零工时合同[198]。2016 年 9 月，PCS 工会成员以压倒性的胜利投票否决了一份报酬微薄的薪资方案[199]。

泰特美术馆机构和员工之间的这种紧张关系在 2017 年 4 月下旬被推到了聚光灯下。当时，在泰特英国美术馆（Tate Britain）和泰特现代美术馆的员工休息室里都张贴了一则通知，上面写着：

如你所知，我们正计划以一种适合的方式向尼克道别，以纪念他为泰特服务 27 年所取得的巨大成就。我们已经在泰特内网上发布了一则关于 5 月 25 日员工派对的通知，每个人都会收到邀请。我们想在派对上代表现在的和以前的所有员工给尼克一个惊喜。我们认真考虑了很久，决定出资买一艘帆船送给他。尼克喜欢航海，这将会是一个持久的、特别的心意，希望借此向尼克以及他对泰特作出的贡献致以崇高的敬意[200]。

当玛格丽特第一次听说这则通知时，她以为这是一个玩笑。毫无疑问，没人会这么厚颜无耻、这么没有自知之明吧？毕竟，泰特是伦敦最重要的文化观光目的地之一，这个机构里满是高学历的人啊！

有这种想法的不止她一人。

一名受雇于瑟求里塔斯公司的泰特美术馆员工向《卫报》表达了他的厌恶之情，他说：

这真是又可笑又可叹。高层管理者和基层员工之间的巨大鸿沟向来滑稽可笑，如今这种鸿沟比以往任何时候都更加突兀。对我们来说，塞罗塔留给员工的遗产是私营化和解散工会，还有就是，把泰特美术馆变成了挂着一堆画的高档购物中心。

作为这些员工的代表，玛格丽特在得知他们的挫折后，对泰特美术馆对她本人的强烈抵制感到吃惊。玛格丽特的苏格兰口音和她说话时的高亢笑声浑然天成，她清楚地记得，泰特美术馆"因为《卫报》上引用了（她的）那些话而大发雷霆"。

她是这么说的：

> 泰特美术馆的员工工资过低，劳动强度过大，却没有得到适当加薪，这表明泰特的管理层有多么脱离现实。在我看来，他们的决策出了大错。
>
> 我们的工会成员签的是零工时合同，他们每个月为了付账单而苦苦挣扎，然后你们还让他们捐钱买一艘船——好吧，我可以告诉你，员工们一点都不高兴。这实在太欺负人了。

这可不是那些"认真考虑了很久"该如何代表员工向尼克表达崇高敬意的人希望见到的反应。

这则通知中说的"尼克"指的就是尼古拉斯·塞罗塔，泰特美术馆机构——包括泰特英国美术馆、泰特利物浦美术馆（Tate Liverpool）、泰特圣艾夫斯美术馆（Tate St Ives），当然还有泰特现代美术馆——的总馆长。塞罗塔一直是许多人物特写文章的主角：从2012年《纽约客》（New Yorker）的专题文章《现代典范》[201]，到他的退休感言——《卫报》上的《现代大师：尼古拉斯·塞罗塔领导的泰特腾飞》[202]，以及《尼古拉斯·塞罗塔的泰特如何改变了整个英国》[203]。

而玛格丽特等为之战斗的人体验到的是塞罗塔留下的另一种遗产：这一遗产与塞罗塔本人的关系，没有它与资本主义更冷酷的运作逻辑的关系更紧密。她愤怒而沮丧地告诉我，文化产业的私营化导致工资变低、工作不稳定。真实工资一直在下降，一些在泰特美术馆工作的人被迫身兼数职。一些 PCS 工会成员如今沦落到求助食物银行的地步。有些人说，他们每天从伦敦六区出发，在二区下车，然后要步行走完剩下的路去上班，因为他们负担不起进入伦敦一区的交通费。就在上面这则通知出现的前一周，管理层刚刚取消了员工餐厅长期实行的 10% 的额外折扣[204]。

当然，这些举措在很大程度上并非来自泰特美术馆，而是来自他们的外包劳务公司。如果非营利的文化机构觉得直接剥削员工不太合适，为了降低"成本"，他们会与那些乐于寻找更多利润空间的私营企业合作。

在对塞罗塔的遗产的赞美声中，既没有提到私营化和不稳定的工作，也没有提到持续不断的工会纠纷。它强调的是对艺术的消费，而不是艺术生产中的那些事儿。即使 PCS 工会成员很清楚这一点，但在伦敦梦的整体叙事中，也缺失了文化领域的从业故事。在对塞罗塔遗产的评价中，关于薪酬的唯一讨论，仅限于他为什么没有去美国担任更高薪酬的职务[205]。塞罗塔的回应反映了他的同事所推崇的价值观。

我不是一个了不起的爱国者，但不知何故，在这里工作比在芝加哥那样的地方工作更让我觉得有意义。在

> 芝加哥管理一间伟大的博物馆是一项学院派的活动，但
> 在伦敦做这件事，是在改变社会。[206]

塞罗塔和泰特美术馆无疑是不断变化的社会中的一部分。从表面上看，泰特现代美术馆的进展十分顺利。一个重要的扩建项目已经开放，头4周就吸引了100万游客[207]，游客人数创下历史新高。对于体验当代艺术的消费者而言，泰特美术馆的发展欣欣向荣。但对于塞罗塔治下的另一端的普通员工而言，情况则完全不同。这只是他们必须穿过整个伦敦城去谋生的工作。

玛格丽特断言，泰特美术馆机构"有很多类似的岗位，员工流动率非常高，因为他们再也负担不起这样的工作了"。最令人反感的地方就在于：

> 我们在泰特美术馆工作的大多数工会成员都是爱好艺术的人，而且，在泰特美术馆获得一份工作其实非常困难。结果，不光是零工时的美术馆助理被剥削，连现在加入PCS的工会成员也在被剥削，就因为他们想在那里工作。他们告诉我们，为了积累工作经验、丰富履历，以便发展事业，他们在泰特常常干的是年薪仅有2.4万英镑的工作，这样的工资在伦敦连糊口都很难。

这就是伦敦的艺术生活。对于那些消费艺术的人来说，这座城市充满了文化、创造力和酷炫感。对于那些站在华丽舞台幕后的人而言，生活却要艰辛得多，即便他们来伦敦的原因和

那些他们为之服务的人一样。

新城故事

泰晤士河两岸的变革以及伦敦两座标志性发电站的改造，描绘出伦敦经济的喜与悲。这是一个通过金融运作和房地产投机生意，将资本的积累与劳工阶层相分离的故事。这是一种以服务为主导的创意经济，取代了原来的工业化经济——这种工业化经济如今被放逐到了世界其他地区，那里的工人更贫穷，更容易被剥削。这更是一种由底层伦敦人提供服务的经济，这些伦敦人的工作环境越来越像世界上其他贫穷地区的情况；同样，也越来越像维多利亚时代的伦敦人所必须忍受的环境。

进入 21 世纪后，伦敦的就业情况达到了创纪录的水平，但最贫穷的 10% 的伦敦人的净收入却下降了 10%，也达到了创纪录的水平[208]。它所创造的经济环境，一方面让资本迅速激增，另一方面让工人日益贫穷。伦敦政治经济学院的报告显示，尽管伦敦从经济大衰退中复苏的速度比英国其他地区快，但"伦敦的经济成功似乎并没有让贫困和不平等的现象有所减少。"[209]

然而，移民们还是来了。移民的涌入从来没有停止过。只不过，如今他们来到了一个完全不同的城市。

年轻人可能会陆陆续续地离开伦敦[210]，玛格丽特承认她自己也考虑过，但其他人还是会陆续抵达像新十字区这样公认的非常酷炫的地方[211]。这些人怀揣着在伦敦生活的梦想。根据 *Time Out* 杂志的说法，对这种伦敦生活的官方描述是：

> 一群稚气未脱的学生和新十字区的当地人坐在一起
> 喝着啤酒，炸鸡店紧挨着手工咖啡店，街头飘过喜剧之
> 夜的笑声，混杂着附近重金属演奏会的乐曲声。看起来
> 那么粗鲁，却又那么生机盎然[212]。

下面的话同样说的是新十字地区的生活：这里的平均租金比全国其他地方高出 45%。每当一家美食酒吧或者炸鸡店变成了手工咖啡馆，就意味着它的租金要继续涨。

当我离开酒吧，向新十字门车站方向疾行时，脑海中有一个问题始终挥之不去。这个问题也经常出现在我的内心独白中，最常见的是在地铁站台上和那些阴沉沉的天气里。我敢肯定，我不是唯一一个内心总是被这个问题啃噬的伦敦人。那就是：我们为什么要忍受这个城市？

这是因为，伦敦仍然是乐土。一直都是如此。作家亨利·詹姆斯（Henry James）在 1881 年对伦敦的描述，同样适用于今天的伦敦：

> 要恰当或公正地谈论伦敦是很难的。这并不是一个
> 令人愉快的地方。在这里，你既不感到自在愉悦，也不
> 觉得刺激兴奋；它既不平易近人，也并非无可挑剔。它
> 只是壮丽。你可以列出一长串理由来说明它为什么不
> 好。大雾、浓烟、灰尘、阴暗、潮湿，处处冷漠疏离，
> 处处丑陋，地方大得吓人，还有大量可怕的人群。这座
> 城市这种毫无意义的巨大规模，对于舒适、方便、与人

交流和礼尚往来而言都是致命的。要让你来说，恐怕列举的问题比这更多。你可以形容它沉闷、沉重、愚蠢、迟钝、不人道、内心庸俗、外表令人生厌……但这些只是偶尔发作的情绪；对于一个像我这样看待伦敦的人来说，伦敦是体现出最多生活方式的地方……它是人类生活的最大集合体，是对这个世界最完整的概要呈现。[213]

正是这种在伦敦一切皆有可能的感觉，驱使人们来到伦敦，寻找梦想的工作、酷炫的体验，又或者只是寻觅一个在世上立足的机会。所有这些可能性都可以在伦敦东区找到，这里聚集着被理查德·佛罗里达称为"创意阶层"的群体。紧跟创意经济之后的是伦敦的科技经济，这并非巧合。在下一个部分，我们将探索科技经济的发展，以及在这种经济环境中，伦敦逐梦人的生活。而推动这种伦敦梦的，是一种更酷炫的资本主义。

第六章

生产酷炫

小硅谷（Silicon Roundabout）这个叫法起源于一个非常英式的笑话。

2008年3月，当旅游社交网络公司多普勒（Dopplr）从霍克斯顿区的一家酒吧楼上搬到紧挨老街环岛（Old Street Roundabout）的城市路100号时，他们发现这里不仅空间更大，而且还有一片欣欣向荣的社交环境[214]。这里有屋顶烧烤、酒吧和各种派对，众多创业网络公司聚集在这里，上演着一幕幕成功和失败的故事。

多普勒公司当时的首席技术官马特·比杜尔夫（Matt Biddulph）认为，这个围绕着一个伦敦东区环岛形成的临时社区，简直就像乌托邦风格的硅谷（Silicon Valley）搭配了阴郁冷峻的英国，竟毫无违和感[215]。2008 年 7 月，他在推特上第一次用到了"小硅谷"这个名字：

> "小硅谷"：伦敦老街地区的创业社区，不断壮大，
> 充满乐趣[216]。

虽然比杜尔夫和环岛附近的其他创业者并没有拿这个玩笑当真，但这个名字引起了新闻界的兴趣，就这样被保留了下来[217]。如今，小硅谷成了正儿八经的地方，吸引着越来越多具有创业精神的梦想家，以及那些从中受益的人。它也引起了政府的注意——此时的政府正处于经济大衰退中，迫切希望重振英国经济。小硅谷成了后工业时代政府管理部门眼中的圣杯，它代表着在废弃工业区里兴起的高科技制造业。那些占据了这片地区的穷人成了政府眼里碍事的人。

到 2010 年，英国时任首相卡梅伦宣布了"政府的雄心壮志：伦敦东区将成为可与硅谷抗衡的世界领先的科技城"[218]。英国科技城就这样诞生了。不过，这个名字并没有持续太久[219]。更具体地说，伦敦作为科技中心的发展已经突飞猛进，但"科技城"这个名字太过做作，太容易让人联想到保守党政府了。事实上，比杜尔夫坚持认为，"科技城"这个正式的名字反而进一步巩固了他起的绰号，他说："政府介入进来，管这里叫'科技城'，但在我们眼里，它就是我们的小硅谷。"[220]

不过，这里不再是他们的专有地盘了。2012 年 3 月至 2014 年 3 月，总共有 3.2 万家企业入驻；这片地区为此设立了独立的

邮政编码 EC1V，范围覆盖伦敦金融城的北部区域和伊斯灵顿的南部区域，包含了天使和老街两个地铁站[221]。在这个邮政编码下注册的企业数量，是英国任何一个邮政编码下企业注册数的 3 倍，创了纪录[222]。当初那些野心勃勃的、极具颠覆性的"创意人士"现在成了这里的主流群体。即使创意型科技经济是由一个个小微企业组成的，即使越来越多的小微企业被挤出了小硅谷，但它还是形成了一个大产业。

尽管如此，如果说小硅谷不再是一个地名的话，它仍然作为一种理念而存在。这种理念被称为"平白经济"，是文化和科技的融合，确定了伦敦作为后工业化城市的地位。"平白经济"这个名字是罗布·哈布伦（Rob Harbron）起的，他那时是商业和经济研究中心（Centre for Business and Economics Research）的一名经济学家。他的前同事道格拉斯·麦克威廉姆斯（Douglas McWilliams）以"平白经济"为书名写了一本书，使得这个名词流行开来[223]。"平白经济"这一理念，萌发自一个看似不太可能的地方：铁路的客流数据。

商业和经济研究中心的专家们承担着预测铁路需求的艰巨任务。他们注意到，老街车站的乘客人数出现了惊人的增长。巧合的是，研究中心的办公室距离车站不过 5 分钟的步行路程。面对就发生在他们周围的环境数据的变化，麦克威廉姆斯和同事们必须走出研究中心去一探究竟。这些经济学家过去走这段路，可能会与艺术家、瘾君子们擦肩而过，但他们现在发现周围满是"高级技术极客和创意型营销人员"[224]。这些时尚潮人对咖啡的偏好也很明显，他们格外钟爱起源于新西兰[225]的平白咖啡。

这些喜好平白咖啡的人，或者至少是想在数字业务领域一展宏图的人，开创了一种新经济，为首都增加了 420 亿英镑的经济规模，创造了 88.29 万个工作岗位[226]。在伦敦，"创意产业"的重要程度越来越显著。自 2009 年以来，创意产业的产值增长了逾 1/3，科技岗位的数量自 1996 年以来增长了 60%。

在英国的"信息和通信"行业中，有 1/3 的工作岗位在伦敦；在其中的"设计与传媒"子类中，有高达 80% 的工作岗位在伦敦。能与这些平白经济工作岗位抗衡的只有"专业、科学和房地产"行业，这是伦敦最大的工作岗位类别，提供了高达 81.6 万个工作岗位[227]。

麦克威廉姆斯认为，这些技术极客的创造力和他们的创业精神，既是平白经济的核心，也是伦敦复兴的关键[228]。确切地说，并不是这些从业者创造出了什么新的资讯，而是他们的创造力颠覆了现有的惯常做法。这种对文化和市场规范的颠覆，才是了不得的大产业。

因此，虽然小硅谷和平白经济在名义上是关于科技进步和大数据的，但其核心内涵却是人和文化。正是这种文化、创造力和科技财富的结合，让 EC1V 地区及其位于肖尔迪奇、哈克尼和达尔斯顿的关联机构成为年轻人的中心，尤其是英国的高校毕业生和那些逃避欧洲大陆严重失业问题的欧洲青年。对于那些有抱负、有勇气在这座城市生活的年轻人而言，这里就是他们的乐土，这里就是他们实现伦敦梦的地方。这一大批有才华、有创造力、有趣的年轻人，又吸引了更多的年轻人……如此循环，只会让更多的人认定这里就是他们的乐土。

　　这就是伦敦所倡导的酷炫的、有创意的、开放的城市形象；这里就是伦敦的舞台前沿。时任伦敦市长萨迪克·汗在 2018 年伦敦文化战略草案《服务所有伦敦人的文化》(*Culture for All Londoners*)的前言中表示，"文化就是我们这座城市的基因。无论是在危急关头，还是在欢庆时刻，是文化将我们所有人拧到了一起。文化让我们的白天生机勃勃，让我们的夜晚充满活力"[229]。

　　萨迪克·汗所说的首都"创新精神"无疑令人钦佩，正如他在 2017 年的《伦敦计划》(*London Plan*)中所说："文化会发挥重要的作用，将来自不同背景的人聚集在一起。我希望每个伦敦人在他们触手可及的地方，就能接触到我们的文化。没有文化，伦敦就失去了活力和灵魂。"[230]

　　如果没有城市规划理论家理查德·佛罗里达和他所赞扬的创意阶层的努力，这些文化战略就不会存在，至少不会成为城市规划中如此重要的部分。这些城市梦想家，凭借其非凡的酷炫理念和开创全新生活的渴望，重塑了我们的城市。

兜售创意阶层

　　2002 年，佛罗里达在其经典著作《创意阶层的崛起》(*Rise of the Creative Classes*)一书中，用代表了他职业生涯的那种豪情万丈的、清晰的语言作为开篇：

　　　　这本书描述了一个社会阶层的出现。如果你是一名科学家、工程师、建筑师、设计师、作家、艺术家或音乐家，又或者，创造力是你在商业、教育、医疗保健、法律或其他行业领域从业的关键因素，那么你就是这个社会阶层中的一员。这一阶层的成员（在美国）有 3800 万人，超过全国劳动力的 30%。创意阶层已经并将继续对我们的工作方式、价值观、欲望，以及我们日常生活的方方面面造成深远的影响和改变[231]。

他认为，在这个新千年的宏大愿景下，第二次世界大战后各国最重大的变化不仅是非物质的知识经济的崛起，还包括社会对创造力和个人表达的重视。此外，由于"创造力成为经济增长的驱动力"，佛罗里达认为，创意阶层的"经济功能就是创造新理念、新技术和新的创意内容"[232]，这让他们成为最有影响力的阶层。

此外，城市能否成功，取决于它能不能为创意阶层创造有吸引力的环境，因为这些人的"经济功能就是创造新的理念、新的技术以及新的创意内容"[233]。

佛罗里达获利颇丰的职业生涯正是基于这样一种理念：发达城市的经济发展靠的是吸引创意阶层。反过来，创意阶层也被幻想中的酷炫大都市的生活所吸引。因此，如果城市想要摆脱后工业化经济的炼狱，就应该放弃工业园区计划；别去申奥了，别再争着搭建亚马逊仓库了。离开各省配送仓库吧，那是维多利亚时代的工作环境，那里永远不会酷炫[234]。

正是因为佛罗里达，或者至少因为佛罗里达对城市创造力的

"发现"、表达和商品化，像伦敦这样的城市才如此重视发展创意战略。也正是这种规划创意产业的需要，使佛罗里达成了学术界的摇滚明星，在 2002 年《创意阶层的崛起》出版后不久[235]，他每场演讲就能获得 3.5 万美元的收入[236]。

作为创意阶层集团（Creative Class Group，CCG）的负责人，佛罗里达在其"城市重塑战略"的品牌管理上颇有创造性。在 CCG 网站上有一个"点赞"页面，其中摘录了至少 205 条对他的个人评价，有些对他赞不绝口。这里面就有 2013 年起担任洛杉矶市长的埃里克·加希提（Eric Garcetti）。他声称，"理查德·佛罗里达是我们这个时代最伟大的美国城市规划师"。

如果你是个冷嘲热讽的人，看到"点赞"页面上有"你的演讲非常出色""理查德·佛罗里达真是一位社会和经济趋势方面的专家"这类话，你可能会认为，这上面说的只是夸奖理查德·佛罗里达的 205 句好话而已。

这种冷嘲热讽在创意经济中可没有立足之地。佛罗里达现任"多伦多大学城市学院和罗特曼管理学院的教授、纽约大学沙克房地产研究所的著名研究员"，无疑是一位有影响力的知名人士。即使按照学术界的低标准来看，他标志性的黑色 T 恤也彰显着一股富有魅力的酷炫感[237]。

但同时，佛罗里达也是一位极具争议性的人物，其至他在书里极尽赞美的创意阶层，其中也有很多人对他颇有微词。例如，《卫报》建筑评论家奥利弗·温赖特（Oliver Wainwright）认为：

> 可以证明，佛罗里达的这一套模式对已经很富有的

人，主要是白人中产阶级，非常有利。这种模式助长了猖獗的房地产投机行为；赶走了他盲目崇拜的波希米亚人；把曾经困扰城市中心的问题转移到了郊区[238]。

网上甚至出现了一个恶搞的推特账号，基本上就是将他描述成一个"狂热的城市规划分子"和"社会创'孽'家"，还附赠一个空链接。没有什么比那些利用自己的声望在学术界以外赚钱的学者更不受欢迎了。中产阶级化也不是那么受欢迎，除非是在实际操作中。

佛罗里达一直关注着发生的事情，对这种转变他无法视而不见。在看到他所支持的一些地区出现的不平等和同质化现象后，经过一段时间的"思考和内省，个人看法发生了转变"[239]，他发表了最新作品《新城市危机：为什么我们的城市越来越不平等、种族疏离越来越深化、中产阶级越来越失败？我们该怎么办？》，似乎是对他的理念所造成的后果的一次抨击。不过，虽然他承认，在发现他兜售的城市转型方案导致大量不平等现象后，自己"深感不安"[241]，但正如其对温赖特坚称的那样，"我不会道歉。我从不后悔我做过的任何事"[240]。

然而，尽管评论认为佛罗里达其实"就是问题的一部分，而不是解决问题的一部分"[242]，但无论是佛罗里达本人，还是他的理念都不该被忽视。尽管新一代的创意从业者获得了名头，但佛罗里达指出的实际上是先进的城市资本主义神话的结构性转变，这种转变体现在 20 世纪 90 年代涌入（酷炫）城市的年轻人的态度转变上。正如他在《创意阶层的崛起》再版书中所叙述的那样，"在我看来，我们的世界，就像在工业革命之初那样，正在发生巨变"[243]。

当然，在后工业化城市的酷炫复兴中，金融市场只是在扩张，并变得越来越脱离物质现实。为创意阶层提供日常消费供应的工业生产体系，并没有留在首都，而是被转移到了西方世界之外。资本主义并没有变得更干净，只是那些更肮脏的东西如今被发落到了城市消费者的视线之外。在他们看来，这些东西要么消费起来毫无酷炫可言，要么消费时根本无须思考。

然而，由创意经济引领的城市空间的复兴吸引了众多有事业心的学者的注意——本来就应该如此。尽管人们对佛罗里达本人冷嘲热讽，但可以肯定的是，一个新的经济神话正在脱颖而出，而且比之前的神话更加抢眼。按马克斯·韦伯的理论，是提倡节俭和勤奋的新教伦理推动了早期资本主义的发展，那么现今，则是对创意阶层的创造力和颠覆性冲动的剥削，推动了当代资本主义的财富积累。

这些当然不是佛罗里达的说法，但佛罗里达的确这样写道："资本主义的触手扩大了搜寻范围，捕捉到了先前被排除在外的那些古怪的、不墨守成规的有才能的人。"[244] 这种转变就意味着，"……创意经济的崛起成了经济发展的基本驱动力。于是，一个新的社会阶层出现了，那就是创意阶层"[245]。

佛罗里达关于城市发展理论的核心是，在城市中心追求酷炫的过程中，创意阶层为顶级企业提供了有天赋且能吃苦耐劳的劳动力。佛罗里达认为，这些创意阶层的欲望如今取代了大公司的欲望。人们移民到城市不是为了工作，而是为了文化。

打工者们不再需要骑着自行车去找工作，反而是企业开始四处寻找合适的人才。沃特福德的房租可能更便宜，但如果没人愿意来这里生活的话，你就无法在这里创业。佛罗里达坚持认为，现在是企业在找地方，那些能够吸引年轻的、有创意和才华的人聚集的地方。

因此，他提出，经济增长"发生在那些包容性强的、多元化的、提倡创造力的地方，因为所有类型的创意群体都愿意生活在这样的地方"[246]。佛罗里达还声称，企业"不再发号施令"，城市对人文氛围[247]的需要和对商业氛围的需要一样重要。因此，佛罗里达认为城市必须追求3点，他称之为"3T"，即人才（Talent）、包容（Tolerance）和科技（Technology），他认为这一理念为他独创，简直可以申请专利[248]。默许像本·威尔逊这样的街头艺术家在千禧桥上（免费）创作，比任何税收减免的科技园区都更能吸引合适的创意产业从业者。这些创意群体反过来也会刺激服务型经济的发展，让快递员在城市各处辛勤地工作。如果他们真的签了雇佣合同，那么这项职业也会和所有职业一样，变得岌岌可危[249]。（这个话题离题了，稍后我们会进一步探讨服务业的事情。）

打造欣欣向荣的后工业化城市，就意味着要打造更方便步行的街道、酷炫的音乐现场，而不是拥有充足停车位的大型零售商店。在伦敦，每年会举办1.7万场音乐演出、250个音乐节，以及比世界上任何地方都要多的现场喜剧表演（伦敦市长的说法），所以它当然符合这一要求[250]。

城市发展不必一味迎合人人艳羡的高收入家庭，想着打造出让他们感到舒适的生活空间。反而是那些年轻的单身人士，他们用自己的创造性思维，更重要的是，用自己低收入、高强度的工作，对经济作出了同样的贡献[251]。生机勃勃的创意型城市离不开 Tinder 这类交友软件，这种软件对生活在这里的人来讲，就像他们的玩具店。或者用佛罗里达那种令人起一身鸡皮疙瘩的说法就是"浑浊的速配市场"[252]。

不过，佛罗里达所谓的人文氛围，很可能指的也是那种推动商业繁荣的环境。事实上，这正是佛罗里达城市建设的战略核心；城市是为商业设计的，城市建设的目的就是吸引商业所需的打工人才。这种资本主义的前沿特质，正是时任伦敦市长鲍里斯·约翰逊（Boris Johnson）在脱欧前打着自由主义的旗号，在保守党大会上试图用他那混乱不清却慷慨激昂的言辞表达的观点。他声称：

> 伦敦被赞誉为世界上最伟大的城市，这一赞誉实至名归。伦敦是一个伟大的、摇滚风格的大熔炉。在这里，只要你不做损害他人利益的事，只要你遵守法律，你就可以随心所欲地自在生活。正因为如此，我们这座城市会在创意和文化领域处于领先地位；正因为如此，我们这座城市拥有最好的大学。因为，世界各地最优秀的人才来到这里，聚集在最好的酒吧和夜总会里，就像亚原子粒子在回旋加速器中碰撞一样，产生出无数对长期的经济成功至关重要的创新之光[253]。

因此，才华横溢、吃苦耐劳的人，来到伦敦追求自己的梦想：创意阶层占伦敦劳动力的 41.6%[254]。这些创意阶层的从业者是伦敦经济的驱动力，他们本身以及他们的消费体验刻画了伦敦梦的新面貌。因此，对企业而言，伦敦是它们必须要去的地方。2011 年，数字营销公司 Tug Agency 的总经理尼克·贝克（Nick Beck）说："我由衷地认为，肖尔迪奇区就像 20 年前的苏豪区。"然而，对贝克而言，这些好处并不只有他自己体会到了。他说："在肖尔迪奇区拥有一间酷炫的办公室，一直是我们招聘年轻的、充满活力的员工时的一大卖点。[255]"

因此，企业家们如果想赶上这趟创意经济的列车，就需要进驻小硅谷这样的地方。究其原因，其一是这里离他们要雇用的酷炫青年近一些——通常在骑自行车可以到达的距离内。其二是对于那些雇用大量低薪员工的科技公司而言，这里的办公空间成本效益要好得多 [256]。

最重要的是，这些企业之所以来到伦敦东区，是因为其他科技企业为了追逐艺术家和他们的波希米亚风格营造出的酷炫环境，已经来到了这里。这些科技公司并不是为了占据地盘与零售店竞争。平白经济中的企业，高度依赖网络文化以及活跃其中的从业者的亲密接触。有件事或许颇具讽刺意味：曾经被认为会消除地域限制的数字技术，如今却成了一个依赖地理上的人群聚集的产业。

创意群体的聚集

科技进步意味着创意群体可以生活在任何地方，享受便宜的房价和乡村环境带来的好处。越来越多的人在这么做。不过，在进入 21 世纪后的大部分时间里，这些人来到了伦敦，来消费和享受这里的城市生活。此外，他们也必须来伦敦，利用这里网络平台的优势更好地工作。

有时，这两件事是一回事。如果你想进入这个圈子，网络社交就变成了你的工作。在平白经济中，工作与消费、娱乐与劳动之间的差距前所未有地变小了。对于许多在伦敦工作的专业人士来说，工作成为一切，成为你不可或缺的社交生活。在一个移民比例如此高的城市，工作场所（以及合租房屋）为志同道合的年轻人提供了即时的社交机会。对于许多有幸成为新伦敦人的移民而言，除了大学时的好朋友和熟人之外，在工作中认识的朋友是他们交到的第一个朋友。

工作场所热衷利用这些联系和羁绊，想方设法地根除员工离开工位的任何借口。咖啡馆、健身房、午睡舱和拖鞋，都是大型科技公司办公室的特色。雇主们试图利用这种环境打造一种职场文化。以谷歌公司为例，员工在这种文化氛围中，看似耽误时间的闲聊，实际上可能是一种"不经意的头脑风暴"或"创意碰撞"[257]。如果你的工作环境同时也是休闲空间，你为什么还要离开呢？

弹性工作制成了常态，不过打工者们是否能从中获益，这一点却常常被人忽略。弹性合同同样非常普遍，在初创企业中尤其如此。在同一时间段，我们在工作，也不是在工作。我们总是在工作，又似乎从不工作。难怪伦敦人是全英国工作时间最长的群体[258]。

我可以这样工作，不仅仅因为我可以（很悲惨的一件事，但我确实可以）随时查阅电子邮件，也不仅仅因为大学职业服务，以及诸如领英（LinkedIn）这样的职场社交网站正在鼓励人们打造自己的个人品牌，还因为，正如最初进驻小硅谷的创业者们所深知的那样，每一次互动都可能演变成一种业务交流。平白经济由于其更不稳定、流动性更强的雇佣关系，高度依赖网络和文化资本。这不仅意味着这些专业人士可能需要随时工作，而且意味着那些没有涉足这些主流社交网络的圈外人很难进入这样的职场。

把工作和娱乐结合在一起的情况不仅出现在大型科技公司，初创企业和小型企业也会营造"共享"的工作空间，支付独立工位的费用，坐享竞争合作（或者叫网络合作）带来的好处。这种灵活的工作方式和雇佣方式，颠覆了大型科技公司的原有格局，但结果却是一样的。在谷歌公司，办公室变成了社交和休闲的地方；对于零工经济中的自由职业者来说，家和休闲的地方变成了工作的地方。

工作就是玩；玩就是工作。听起来很像是理想的工作，确实，对某些人来说，的确如此。

第七章
为梦想而工作

　　小硅谷或许是后工业时代伦敦最具代表性的地段，但走出老街车站时，四周的环境毫无魅力可言。当我告诉学生们，这里其实是英国的硅谷时，他们总是感到一头雾水：这里的色彩实在太灰暗了。不过，如果你仔细观察就会发现，这里到处都有"潮人经济"的迹象。这里有一家肖尔迪奇研磨咖啡店（Shoreditch Grind）[259]。咖啡店的屋顶伸出一枚超大个儿的、色彩鲜艳的聚氨酯蘑菇，这是街头艺术家克里斯蒂安·内格尔（Christian Nagel）在伦敦东区时髦地段制作的常见艺术物件。我旁边的夜鹰酒吧是一家"复古风的地下酒吧，有现场爵士乐和蓝调音乐演奏，还提供鸡尾酒和稀有烈酒"。虽然维多利亚时期专卖高档酒的金酒天堂是很久以前的事了，但是如今我们在这里也可以轻松体验当年的盛景。

沿着老街往伦敦金融城方向走上不远，会看到一片联合办公区。这里曾经是一处废弃的仓库，如今"成了一个以行业为中心的协同工作空间，为企业家、科技创新人员和创意群体培育出一个创新生态系统"。办公区之外设有专门的存车处，停放着一大长串自行车，规模堪比大学城。一家乒乓酒吧门口刊登着当日特价饮品和近期足球比赛的广告。办公区内是一片开放式的办公室，配有会议室、各类活动空间和一个咖啡吧。我找到了罗比（Robbie），他是一家数字营销公司的市场主管，这家公司专门针对精酿啤酒行业开展业务。

这里还不是最时髦的地区，我们没有刻意寻找，随便挑了一家酒吧走进去。酒吧里聚集了一大群创意人士，完全沉浸在伦敦金融城的时尚中。我们坐下，点了一杯贵得离谱的无麸质啤酒，听罗比回忆自己小硅谷之旅的故事[260]。

罗比留着整洁的络腮胡子，主持一档精酿啤酒播客节目，自行车就锁在店外的泊车架上。毫无疑问，他完全符合理查德·佛罗里达定义的创意阶层的经典形象。他在照片墙上为他的宠物狗专门开设了账号，进一步确立了这一经典形象。他对伦敦的喜爱也完全符合佛罗里达对创意阶层的期望：

> 我之所以喜欢伦敦，是因为它的多样性。这个城市有很多不同的方面，无论是专业领域还是文化领域，都提供了大量的机会。任何想做的事，你都可以在伦敦一试身手。

像伦敦的众多创意阶层一样，罗比是年轻的白人男性；在伦敦，创意产业的工作岗位中有 3/4 是白人，有 2/3 是男性[261]。不过，罗比和我印象中的数字宅男不太一样。他口齿清楚，非常聪明，而且健谈。他对我们周围某些行为的厌恶显而易见。同时，他非常清楚自己的目标：要以一种创造性的方式进入啤酒行业。

罗比已经在伦敦生活了 6 年，不过他第一次来伦敦却是在 10 年前。和我一样，罗比现在也是正式的英国公民，但他仍然保留了原国籍身份。他是南非开普敦人，17 岁时，他持两年工作旅行签证来到了伦敦。

刚到伦敦时，罗比在苏豪区的一家酒吧工作，赚取生活费，他形容那时"真是超级酷。可不是嘛，我只有 18 岁，自由自在，到处参加聚会"。他在上学时就想当演员。在苏豪区工作了那么长时间，周围满是失败的演员，这为他提供了不少宝贵的经验。他参加过几次试镜，甚至还当过电视剧的临时演员，但他觉得自己不合适干这个，于是回到家乡去上大学。

申请大学的过程让他发现了自己的创造力，他十分务实，拿下了广告文案写作的学位。毕业后的罗比仍然梦想着去伦敦，不过当时伦敦对他的吸引力更多的是旅行和聚会，而不是充分利用他学到的东西。他困在法国南部，住在一个营地里，像世界各地的许多移民一样，花光了身上的钱。不过，这些移民中的大多数人并没有想过，要在像超级游艇一样酷炫的行业中找工作。但罗比听到了伦敦的召唤。于是，带着仅剩的 50 英镑，他飞到这座城市，在姐姐家的沙发上住了下来。

罗比和这座城市的缘分未尽。他想写作，想要做有创意的事。此外，这座城市有啤酒。是的，这里总是有啤酒。

不幸的是，和许多毕业生一样，罗比并没有学以致用，并没有做任何与广告文案相关的工作。他还是在各种酒吧打工。伦敦总是源源不断地需要招待客人的员工，所以罗比很快就回到了他熟悉的苏豪区，直到后来被那里的管理学院录取，以便有机会进入市场营销领域。这并不是罗比最初计划的那种超级游艇般的酷炫生活。

> 太可怕了。我是说，拿着最低工资，住在斯特拉特福德的破房子里，这可算不上是什么迷人的生活。

罗比总是忙到精疲力竭。他在一个能容纳 1000 人的酒吧工作，为那些"城市混蛋"服务。一个星期二的晚上，一群这样的混蛋把酒吧砸了。他终于受不了了。他不能再干伺候人这行了——差不多这个行业里的每个从业者都会这么说。终于，罗比在贝德福德（Bedford）的一家啤酒厂找到了机会。这家啤酒厂的人完全不了解伦敦的事，也不了解迅速发展的精酿啤酒市场。但罗比知道。用罗比的话来讲，这些知识在面试时帮了他大忙：

> 面试我的那个人读的是男校，是板球迷、橄榄球迷，而且他上的还是寄宿学校，所以我和他有很多共同点。我们在黑衣修士区的一家河畔酒吧里面试。我们本

想只聊 20 分钟。结果，喝了一杯啤酒后，我们又继续聊了 45 分钟。

不出所料，他得到了这份工作。作为一个啤酒爱好者，罗比做这个工作应该是得心应手的。然而，他发现自己做的其实是销售工作，要么开着车在伦敦郊区的酒吧之间不停转悠，要么在家提交报告；这同样让他感到沮丧。他的创造力没有发挥的地方，他在销售上的成功，反而阻碍了他调到市场团队。罗比想在啤酒品牌营销领域有所建树，但这个目标似乎很遥远。即便如此，他还是建立了人脉，人脉在这种细分市场非常重要。还有什么市场比精酿啤酒市场更细分、更酷炫的呢？

罗比决心做自己想做的事。通过给不了解自己业务的潜在客户发出的几封外联邮件和几通精心铺垫的电话沟通，他很快就凭借对啤酒行业的激情演讲，给一家网站代理机构留下了深刻的印象。他们希望从原先的通用型网页开发服务商，转型为专门为精酿啤酒厂提供网站服务的机构，因此就需要一位在精酿啤酒行业有人脉的营销人员负责广告文案。所以，虽然薪酬比以前大打折扣，但罗比欣然接受了这份工作。很快，他就骑着自行车去了老街上班——那里正是伦敦酷炫经济的中心。

他们的公司最初在沃特福德，这个地方算不上理想；至少对专门针对精酿啤酒行业的网站代理公司而言，算不上理想。这就好比对冲基金公司必须把办公室设在梅费尔区才像话一样 [262]，作为一家主打创意的酷炫公司，即使大部分业务是在其他地方完成的，也需要在伦敦东区有一席之地。罗比所在的公司只有两名全职员工，所有业务几乎都是自由职业者完成的，这就意味着要建立人脉。罗比还告诉我，大家都认为，肖尔迪奇和哈克尼就是啤酒厂和数字营销公司应该去的地方。如果你的公司不在这里，那客户和潜在的同事（不管是临时的，还是别的）就很难把你当回事。同样的，如果你想当个自由职业者，那里也是你应该去的地方。

他所在的数字营销公司也深知这一点。罗比说：

> 我们需要进驻伦敦，因为在沃特福德很难吸引人才。所以，（我们）一直努力做的就是留住人才。老街环岛，也就是大家口中的小硅谷，实际上就是伦敦的科技城。你想做任何数字领域的工作，都需要进驻这个地方。
>
> 如果你想招募自由职业者，如果你想认识人，你就需要到伦敦来。你必须建立人脉，而最好的社交机会总是在伦敦。事情就是这么运作的。

一些在线服务平台（比如 PeoplePerHour 和 Upwork），让自由职业者联系彼此很容易。在罗比看来，"你必须与雇主，也就是承包商建立长期合作关系，否则你只能在平台上碰运气"。也许这就是伦敦一直以来的运作方式。尽管伦敦东区发生了很大变化，但产业逻辑却保持了惊人的一致。虽然制造业是维多利亚时代伦敦的重要组成部分，但在当时，象征着英国工业革命的、恐怖的大型工厂和制造厂，并不是伦敦城市环境的主角[263]。相反，伦敦的制造业倾向将重点放在再加工商品上，劳动力的工作场所极为分散。正如杰瑞·怀特说的那样：

> 通常情况下，家庭就是作坊。而且，当劳动力供给
> 源源不断，这些劳动力又必须长时间工作才能维持生计
> 时，工厂的纪律就没有必要了。而且，如果在家工作，
> 工厂通常就不需要考虑提供暖气和照明了。[264]

到了 20 世纪，在小硅谷南部的柯藤路一带，那里的家庭作坊从事的都是家具行业。从雕刻到家具装饰，在步行 5 分钟的范围内，你可以找到制造家具的所有环节[265]。依靠高效的通信和可靠的人际网络，家具零部件会在一个个家庭作坊之间流转。

这种极端的劳动分工是零工经济的基础，而零工经济一直默默地主导着大部分平白经济的方向。在平白经济领域的从业者中，约 35% 的人是自雇人士（相比之下，所有领域从业者中的这一比例为 15%）[266]，专业人士称他们为自由职业者，其实就是零工经济体系中的新工人阶级。这些人的工作是按合同来的，通常按小时或按任务计费，每个人都是等待被剥削的小微企业家。

在这些从业者当中，有些人可能会与其他小微企业共用工作空间。创意产业联合会的报告称，创意产业中 95% 的企业员工人数不足 10 人[267]。还有一些人，他们只需要带着笔记本电脑和便携式充电器，就可以每天骑车去不同的共享工作室工作。咖啡馆迅速取代了酒吧，成为欧洲风格的会面场所，就是这种变迁的体现。走进伦敦东区任何一家像样的咖啡馆，你都会看

到笔记本电脑的屏幕在闪烁，时髦而认真的年轻人（或者心态年轻的人）都在利用这个空间工作和社交。

这种零工经济创造了最大程度的灵活性，允许像罗比雇主这样的公司在需要时零散雇人；而且如果下一份工作需要不同的技能，大可以直接换人。例如：

> 当我们为自己撰写重要文案时，我会先草拟出来，然后发出去。我们有一位长期合作的专业文案写作者，她会整体看一遍，再给我们发回来。如果她没有时间，我就把文案发到在线服务平台上，找人来处理。

对于那些需求量很大的高技能程序员而言，这种方式提供了极大的灵活性。但对于那些曾经有稳定工作的人而言，这只会使他们的工作变得朝不保夕。

罗比正在考虑从事自由职业，不过肯定不是为他现在的公司服务。在英国生活的高昂费用让他倍感受挫，不仅如此，他对自己的工作也越来越失望，"工作越来越没意思了，因为现在越来越强调以销售为导向……我可能又要换工作了"。即使是在一个酷炫的共用工作空间里，只要坐在公司老板的旁边，都"肯定不是最有利于创新的地方"。所以，从事自由职业的想法感觉很好，即使它离为啤酒厂做市场推广的梦想尚有一步之遥。

而汉娜（Hannah）却做了一个不同的决定。对她来说，数字领域的自由职业为她提供了一条离开伦敦的生命线。

性别烦恼之下的零工经济

我从来没有见过汉娜，至少没有当面见过；但我知道，她是一位高效的转录员[268]。我们是通过一种新颖的方式认识的：一个自由职业者的交流平台。我使用这个平台找人干活，更多是为了体验而不是图便宜。很快，我们彼此的互动不再依靠这个剥削性的网站，但还是停留在线上交流的程度。当双方可以通过电子邮件交流时，谁还需要去嘈杂的酒吧呢？

汉娜在邮件中写道，她也梦想过去伦敦。但和不少人一样，她的这些梦想是出于需要，而不是内心的渴望。她说自己：

> ……从南安普顿大学毕业后就直接去了伦敦。不过，那其实是最后一刻才决定的。我在一个非常偏远的乡村长大，我知道，如果想要快速攀爬职业的阶梯，我就需要从那里走出去。

她先是在伦敦一个著名景点的策展人办公室做了一份无薪的暑期实习工作，"然后，我决定留下来。这差不多是下意识的决定，几乎完全出于偶然。我猜我是在寻找机会，而且离我的朋友们近一些。这种想法在心头生根发芽，越来越强烈，最后就成了这样。"

汉娜刚来伦敦时的梦想是进入艺术领域。然而，虽然她有实习经历，在英国文学和历史方面也取得了优异的成绩，但她却无法胜任策展人的工作。策展人的职位，哪怕是初级职位，

125

在泰特现代美术馆这类机构里也需要有博士学位。于是，她开始在平白经济领域寻找和媒体、通讯相关的工作。她四处撒网，在出版和其他公共历史相关的领域寻找工作，或者寻找任何文化和艺术领域的机会。

但很不幸：

> 事实上，没有人愿意录用我。我甚至连入门级工作的面试机会都拿不到。我经常被招聘人员安排在私人助理或前台接待员的岗位上，最终，我绝望地接受了这一现实，不断地在不同的公司之间换来换去。我是个金发女郎，受过良好教育，谈吐自如……在我的朋友中，唯一一个在找工作时遇到问题的人，也是这个类型的人。人们都不把我当回事。我的教育文凭被他们看成是个闪亮的装饰品，而不是我有能力承担艰苦工作的标志。尽管我一直强调我的兴趣，但我得到的面试机会（和工作）只在金融、房地产等行业中。
>
> 就这么过了一段时间，我再也受不了这些办公室工作了，于是做起了非住家保姆。这让我有了灵活的时间，可以写作，同时还能继续攻读早期现代史的硕士学位。

汉娜并没有指望一开始就能做到高职位。相反，"真正让我感到沮丧的是，人们完全不给我机会让我展示能力。就因为我的外表和年龄（我敢说，有时还有性别），很多人都认为我不够聪明，或者活该要当个受气包。"

尽管如此，汉娜总算生存了下来。她有朋友，很享受"只要我喜欢，什么时候起床、想去哪里都是我的自由"的感觉。房租高得吓人，还要承受着努力社交的压力，这让汉娜觉得"无论是精神上和经济上都极度枯竭。我也特别讨厌内卷的氛围。突然之间，你所做的一切都是为了炫！炫富、炫开心、炫各种新花样！"

放眼看四周，到处都是表面上的欢乐，难怪报告显示伦敦人的生活满意度比全国其他地方的人低 [269]。哈克尼区可能是伦敦最酷炫的地方，也是伦敦最不快乐的地方 [270]。彼得·阿克罗伊德认为这曾经是维多利亚时代伦敦的一个悖论，"当你看大众时，他们充满了生机和活力；但当你看某个个体时，他／她却充满了焦虑和沮丧" [271]。

自从出现了伦敦以及城市生活，这种疏离感就一直存在，城市生活的巨大刺激导致了一种疏离感和保护性的隔离。正如每个伦敦人都知道乘地铁时戴上耳机或者埋头看手机，可以躲开难以忍受的近距离接触一样，19 世纪大都市的早期居民，也学会了如何在人群中冷着脸拒人于千里之外。

然而，每个人疏离感的程度并不一样，每个人在公共空间的体验也不尽相同。和伦敦的许多女性一样，汉娜遭遇了伦敦半数以上的人都经历过的一种歧视：性骚扰。这成了压垮她的最后一根稻草。当汉娜——

在房地产行业工作的时候，我和另外五个男生在皮姆利科（Pimlico）一家小型高端房地产办公室工作。他们对我展开了一系列下流的评论，谈论我的性生活、暗示我超重、说我不应该吃某些东西；他们还总是说我不聪明。这些我已经习以为常，但当总经理要求我为他擦皮鞋，还让我跪在他面前（当然是暗示）——整个团队都在看，而且笑个不停时——我终于辞职不干了。就在这个时候，我被诊断出存在心理健康问题。我敢肯定这与我的工作经历有关，我经常在上班的路上惶恐不安。

不幸的是，有这种经历的并不止她一人。在英国，不仅有半数女性在工作中受到过性骚扰[272]，而且伦敦的男女收入差距也是英国最大的[273]。在伦敦，在从事低收入工作的人群中，女性占大多数[274]。从历史的角度看，之所以会出现这种情况，是因为女性承担了很多照顾他人的额外工作。然而这种情况至今依然如此，2011 年至 2016 年间，从事全职工作的低收入女性人数增加了 87%[275]。

在汉娜希望从事的创意行业里，男女的薪酬差距为 28%[276]。在汉娜在伦敦的大部分时间里，这种歧视仿佛是一股无形的力量，始终在阻止她前进。在皮姆利科的那些灾难性经历，在我看来就是人身伤害。她的伦敦梦破灭了。

都结束了

她想结束在伦敦的生活，结束的过程非常快。即使是在电子邮件中，她的心路历程也展现得十分清晰：

说实话，我崩溃了。我觉得，继续待在伦敦、远离家人，对我来说不再安全了。在伦敦生活的大部分时间，我都和非常要好的朋友们住在一起。但最近（由于房租上涨），我不得不和两个大学里认识的熟人住在一起。她们大部分时间都在外面，这让我有种与世隔绝的感觉。我同时打两份工，还要一边上学，一边与严重的精神疾病做斗争。突然间，我恍然大悟，事情本不该这样。我意识到，我没必要因为这种总是将我拒之门外的文化氛围和总是忙碌的朋友，而待在一个有损我身心健康的地方。

同时，我也想念乡下的生活，这也是一个令人愉快地离开伦敦的理由。

她对离开伦敦有什么看法呢？

我觉得伦敦就像个糟糕的男朋友。你不断地说服自己：你爱他，所以应该留下来。你执着于早午餐、画廊和一些有趣的生活片段，认为一切都会好起来的……但事实并非如此。一旦这些表面的乐趣消失，你就迫不及待地想要离开。一个星期天的上午，在做出离开的决定后不到 4 个小时，我就离开了伦敦（不回来了）。真的，我一股脑儿地打包好行李，带上我的狗，上了火车。可是，如果是前一天，在星期六，你问我是不是愿意搬回家，我肯定会告诉你别傻了，我当然要留下来！

我很想念我的朋友，但我还是能见到他们。说实话，我并不觉得后悔。我想念图厅贝克的露天泳池，想念宿醉后在维多利亚和阿尔伯特博物馆（V&A）闲逛，想念那些漂亮的美食市场。在某些方面，我觉得自己的决定很勇敢，我想我这个圈子里有不少人会有同样的感觉，但他们更善于将这些感觉藏在心里。这些人如果在几年内离开伦敦，各奔东西，我一点也不会惊讶。我觉得早早承认它不适合我，是勇敢的行为。

颇具讽刺意味的是，汉娜直到现在才真正进入平白经济领域工作。她住在乡下，通过网络平台寻找文字转录和文案撰写工作，经常被罗比工作的那类公司聘用。现在，她可以制订自己的时间表，不用置身于令人不愉快的办公室环境了。这些平台在寻找客户方面做得很好，但平台会拿走收入的 20% 作为分成，太扎心了。汉娜虽然不在城市里，但她现在正与全世界的从业者竞争。

一些网络平台（比如 PeoplePerHour、Upwork 以及 freelancer），在全国范围内推动了项目的公开竞争，没有任何长期雇佣的保证，同样，也没有最低工资保护。这种纯粹的劳动力竞争正是资本的梦想，也是许多人的噩梦。亚马逊的土耳其机器人（Mechanical Turk）就像亚马逊提供的很多其他服务一样，为这种利用网络剥削弱势群体的行为提供了最终的、合乎逻辑的结局。在这个平台上，打工者可以寻找需求方发出的"人工智能任务"（Human Intelligence Tasks），诸如个性调查、文字转录等服务，有些任务的酬金少到只有 0.01 英镑。幸运的是，这类任务可以在世界的任何地方完成。这和美国政治评论员、全球化倡导者托马斯·弗里德曼（Thomas Friedman）在庆祝"扁平世界"的时代到来时的想法可不太一样 [277]。

对汉娜而言，还有另外一个烦恼：从事创意类自由职业的女性薪酬比男性的少 1/3 [278]。

因此，和每年 3.5 万名 22—29 岁的离开伦敦的年轻人一样 [279]，汉娜也走了。她来伦敦是想寻找梦想中的工作，却发现伦敦的酷炫总是与各种痛苦如影随形。

罗比做出了不同的选择，不过他的梦想变得更复杂，也更实际：

> 我认为，从经济角度讲，我留在伦敦是有意义的，这里毕竟有各种各样的机会。如果我的事业搞砸了，在这里比在南非更容易重新来过。所以我认为，是经济方面的安全考虑，让我留在了这里。都说我们即将经历一场经济动荡，所以我想先尝试一年，感受感受。除了经济上的好处，还有一点，我花了 7 年时间在这里构建了自己的生活，要离开并不容易。我在这里结交的朋友，还有我习以为常的生活方式，这些都是无法带走的。

伦敦的生活很复杂、很混乱，常常受到各种不可控因素的干扰。尽管如此，无论是时尚潮人还是书呆子，总有人来，也总有人走。房租在继续上涨。甚至连做梦都不敢想在伦敦市中心买套房子。生活费用高得令人咋舌。然而，一夜暴富的事情在伦敦比在英国其他任何地方都更有可能；社会流动性最高的23个地方行政区中，有20个在伦敦[280]。

伦敦仍然是领先的科技中心，仍然非常酷炫，充满创意，文化氛围浓郁。如果你年轻，有创造力，才华横溢，即便无法立刻找到心仪的工作，伦敦仍然是一个值得去的地方，是一个永远有事情可做的地方。住在伦敦并不全是为了工作，甚至可能完全不是为了工作。尽管成本高昂，但住在伦敦，其实是为了生活在一个总有事情可做的地方。

第八章

"酷炫"伦敦

即使不住在伦敦，泰莎（Tessa）也认为自己是个地道的伦敦人。如今，她住在绿树如茵的萨里郡，每天花 12 英镑乘坐轨道交通前往伦敦诸如苏豪区这样的地方，去体验这座城市。不过，泰莎来伦敦不只是为了自己，她会将体验发到网上，分享给她的 2.67 万名粉丝。她差不多就是以此为生。

泰莎提议我们在苏豪区见面喝咖啡，以便帮助我理解这个影响世界的奇妙地方。泰莎很喜欢苏豪区，常把这里作为她故事中的背景，这不足为奇。一直以来，苏豪区都是伦敦的酷炫中心。"苏豪"（Soho）这个名字来源于一种狩猎时的呼喊声，这里曾经是伦敦西部的农业边缘地带。不过，它并没有遵循通常的发展模式。1536 年，这片地区被亨利八世（King Henry Ⅷ）

划为皇家公园。按照常理，它本该像布卢姆茨伯里或马里波恩一样，成为一座财富不断增长的富饶庄园。结果，与它相邻的梅费尔区却夺走了所有的声望，苏豪区则因生活多姿多彩而闻名，一波又一波的欧洲移民涌入了这里的狭窄小巷。

一家家法国风味的、希腊风味的、意大利风味的餐厅开张了。政治流亡者在这里找到了藏身之地。第二次世界大战期间，苏豪区成为那些躲避战祸之人的避风港——哪怕只躲一个晚上也好。音乐，尤其是爵士乐，在这里兴盛起来。20世纪50年代的摇臂舞就是在苏豪区的猫须咖啡馆里发明出来的，那里离大名鼎鼎的格林德研磨咖啡馆不过几米远。就像苏豪区的生活一样，这种舞蹈是在环境过度拥挤和迫切需要接受伦敦生活种种可能性的双重压力下的即兴创作。

正如理查德·佛罗里达坚称的那样，这是吸引创意阶层的理想环境。由于他们的大量涌入，苏豪区正迅速赶上周边地区的富裕水平。如今，这里吸引游客目光的不是它的人口多样性，而是密集的起重机和一群群穿着反光马甲的工人。然而，如果你在午餐时间来此逗留，会被一支创意行业或媒体行业的打工人大军淹没。这股人潮涌向各个集市、欧洲餐馆、咖啡馆，或者是百特文治（Pret A Manger）。他们成群结队，几乎清一色是面色苍白的男性，随意地穿着带有某种风格暗示的衬衫，脸上多半留着胡子。

一份为威斯敏斯特市撰写的名为《世界创意中心》的报告介绍了这些人[281]。这里当然是伦敦的创意中心，前提是你要把几乎所有类型的艺术家都排除在外。小硅谷是伦敦科技类岗位最集中的地方，而伦敦 20% 的创意产业的工作机会都集中在苏豪区。从皮卡迪利广场到托特纳姆法院路，这一带的街道是伦敦电影制作和发行公司最集中的地方。因此，该报告称，在 1 平方英里（约 2.58 平方千米）的范围内，就能找出一条完整的电影产业链。但推动该地区房价上涨的，并不是该产业中的员工，而是热衷这一产业的投资者。在这里工作的人不会住在这里，这里的工作岗位数量是居民数量的 4 倍。苏豪区是除伦敦金融城之外，全英国就业最密集的地区。

这些创意阶层的从业者们经常在时髦的苏豪区格林德研磨咖啡馆外排队等候咖啡；我和泰莎也约好了在那里见面。一走进咖啡馆，就看到墙上有个霓虹灯标志指示着通往地下室的路，墙上写着："法语课在楼下"。这其实是对苏豪区某一类重要产业的巧妙暗示，诙谐地颠覆了伦敦理论上存在的红灯区审查制度。

泰莎很喜欢这里，尤其喜欢那怪异的、空无一人的地下室和复古的墙壁，那是完美的摆拍、发帖场所。这就是泰莎在伦敦的生活，不过也并非一直如此。她是一个"00 后"，出生在伦敦西北部的基尔伯恩，后来去利兹上大学，获得了创意设计领域的学士学位。但她总想着搬回伦敦，因为当年去利兹，只是为了"尽可能远离父母"。泰莎的返乡之旅是一种英格兰年轻人独特的移居模式，在英格兰和威尔士的国内移居人数中，这类人占 1/5。

这类人以伦敦为中心循环迁徙。第一步是离开首都，每年有 5 万名学生（净人数）离开伦敦，到全国各地的中小城市去上大学。但首都 49 所高等教育机构的招生并没有因此受到太大影响，因为每年有 10 万名海外学生填补了本地学生的空缺，其中大多数学生支付的学费比本地学生高得多 [282]。

学生们度过一段象牙塔时光，毕业后又回到了伦敦。按照从 19 世纪就建立起来的模式，这些雄心勃勃的年轻男女们，沿着维多利亚时代的火车线路，到大城市碰运气。当初离开伦敦的学生中有 3/4 的人回来了；不仅如此，还有大量其他城市的年轻人蜂拥而来。在这座容纳了英国 15% 人口的城市里，近 1/4 的应届毕业生在毕业 6 个月后找到了工作。在罗素大学集团盟校获得二级甲等荣誉（或以上）学位的学生中，总计有 38% 来到了伦敦。值得注意的是，超过半数牛津大学和剑桥大学的优秀毕业生 [283] 在毕业 6 个月后，在伦敦找到了工作 [284]。

所以泰莎搬回伦敦似乎是顺理成章的事。她只是不知道自己回到这里后要做什么。结果，她为牛津广场的服装店 Top Shop 做起了视觉营销。起初，她"完全爱上了这份工作"，但工作时间对她而言是个挑战，为了避开客流，他们得从晚上 10 点工作到早上 5 点。这让一切变得有点混乱、有点紧张，事实上，压力有点大。和未婚夫分手后，泰莎逃离了伦敦，试图寻找一种更简单的生活。最终，她在东南亚的一个小岛上生活了 5 年，度过了一段"最不可思议的时光"。她成立了一个教授儿童英语的慈善机构，虽然很有意义，但伦敦仍在呼唤着她。

她需要回去。只不过，她得想办法过上自己想要的伦敦生活。作为一个有创造力的人，泰莎认为"这些角色无法让我获得满足感，也无法让我百分百地发挥创造力，我感到厌倦，再也不能全身心地投入其中……我很沮丧"。这些想法冒出来后，她的内心备受煎熬。

但是，即使要从萨里郡赶到伦敦，也让泰莎认为：

> 我看到了以前从未见过的东西，甚至更多。看似搬离伦敦，实则更加深入伦敦，我可以去探索、发现城市的各个角落。我喜欢发现新地方，发现各种令人兴奋的地方，我可以去参观、拍摄，做任何我想做的事。我认为它是世界上最好的城市，我再次爱上了它。

在她和伦敦的这段恋情重新燃起的同时，另一个新世界也在扩张：那就是照片墙的世界。照片墙，如今大众亲切地称呼它为"Ins"——并不是什么新鲜事物。2017 年，当泰莎开始认真对待这个平台时，它已经存在了 7 年，有高达 5 亿的活跃用户。相比于大众网红，照片墙让很多人有机会在某个垂直领域具有微影响力，成为垂直领域网红，并让这些人在无须达到明星规模的粉丝数量时，就可以谋生。

即便是最小众的明星，在数百万粉丝面前发上一篇帖子，也能赚取高达 5 万美元的收入。不过，名人的影响力虽然很大，但他们也很容易让人产生一种距离感。根据在线媒体平台"The StartUp"的观察，"参与度"是一项重要的社交热度指标，通过粉丝的"点赞"和"评论"数来衡量。当粉丝量达到 1000 人的时候，参与度会达到顶峰（想想你在照片墙上某个人气很高的朋友），但粉丝量在 10 万人的时候，参与度会急剧下降（不妨想想照片墙上某个人气过高的"主题"网红）[285]。

因此，如果你希望活动能够影响到某个特定的潜在客户群体，那小规模的用户群就很适合你。正如营销专家西德尼·皮耶鲁奇（Sidney Pierucci）在"The StartUp"中坚称的那样，"做生意不仅要吸引眼球，而且要吸引管用的眼球！[286]"给美国超级网红凯莉·詹娜（Kylie Jenner）100 万美元，请她帮你推广你的肖尔迪奇咖啡店是没有价值的。你需要的是在肖尔迪奇区有影响力的人。在伦敦东区拥有 3 万名粉丝的本地播主，要比在世界各地拥有 10 万名粉丝的大众网红更合适。这再次说明地理位置非常重要，即便是在数字世界里也一样。

泰莎走在了前面。她认准了这个小众市场，于是，她的伦敦主题账号很快就因她对这座城市重燃的热情而快速发展起来。变成网红，可以影响他人，在她看来是"有史以来最好的事"，因为这让她有可能"过上真正充实的生活"。在这样的生活中，泰莎可以最大限度地发挥创造力，而且，她可以独立完成这一切。她成了一位微型企业家，创建了一个品牌，主宰自己的命运。这就是千禧一代的梦想：工作和娱乐完全融合，当然还有被无数人观看、点赞和分享时，产生的即时满足感。

泰莎希望展现给粉丝的是她对伦敦的热情：原汁原味、充满创意、轻松有趣。她希望自己在粉丝眼里是"一个喜欢创作的普通人，过着一种打破常规的生活"，当然还引领了众多话题标签。她不会与品牌合作，除非她真的想要或相信这些品牌的产品。泰莎自豪地告诉我，她在开展一场反对食物浪费的运动。泰莎需要的是那些能够让她与粉丝建立联系、建立信任的活动，这样"观众就会真正倾听我要说的话"。当然，这些与涨粉无关。这都是在做一些"人们看到后会说'哇！真是与众不同！这样更好！'"的事。

不过，泰莎的竞争对手是不断壮大的网红群体，这些网红都在试图"尽一切可能与众不同"。这就是注意力经济（attention economy）中的内容创作：你不是在兜售产品，而是在兜售一种体验或一种生活方式；你设法吸引了受众的眼球，让他们的手指停下来，没有在屏幕上划走，让他们读完了你传达的信息。要做到这一点，你需要创造一个能与受众产生共鸣的品牌，但又让他们感觉不到品牌本身[287]。然后，你可以将受众的注意力卖给广告商；像泰莎这样的垂直领域网红受到了广告商的重视，因为他们的粉丝能清楚地看到这些网红对要推荐的商品倾注的心血。

因此，泰莎的主要受众来自伦敦，这一点对她而言很重要。不过她也意外地发现，竟然有"来自美国的粉丝，太神奇了"！她告诉我，这些粉丝发信息告诉她，"这些关于伦敦的照片实在太赞了，也想亲自去看看。"

听起来很棒。然而，这样的生活并不轻松。泰莎承认，起初，这些工作"挣不到什么钱"，必须自己承担很多费用。虽然有不少额外津贴，比如活动邀请和免费产品之类，但她必须每周工作7天。而且，当你的生活和工作是一回事时，你简直无处可逃。

面对这种挣扎的不止泰莎一人，这是个普遍问题。照片墙上的超级明星显然并不多，但品牌商或公关公司可能会直接联系他们。垂直领域网红为了吸引关注，必须更加努力。幸运的是，总有一些平台可以提供帮助。一些网络平台（比如 Takumi、TRIBE 和 indaHash），可以帮助网红与品牌商建立联系、开展合作，并获得不错的分成。

以 TRIBE 为例，它的平台会组织品牌宣传活动，让网红参与，鼓励他们发布各种风格的创意内容，而且还有收入标价。这似乎是治愈不安全感的处方。根据 TRIBE 的数据，拥有 2.5 万—5 万粉丝的网红，每发一篇帖子，正常情况下可获得 180—250 英镑的收入 [288]。像大多数微型企业一样，无论是出于自愿还是非自愿，风险永远都由干活的人承担。泰莎告诉我，你可以创作内容，但在网站平台买下你的创意内容之前，你不会得到报酬。这就是说：

> 你可能为此工作了好几个小时，最后却什么也没得到，可能只会得到一句不咸不淡的答复，诸如"哦，我们不能与你合作，因为你不符合我们的风格"之类的话。

这就相当于是创意工作者的网约车平台。这里没有准入门槛，当然也没有最低工资标准。然而，这里有无数的网红在争夺有限的工作。不满意这个价格？那就别接受这份工作，肯定会有人干的。《大西洋月刊》（*The Atlantic*）最近的一篇报道显示，越来越多的"假网红"会免费发布一些看似有品牌商赞助的内容，借此提高他们的专业度、社交曝光度和信誉度 [289]。泰莎当然不用干这样的事，但在创意世界里，似乎总有人愿意免费工作。

由于这种日趋恶化的竞争，泰莎只能用她所谓的"只做内容"的方式来保持影响力，在为酒店和餐厅的社交媒体账号拍摄照片上尤其专注。

毫无疑问，竞争激烈导致了个人生存环境的恶化。泰莎反复强调，大多数网红都很可爱；她还开心地告诉我，她找到了志同道合的网红。但是，她也瞪大了眼睛向我承认"有些人很刻薄"，尤其是那些已经在网上经营了一段时间，觉得别人正在侵占自己地盘的人。

但泰莎被点燃了激情，没有气馁。她很快就要搬回基尔伯恩了。她在附近的女王公园租了一套房子，从这里步行，就能到她的摄影师搭档工作的苏豪区。这就是她在这个城市最喜欢的地方。她捧着那杯喝了很久的大豆平白咖啡，探着头对我说："其实啊，我们这儿什么都有……知道吗？如果我想寻找某种食物，走进伦敦城里，多半都能找到。要是住在伦敦市中心，走路去哪儿都很方便。"

更重要的是，撇开英国脱欧一事不谈，她向来喜欢伦敦的发展方式。

> 伦敦年年都在变，我认为它为游客做出的改变更多，为来这个国家的人做出的改变更多……也就是说，它在努力欢迎人们来这里。我觉得这些改变真的很好，比方说，他们花很多钱装点商店门面；这又创造出好多有创意的新工作，比如花艺工作。

这就是创意阶层的伦敦梦。这座城市充满了新的、独特的创意体验，等着人们去消费。对泰莎而言，这差不多是一种额外的奖励。

伦敦，消费之城

这里虽然不是祖父时代的资本主义，但仍然是资本主义。泰莎的生活方式反映出伦敦从工业生产和分销型的经济，向创意和消费型经济的显著转变。正如泰莎所展示的那样，这种经济特别强调体验式消费、身份式消费和生活方式类消费。这就是当今伦敦梦的呈现方式，将伦敦从"乐土"化身成一个"总有事情可做"的地方。

伦敦是一个充满新鲜感、绚烂多彩的地方；无论是琳琅满目的商品、国际大都会文明的理念，还是各种酷炫的体验，都成了伦敦故事中的一部分。长期以来，那些其他地方的特权阶级从乡村远道而来，享受只有在首都才能享受到的各种新鲜事物，哪怕只有一天也好。正如杰瑞·怀特在1703年描述的那样，"无论是市中心还是城郊，这里的商店数量如此之多，远超过任何一个外国城市，让每一个外来者看了都啧啧称奇。"[290] 这个迷人的世界吸引了那些对大城市着迷的人，那些梦想着发家致富的人，以及那些渴望改变社会地位的人。现在依然如此。

如果说伦敦是一座消费之城，那它所消费的产品则来自这个城市的各个角落。大量外国商品的涌入，改变了英国人的饮食方式和房屋装饰方式，伦敦成了消费欲爆棚者的先锋阵地。东印度公司的商人们进口家用织物、瓷器、染色木材，这些贸易形成的市场打造出伦敦的国际大都市地位。同时，这些贸易商人也让伦敦成为世界上最大的香料市场，这些市场大部分都集中在伦敦的民辛巷。咖喱和辣椒进入了伦敦国民的饮食。茶叶——最初来自中国，之后是印度和锡兰（现在的斯里兰卡）——成为英国符号中不可分割的一部分。从贵族到奴隶，各个阶层的人都参与了烟草的消费[291]。大量的印地语词语融入了英语。这当中使用最普遍的词汇有"loot"（抢夺）和"thug"（暴徒）——这并不足为奇。

伦敦成了"世界商场"[292]，一个繁荣、富饶的花花世界，商品琳琅满目，新的消费恶习层出不穷。各种并非人类生存所必需的商品，从咖啡、棉花、糖到香料，如今在伦敦都能买得到，创造出各种各样基于欲望而非需要的消费需求。随着18世纪的快速发展，一种启示性的理念出现了："购物"[293]是一种消遣；无论对于外国人还是当地人，这一传言逐渐成为他们对一座"无所不有"的城市的核心想象[294]。

伦敦就是一个神奇的大市场——这一理念不仅被消费精英接纳，而且正如怀特所描述的那样，它还成为"……一种近乎神话的品质，成为伦敦机遇的活化身，让人相信，真的可以从街道的铺路石上刮下金子来"[295]。

虽然休闲购物可能只是上流社会的追求，但在城市里生活、打工，就意味着产品不光需要被生产出来，还要被消费。这就催生出第一代消费者，这些人从家用纺织品、瓷器到啤酒、黄油和鱼，什么都买。不光如此，就像喝茶的时尚是从贵族那里流传下来的一样，不断壮大的中产阶级也在试图模仿上层阶级的消费模式。在一个以阶级为特征的社会里，"装门面"就是一切；在商店里消费，就能告诉人们你的社会地位。伦敦的所有商店都在兜售这一梦想，他们通过革命性的橱窗陈设和各种广告牌，热情洋溢地为这一梦想做广告[296]。

在这座神话般的奢华城市里，油灯和煤气灯照亮了街道，灯光逐渐把夜晚驱逐出了城市——这是现实情况，也是一种哲学比喻。1840 年，法国作家、社会主义活动家弗洛拉·特里斯坦（Flora Tristan）在《伦敦日记》（*London Journal*）中这样写道：

> 数百万盏煤气灯带来了魔法之光，照亮了伦敦，简直无比辉煌！宽阔的街道看不到尽头，在如洪水般流泻的灯光下，街道两旁的商店鳞次栉比，路人能清楚地看到人类工业创造出来的各种杰作，那么生机勃勃、绚丽多彩[297]。

甚至在詹姆斯·包斯威尔还没来得及想到自己是否会对伦敦失去兴趣之前，他就已经注意到了"商店和招牌闪烁的耀眼光芒"[298]。20 世纪初，伦敦西区和莱斯特广场上的 1 万盏电灯使其成为"帝国最辉煌的地方"。根据怀特的说法，这种灯光让"一场名副其实的狂欢"奢靡到了"近乎极致的程度"[299]。

这些先进设施又进一步推动了工业革命的生产力，正如彼得·阿克罗伊德所写的那样，人们不难看出"伟大的新光明"和"蓬勃发展的商业之光"之间的联系[300]。尽管如此，当时伦敦的主要特征还是生产制造，对于大多数人而言，消费仍然是为了购买必需品。这种情况到 20 世纪仍然持续了半个多世纪。直到进入"摇摆的 60 年代",受到反主流文化理念的影响,消费才成为一种自我表达的方式。这不仅对那些厌倦了郊区千篇一律的生活的人而言是个好消息,对于资本主义的生存而言也是必需的。

伦敦,快乐消费之城

工业革命产生出一个可能拖垮全球经济的问题:生产过剩。在经历了漫长的饥饿和苦难之后,这个问题对人类而言可能是个愉快的麻烦。然而,正如马克思所预言的那样,生产过剩、供大于求,这可能会把资本主义推入一场生存危机,而这种危机在 20 世纪 70 年代达到了顶峰[301]。然而,它并没有拖垮全球经济,相反,它刺激资本主义进入了下一个阶段。

首先,商业需要找到刺激消费需求的方法。一种解决方案就是在世界各地寻找新的消费者。中国和印度的崛起解决了这一问题。其次,要迫使那些已经消费过的人再次消费,确保人们不光使用,而且会用光他们购买的东西,刺激他们进一步增强消费的欲望。不仅要刺激我们渴望拥有微波炉和白色家电,还要让这些东西更容易坏掉。要想卖出更多的烤面包机或更多的手机,最简单的方法就是确保我们每隔几年就需要买新的。这些策略催生出一个新社会——消费者的社会[302]。这让伦敦这样的城市不再是生产场所,而成了消费场所。

当然,工作和生产非物质产品仍然是推动伦敦成功的重要因素。但是，吸引人们来到伦敦的并不只有工作，至少对于那些渴望进入创意阶层的人来说是这样的。正如佛罗里达的研究所展示的那样，让创意从业者感兴趣的并不仅仅在于是否有工作，还在于是否有某种生活方式和某种酷炫的体验——不管这对他们而言意味着什么[303]。这些生活方式或酷炫体验，对一些人而言，是去夜店和酒吧；对另一些人而言，则是街头艺术和博物馆奇妙夜。伦敦并不在乎你怎么消费这座城市，只要你能刷卡花钱，在照片墙上发帖炫酷，吸引更多人来到这里就行。

向消费型社会的转变，是社会学家所称的"规训社会"（顺从和权威是王道）向"后规训社会"（享乐和颠覆是常态）转变的一部分。过去，贪图享受是一种罪；如今，不肯享受才是罪[304]。正如法国社会学家皮埃尔·布尔迪厄（Pierre Bourdieu）在其开创性著作《区分》（*Distinction*）一书中所写的那样：

> ……旧的道德是一种强调义务的道德。它建立在快乐与美好相对立的基础之上，对"有魅力的、迷人的"事物普遍持怀疑态度，这导致了一种对快乐的恐惧，导致了身体层面的"谨慎""害羞"和"克制"，冲动是被禁止的，任何因冲动而获得的满足都会掺杂着罪恶感。而新伦理先锋则强调另一种道德，一种称为快乐义务的道德。它认为无法享乐就意味着一种失败，足以威胁到自尊……快乐不仅是被允许的，而且是被要求的。[305]

20世纪50年代，早早结婚生子是很普遍的现象。但在今天，这种做法会被视为浪费大好时光。延迟满足不再是美德了。面对那么多机会，如果不去尽情享受，我们肯定会后悔的。因此，节俭，虽然对很多人而言很有必要，但不再像过去那样被视为一种美德了。相反，社会鼓励我们去花钱、去消费、去享受！当人们意识到"人生只有一次"（YOLO），必然会"害怕错过"（FOMO）[306]。对一个年轻的伦敦人而言，室友的指责不太可能是："你为什么把所有钱都花在了甜甜圈和鸡尾酒上？难道不该存钱买房子吗？"反而更有可能是："在这个伟大的城市有那么多事可做，你为什么周五晚上要待在家里？"[307]节俭可不属于移居到这座城市的毕业生和专业人士心中的伦敦梦之列。

对于许多千禧一代的伦敦人来说，这听起来太肤浅了。他们并不想把钱花在家电、汽车和餐桌上。更何况，在伦敦的小公寓里买很多东西可不太实际。那些逃出伦敦、到外地的人倒是可以过那种生活。他们也不一定是为了炫耀大牌，尽管在伦敦无疑也有一些亚文化圈子，手臂上挎着最新款的爱马仕铂金包是进入这个圈子的必要条件。正相反，他们眼中的酷炫消费，指的是各种理念和体验的消费。虽然他们的大手提袋里可能装着博罗市场的奶酪，或斯皮塔佛德市场街的复古连衣裙，但这些购买行为实际上象征着地地道道、如假包换的伦敦市场的消费体验。

伦敦，体验之城

对于创意阶层而言，伦敦梦涉及的是体验式消费、身份式消费和生活方式类消费，而不仅仅是商品消费。正如美国企业家凯斯·劳伦斯（Case Lawrence）所言，人们想要"亲身体验一些事。他们希望在生活中、在各种交往活动中有历险的感觉，体会故事般的跌宕起伏，让一切变得更有意义。"[308] 甚至当我们消费商品时，我们也并不仅是购买了一个物品，而是在消费它所代表的东西。到红砖巷的贝格尔百吉饼店买彩虹百吉饼，并不是为了品尝彩虹百吉饼的味道，而是为了在社交媒体上发布带有诸如"彩虹百吉饼（#rainbowbeigel）""爱伦敦（#lovelondon）""# 红砖巷（#bricklane）"这类话题的帖子，然后等着大家来点赞。

正是因为有了这些体验，伦敦梦才得以传播开来。*Time Out* 杂志列出了这个周末在伦敦可以做的 24 件梦幻之事，以此"撩拨"我[309]。我可以去奥林匹克公园参加慕尼黑啤酒节活动，这无疑会让很多人积极响应。科学博物馆正在举办一场围绕上瘾主题的展览，题目就叫《瘾》。然后呢，我可以在伦敦丰收节上和豚鼠一起玩耍，也沉浸在"清酒乐趣体验"中。这大概要取决于我在啤酒节的状态；毕竟，我不再年轻了。这么多的选项，在伦敦之外的城市是不存在的。它们是毕业生的梦想，是网红在照片墙上发帖的素材来源。在伦敦，最好的生活就是去体验这座城市提供的一切，越多越好。每一次体验，每一次发帖，每一次刷卡，我们其实都是在购买这座城市的神话故事，在构建我们的自我意识和我们的朋友圈。

虽然这些体验式消费让我们能够构建起一个虚拟的或真实的朋友圈，但这并不是一种千人一面的经济；像泰莎这样的人可不会对模式化的生活埋单。相反，生活在一个总有事情可做的地方会让人觉得，有可能寻求到一种真实的、有创造力的并且独特的生活，就像其他人一样。

热衷消费的伦敦人可以选择如何构建自己的生活。他们可以摆脱随大流消费的负担，做出明智的、合乎道德的选择，让自己在做善事的同时，享受到消费的乐趣。但合乎道德的购买仍然是购买。素食市场仍然是一个市场。一家卖无麸质纸杯蛋糕的小摊，比一家大型苹果直营商店对中产阶级的影响更大。即便是出于善意，资本主义仍然是资本主义[310]。

然而，如今的资本主义却染上了一丝酷炫的意味。

酷炫资本主义（的最后时光）

酷炫和经济并不是天生的舞伴，不过，的确是带有酷炫意味的资本主义让伦敦运转至今。美国艺术历史学家罗伯特·法里斯·汤普森（Robert Farris Thompson）称，酷炫的概念可以追溯到非洲，如今尼日利亚所在的地区。他写道："酷炫，是一种包罗万象的积极品质，将镇静、沉默、活力、治愈和社会净化的概念结合到了一起。"[311]当这一说法飞越大西洋来到欧洲时，这种对酷炫近乎神圣的解读，"演变成一种通过彰显个人风格对工作伦理进行的消极抵制"[312]。这种酷炫感在黑人音乐及其风格中表现得最为明显，它在 20 世纪 60 年代以爵士乐的形式传入伦敦，并推动了那个年代伦敦酷炫文化的潮流。

虽说任何单词的内涵都可能随时间而发生变化，但"酷炫"

（cool）一词的含义更为多变。对我而言很酷的东西，可能对你而言一点都不酷。20世纪60年代在伦敦很酷的东西，现在已经没有了市场。不过，这么说对学术研究而言就太模棱两可了。因此，社会学家大卫·罗宾斯（David Robins）和作家迪克·庞丹（Dick Pountain）将"酷炫"总结为三个基本特征：自恋、带有讽刺意味的超脱，以及享乐主义[313]。

这种酷炫感在伦敦年轻人身上一直都存在，无论是追求乔治王时代伦敦魅力的那些人，20世纪20年代的花花公子和摩登女郎，20世纪60年代的摩登派，还是20世纪90年代受英国青年艺术家团体启发的锐舞表演者和英国流行音乐人，一贯如此。那些在骑士桥泡酒吧的全球精英青年与伦敦东部以及如今伦敦南部的尘俗艺术家生活在完全不同的城市环境中，但二者都拥有庞丹和罗宾斯所说的自恋、带有讽刺意味的超脱，以及享乐主义的酷炫感。

到了20世纪60年代，随着一场试图摆脱"规训社会"和郊区束缚的反主流文化运动的诞生，这些特质，虽然常表现在违规越界上，但逐渐成为主流。然而，如果反主流文化反对的是现行体制，那么资本主义（或者至少是那些受到指控，销售商品或资本主义小物件的人）就会很快躲过这种攻击。正像年轻人想要摆脱"大众社会"的束缚一样，资本也需要新的市场。

因此，托马斯·弗兰克在《酷炫征服路》（The Conquest of Cool）一书中指出，"在20世纪60年代发生的很多事情，可以用'时髦'二字来形容，这也成为美国资本主义认识自我，并向公众解释自我的核心内容。"[314] 因此，他认为，在20世纪60年代反主流文化"开启、调试和退出"的过程中形成的"疯狂",如今通过对年轻一代的关注和"新的永远是更好的"这一理念,又回到了我们的经济当中。1997年,32岁的弗兰克在写这本书时认为,"……20世纪60年代是现代社会的开始,是定义我们这个世界的风格、品位和价值观的开创时代";到了20世纪90年代,我们正在目睹"一种新的时尚消费主义逐渐巩固,一个文化上的、永不停歇的体制正在形成,对虚假、粗制滥造的厌恶以及对消费社会每天带来的各种压迫的厌恶,可以变成驱动消费车轮不断加速的动力。"

对虚假消费的厌恶正在推动消费,这就是吉姆·麦圭根[315]所说的"酷炫资本主义":反主流文化和资本主义的结合。泰莎可能会把它称为工作。麦圭根认为,酷炫是资本主义的"前沿阵地"。正是对酷炫的生产、购买和服务的过程,构成了21世纪伦敦经济的神话。

在所有体验型的国际都市中,短期经营的"快闪式"创业模式的蓬勃发展,让我们看到了跨界与盈利之间的奇特联系[316]。"秘密影院"的体验或者在伦敦短暂出现的金酒酒吧,它们都抓住了这些体验的新鲜感和短暂性。因此,伦敦潮人生活指南网站"The Nudge"上的文章《快闪的伦敦》(*The Nudge: Popup London*)中说道:

> 总会有创意满满的厨师、设计师、音乐家、调酒师、艺术家、演员……他们总会在意想不到的地方,做着自己最擅长的事:让每个人的生活更不同寻常、更令人愉快[317]。

"一切坚固的东西都烟消云散了"，这句话不再只是对资本主义的批判，而是成了一种营销策略。就连政治激进主义如今也成了一种可以让人获利的机会，从而形成了一个令人不安的循环，一切激进的能量都成了新市场的燃料。加拿大作家娜奥米·克莱恩（Naomi Klein）在她的巨著《No Logo：颠覆品牌全球统治》[318]① 中已经指出，这种能量体现在对广告的厌恶和把公共空间商品化的行为上，人们渴望用另一种方式占领公共空间，街头艺术的崛起就是一个例证；不过，这种能量如今也反映在遍布伦敦的"拒绝广告"的运动中。

用佛罗里达的话说，"资本主义扩大了覆盖范围，捕捉到了那些以前被排除在外的、古怪的、不愿意墨守成规的人的才华"，把那些"一度被视为特立独行的边缘人物，置于创新和经济增长过程中的核心位置"[319]。这当中唯一缺少的就是颠覆了。

这种商品化的颠覆，以及它所吸引、延续和销售的酷炫经济，以涂鸦的形式出现在了伦敦东区的墙壁上，推动伦敦的经济完成了从乏味的生产制造到消费酷炫的转变。伦敦东区的人也许仍然生活在困苦中，但现在他们至少有纸杯蛋糕了。

伦敦东区的酷炫

一直以来，"伦敦东区"都是一个带有特殊意义的概念。曾

---

① 书名中 No Logo 的意思是"拒绝品牌"。——译者注

几何时，这里代表了一个社群，一个象征工业和团结的地方，一个能吸引一波又一波新人到来的地方。这个地方人口密集，甚至形成了标志性的方言——伦敦腔。从开膛手杰克到克雷孪生兄弟，关于这里的经久不衰的神话，往往是和肮脏贫穷及无耻犯罪有关的故事。马克思的亲密战友恩格斯将19世纪中叶的伦敦东区描述为"一个日益扩大的泥塘：在失业时期，那里充满了无穷的贫困、绝望和饥饿，在有工作做的时候，又到处是肉体和精神的堕落"。显然，这种说法不是没有原因的。

查尔斯·布斯在1889年细致地描绘了伦敦贫困人群的分布[320]，他笔下最重度的贫困现象集中在城市东部，特别是在贝斯纳尔格林一带。这与伦敦西部较为富裕的地区形成了鲜明的对比。他发现，特别是在皇家宫殿周围，明显居住着"很富有的中上层阶级"。

就连第二次世界大战也没有对这里造成多大影响，大轰炸造成的损失大多在码头区和东区的工厂附近。不出所料，去工业化对以工业为主的东区产生的影响高于以文化为主的西区。20世纪70年代和80年代，伦敦东区完全不是什么乐土。20世纪70年代，伦敦东区的抑郁症发病率是英国其他地区的3倍。

幸运的是，伦敦还有一张好牌可以打，相比于过去仓库和车间里的辛苦工作，这张牌要酷炫得多。伦敦一直被视为文化旅游目的地，这里有成熟的思想、国际化的消费、富有创意的探索，以及真正令人感到愉悦的消遣。这些文明特质是城市精英们的特权，是那些追求伦敦体验的高尚游客们格外中意的亮点。伦敦后工业时期的转型为大众消费提供了文化氛围，即便仅仅出于对新的市场和新的消费群体经济上的需要，也必须如此。在 20 世纪 60 年代，"酷炫伦敦"这一概念仅限于伦敦西区的苏豪区和切尔西区的国王路一带。到了 20 世纪 90 年代，"酷炫"之风已经吹到了更主张人人平等的伦敦东区。

城市的衰落为创造性的表达和文化上的越轨行为提供了空间，而这二者常常是相辅相成的。还有什么地方比破旧工厂周围的小巷子，更适合乱涂乱画呢？20 世纪肖尔迪奇区的那些导游和公关文案撰稿人，真该感谢这种由工业的衰退没落和郊区的荒败压抑相结合形成的独特效果，因为正是这种结合，让后工业、后规训时代的伦敦，既有了剩余的发展空间，也有了可以产生良性效果的消费习惯。

不过，尽管城市早期的后工业转型对伦敦东区的转型同样是必要的，但它并不局限在文化上的精雕细刻。1986 年，旨在放松金融监管的"金融大爆炸"政策引发了一系列变化，不仅将伦敦金融城的财富水平提升到了一个新高度，而且终结了绅士风格的资本主义，以及与之相关的文化追求，取而代之的是一种"暴富"文化；而在过去，"暴发户"在英国是最令人讨厌的类型。随着金融业工作岗位的激增——从 20 世纪 80 年代的 17 万个，增至 2007 年的 35 万个[321]——奖金文化也跟着流行起来。

伦敦金融城的奖金发放数额在 2008 年达到顶峰，高达 140 亿英镑；获得百万英镑奖金的金融业从业人员的数量，从 2000 年的 30 人跃升至 2007 年 1500 人[322]。这一巨额财富中的大部分都被投入到了房地产行业。剩余的财富中，又有一大部分被吸进了年轻新贵的鼻子里，这些人把自己的钱和身份，投进了各种各样的恶习中。这样的事在伦敦西区的那些老地方屡见不鲜。然而，在伦敦东区也上演得越来越多。

这些创意十足、才华横溢的年轻人涌入伦敦东区，重新利用他们父辈（或许是作为工人阶级的父辈）留下的工业空间。这一地区的贫困情况为那些富有创意的人、那些无须耀眼的装修就对城市生活充满幻想的人，提供了他们负担得起的住房。城市的衰落又为创造性的表达和文化上的越轨行为提供了空间，二者的发展相辅相成。是啊，还有什么地方比破旧工厂周围的小巷子更适合乱涂乱画呢？

如今，伦敦东区成了创意阶层、自命不凡之徒，以及不修边幅之士的聚集地。从 2001 年到 2011 年，哈克尼区从事文化、媒体和体育等"酷炫"产业的人数增加了 70%，而肯辛顿区和切尔西区则减少了近 20%。如果加上 2011 年人口普查的其他数据，比如房屋合租和轻便摩托车用户的数据，那哈克尼区和伊斯灵顿区显然是最酷炫的地方，而小硅谷则刚好位于这两个区域的交汇处[323]。此外，这里还有大量从事服务类工作，生活不稳定的移民。这都是资本主义。在这些创意人士和投资者当中，很少有人会认为伦敦东区很美，至少缺乏传统意义上的美。不过，就目前的情形而言，这里的确很酷炫。

文化上的颠覆、越轨和资本主义之间的关系，在离小硅谷不远的肖尔迪奇区的埃博街的墙面上得到了充分的展示。在埃博街和贝斯纳尔格林路的交叉口，曾经有一幅美国艺术家谢泼德·费尔雷（Shepard Fairey）绘制的壁画，黑色的背景上，用鲜艳的红、黄两色写着："THIS DECADE ONLY! SHOP LIFTERS WELCOME!"（仅有这十年！欢迎扒手光临！）费尔雷凭借其为奥巴马总统制作的那张名为"希望"的宣传海报而闻名，他对企业宣传并不陌生。这幅壁画就绘制在肖尔迪奇快闪购物中心"盒子公园"对面，这座"集装箱商业公园"声称其"将现代街头美食市场和快闪式零售商场结合在一起"[324]。这其实传达出了一种政治信息；而讽刺的是，它竟然出自创意先锋人士费尔雷之手。

我越来越关注这类带有历史意义的街头艺术作品，这幅壁画让我印象深刻。然而，有一天，当我带领我的学生们参观这个地区时，却发现壁画不见了。取而代之的是一大片破败的黑色背景，接着是几幅有点太过虚张声势的广告，看上去毫无即兴创作的味道。如今，这里有了正式的名字"埃博街墙画"。在这里，由于"肖尔迪奇之家为埃博街带来了源源不断的创意和人脉很广的专业人士"，一周只需支付 2875 英镑，就可以让那些"最时尚的群体"看到顾客想打的广告[325]。如果没有那么多开拓进取、一贫如洗却富有创造力的人在 20 年前搬到这里，这里就不会成为伦敦创意阶层的大本营。同样地，如果没有了之前费尔雷的壁画，以及埃博街北段的街道两侧绘制的那些不断变换的印刷体字母，这个地区也就无法再保持那种酷炫的风格了，也就是现如今被彻底清洁后的状态。如今肖尔迪奇商业街地段的许多墙壁，已经变成了一种糟糕的灰色，处处彰显出一种沉闷的、禁止涂鸦的暗示，甚至连假惺惺的讽刺意味都没有了。

这就是酷炫资本主义的矛盾之处。酷炫会逐渐走向流行，流行会逐渐走向商品化和同质化。然而，这不仅仅在说城市会走向平淡。流行，就意味着更高的租金、更高的价格，从而推动最酷炫和最不稳定的群体（这两类群体往往是同一拨人）躲到离市中心更远的地方。

因此，虽然伦敦东区仍然是企业的乐土，仍然是伦敦的梦幻之地，但最酷炫的伦敦人却在向越来越东的地区迁移——也可能是向南部迁移。"肖尔迪奇最后的时光" [326] 也许已经结束了，不过，贝斯纳尔格林地区和达尔斯顿成了酷炫的新秀。

然而，和泰莎一样，人们还是涌到伦敦。如今，他们在布里克斯顿这样的地方生活、奋斗，这里是酷炫资本主义和伦敦梦的优秀典范，同样也隐藏着道不尽的阴暗面。

第九章
布里克斯顿重燃战火

无论去多少次，无论去得多频繁，再次来到布里克斯顿都会令人眼花缭乱。只要待在布里克斯顿，就会深刻感受到伦敦新经济的种种矛盾。

一迈出地铁站的台阶，通勤者们就会立刻感受到伦敦的方方面面。各种刺耳的声音、刺鼻的气味，迅速充斥着身体的每一个器官，似乎根本找不到源头。街头邂逅的人也看不出属于哪个群体。鼓手、时尚潮人和拖着手推车的老奶奶混在一起。伊诺克·鲍威尔曾担心的那些"忙着为毁灭自己的柴堆收集燃料"的孩子们，正排着队等候红色的公共汽车缓缓驶来。

在我们的上方，是一座座优雅的维多利亚式建筑；建筑阴影下隐约可见一个个加勒比小贩正忙着兜售从内衣到鲜肉的各种商品。街头无家可归的人四处张望。布里克斯顿的拱廊摊位这两天覆盖着脚手架，向我们揭示出一段被迅速"侵占"的历史。摊位之间飘荡的熏香和鲜鱼的气味在告诉我们，这里的加勒比文化一直都在。

布里克斯顿泰特图书馆（Brixton Tate Library）前面的公共空间以前叫"泰特花园"，后来为纪念 1948 年载着 539 名牙买加乘客的"帝国疾风号"驶入蒂尔伯里码头 50 周年，重新更名为"疾风广场"。在黑人文化档案馆（Black Cultural Archives）旁，矗立着一座纪念非洲和加勒比阵亡士兵的纪念碑。不少本地人经常在维多利亚时代的糖商亨利·泰特（Henry Tate）的半身雕像附近闲逛。

在布里克斯顿市场内，"香槟和奶酪"连锁店的正对面就是法伊兹食品店——一家主打拉丁美洲和加勒比食品的商店。在市场外面的教皇路上，光鲜的体育用品零售商店 Sports Direct 和奢侈品零售商店 Van Mildert，以及加纳裔街头艺术家德雷夫（Dreph）绘制的迈克尔·约翰斯（Michaeal Johns）巨型壁画——迈克尔是当地的著名人物，经营着市场的公共卫生间[327]——在同一排，显得非常不协调。这个地方以前是储煤场和仓储式自助批发商店；那些早年在这里工作过的人，如今只能沿着教皇路一直走到新潮布里克斯顿，去想象一下这类消费体验了。

在布里克斯顿，唯一不变的就是各种变化发生的可能性。正如建筑评论家罗文·摩尔（Rowan Moore）所说的那样：

伦敦是一座缓慢燃烧的城市——它通过消耗自己来

更新，通过改变其有形的和文化的构造，来改变它的建筑、社区和传统，通过改变而非破坏已经存在的东西来更新。它的过去就是它未来的原料。它总是尽量避免从零开始、推倒重来[328]。

如今，这些燃烧的火焰是由看似仁慈，甚至可以说是令人愉悦的、酷炫的和富有创意的资本主义力量推动着。对于那些需要消费和创造的人而言，新的布里克斯顿是他们实现伦敦梦的另一个理想之地。而其他人却要被迫离开这里，离开他们的家，离开布里克斯顿，离开伦敦。理查德·佛罗里达称其为新城市危机。他说得一点不错，资本主义从来都是城市危机的一种形式。

布里克斯顿的前世今生

在蓬勃发展的维多利亚时代，布里克斯顿逐渐成为伦敦的中产阶级郊区。电子大道是英国第一条用电照明的商业街。1902年，查尔斯·布斯将布里克斯顿描述为"有仆人伺候的中产阶级"的家园。不过到了1931年，女皇剧院（Empress Theatre）的包厢换成了更便宜的座位，因为"这一带已经很难成为高档社交的场所"[329]。在第二次世界大战期间，许多座位变成了弹坑；和伦敦的大部分地区一样，战后那几年非常艰难。

布里克斯顿和伦敦这座城市一样，得到了来自大英帝国各地移民的拯救，特别是西印度群岛的年轻移民，他们后来被称为"疾风一代"。这些人之所以来到伦敦，是因为这座城市在加勒比地区的群体想象中有着悠久的地位 [330]。1955 年，年仅 21 岁的牙买加作家唐纳德·海因兹（Donald Hinds）乘船来到伦敦，他在《梦幻之旅：英国的西印度群岛》（*Journey to an Illusion: The West Indian in Britain*）一书中写道："我早在 10 岁之前，就下定决心一定要来伦敦了。这种念头究竟是从什么时候开始的，我也说不清。" [331]

一系列的历史机遇让这些人来到了布里克斯顿。传统上，移民——特别是那些几乎一无所有的移民——抵达伦敦后，会在抵达地点的附近定居。西印度群岛的移民也是如此，他们当中有许多人搬到了帕丁顿附近的郊区，主要聚居在北肯辛顿、诺丁山和牧羊人丛林，还有一些人从利物浦街搬到了伦敦东区的斯特普尼格林。

然而，布里克斯顿离南安普顿车船终点站很远。不过巧的是，"帝国疾风号"上那些没有预先找好住处的人，都临时居住在克拉芬公园的一个防空洞里 [332]。布里克斯顿冷港巷的职业介绍所，又把这些人带到了稍往西一点的地方；这里有一个小型黑人社区，是由战前的学生和非洲裔美国军人建设起来的，十分舒适 [333]。自然而然地，那些希望扎堆取暖，依靠同胞找工作、租房子的人，也在这一带聚集，集市和一个个新社区就这样建设起来了。一方面，这些东西让他们缓解思乡之情，另一方面，他们也试图在梦想遭受重创、寒冷的冬天和寄人篱下的困境中，创造新的生活。这样的情况持续了 50 多年。

在那段时期的大部分时间里，布里克斯顿遭遇了伦敦去工业化运动的所有弊病，而"摇摆的 60 年代"那种迷人的刺激很少光顾这里。但在当时，卡利普索音乐逐渐登上伦敦的舞台，为文化融合提供了酷炫的途径（另一条途径是板球）[334]。英国广播公司在报道兰贝斯区的一项舞蹈活动时，热情洋溢地写道："曼巴舞的节奏正在为种族团结贡献力量。"[335]

这种团结往往是精心策划的，并非实际情况。种族之间的紧张关系从未彻底消除。布里克斯顿的住宅区过去是、现在仍然是战后设计中最糟糕的例子。这里几乎没有什么便利设施，年轻人经常有一种被困在这里的感觉。1981 年，55% 的黑人青年处于失业状态[336]，"种族贫民区"（ghetto）一词经常被提及，在 1981 年布里克斯顿暴动期间更是如此。

然而，对一些居民而言，布里克斯顿和伦敦其他所有地方都不一样，这里是一个充满刺激的社区。出生于布里克斯顿的作家亚历克斯·惠特尔（Alex Wheatle）在谈到 20 世纪 70 年代末和 80 年代初时，回忆说："人们经常谈论警察的压迫，在那段时期，这种压迫非常严重。但是，如果你喜欢雷鬼音乐和派对，再没有比伦敦的 SW2 和 SW9 区 ① 更好的地方了[337]。"

如果说许多布里克斯顿人觉得，只有在他们生活的伦敦南区才像在家里一样的话，那么对于很多伦敦其他地方的人而言，他们在布里克斯顿并不感到受欢迎，甚至感到不安全。因此，不像曾经的诺丁山的加勒比社区，布里克斯顿在 20 世纪几乎没

———————

① SW2 和 SW9 是伦敦的邮政区域编号。——译者注

有中产阶级化的迹象。理查德·柯蒂斯不会在这里拍电影；不过英国导演乔·考尼什（Joe Cornish）的恐怖喜剧片《街区大作战》（*Attack the Block*）却获得了好评，这部电影讲述的是街头帮派如何抵御外来入侵者的故事。

如今，布里克斯顿正逐渐走上伦敦其他没落郊区的道路。这个故事似曾相识，完全符合理查德·佛罗里达的城市发展理论。爱冒险且贫穷的年轻人搬到一个穷苦地区，去寻找并过上一种波希米亚风格的生活。布里克斯顿的音乐现场表演格外吸引人。随着每一波逐渐富裕的新人的到来，商用和民用住宅的房租水涨船高。在某种程度上，即使有些躲过了社会洗牌的人还能继续玩下去，但当房地产开发商听到了投资机会的风声时，游戏其实已经结束了。这一点在布里克斯顿再清楚不过。

实际上，这种情况在整座城市都发生过。《时代周刊》杂志在 1996 年拍摄了一组以伦敦国王路和苏豪区为中心的照片，前者豪华有余，酷炫不足，而后者的建筑工地，则更像是中产阶级化和富豪化这二者全新结合的纪念碑。汉普斯特德区、伊斯灵顿区和卡姆登区早已衰落。肖尔迪奇区和哈克尼区就算尚未没落，也大势已去。酷炫资本主义正在蔓延，这回轮到新潮布里克斯顿攀上伦敦的巅峰了。

闪亮登场

2014 年，兰贝斯地方议会在教皇路附近的一个废弃停车场上悬挂了一条横幅。上面写着：

我们该如何利用这块地方？[338]

虽然面对难以把控的快速变化，但是这个社区对于如何利用这块地方，并不缺少想法，这块地方最近被用作了溜冰场[339]。不过这里有一个陷阱。不管用作什么，按照"2009 年布里克斯顿中央总体规划"（*2009 Brixton Central Masterplan*）的说明，中选的方案都只会运行一段时间，之后这里会变成公寓楼，以及大品牌的零售店（这一点很有可能）[340]。

2014 年 4 月，地方议会宣布，中标方是结成了合作伙伴的两家机构：曾参与了公交站改造项目，并因此获奖的食材花园公交站组织（Edible Bus Stop group，EBS），以及卡尔特纳建筑事务所（Carl Turner Architects，CTA）。这两家机构把这次合作命名为"成长：布里克斯顿"。这一对组合在竞标中击败了"布里克斯顿工具包"方案，该方案提议与当地社区合作，提供工具，并培养当地居民的施工技能。中标方案提议打造一座体现社区精神的绿洲，具体的做法是"重新利用集装箱，打造出工作室、生活 / 工作空间、工作区、零售店区、手工作坊、酒吧 / 咖啡馆、表演空间和绿色景观空间"[341]。中标方案获得了 5 年的租约。

这一举措得到了一些乐观的回应。Urban75 是一家非常活跃的在线论坛网站，这个网站的一位编辑说："起初，我不认为这个项目可以与布里克斯顿相匹配。但我和一些参与过食材花园公交站活动的人进行深入交流后，很受鼓舞，十分期待。"[342]

然而，不久之后，卡尔特纳建筑事务所开始排挤他们那位更具社区意识的合作伙伴。在接受新闻网站 Brixton Buzz 的记者杰森·科布（Jason Cobb）采访时，食材花园公交站组织声称，一旦项目投入运营，他们就会沦为"社区园丁"，这个项目也会沦为地方议会的摇钱树[343]。在食材花园公交站组织被迫退出后，地方议会宣布"新潮布里克斯顿"项目启动。兰贝斯工党议员杰克·霍普金斯（Jack Hopkins）说，该项目旨在建设一个"21世纪的社区商业公园"[344]。

投标要求中有一条是：因为租金是象征性的，所以要将项目的一半利润返还给兰贝斯地方议会。"成长：布里克斯顿"的社区精神令人钦佩，但他们能盈利吗？具有讽刺意味的是，"新潮布里克斯顿"在 2017 年延长租期的一个原因，就是要给该项目更多时间，以便为地方议会带来更多的财政回报[345]。2017 年，"新潮布里克斯顿"亏损 48 万英镑，欠债达 165 万英镑[346]。

更讽刺的是，"新潮布里克斯顿"固然是一个社区，但它与周边社区存在着明显的差别。在这个社区里，半数人生活的地区属于全国前 10% 贫困的地区[347]。但根据兰贝斯地方议会的报告，在"新潮布里克斯顿"，只有 20% 的商业空间需要把价格调整为"平价经济型"[348]。

所以，关于"成长：布里克斯顿"的正面信息，在 Urban75 网站上发布一年多后，该论坛的同一位编辑又回复了一篇帖子称，"新潮布里克斯顿"感觉就像"一艘降落在这里的宇宙飞船，载着它与其他地方的所有联系"，并称这是"一个针对所有人，但不针对当地社区的项目。关于园艺引领'绿洲'的公关废话还是越少越好吧。"[349]

许多喜欢"新潮布里克斯顿"的人，恐怕都把大量的工作时间用在打造这些公关废话上了；对于那些住在布里克斯顿地铁站附近的人而言，最热门的职业是"艺术／文学／媒体"和"营销及相关专业"方向的。相比之下，"保洁"和"其他基础岗位"是斯托克韦尔最热门的职业，而这里距离布里克斯顿地铁站不过一站路，2分钟车程而已[350]。在布里克斯顿定居的新住户的职业，大致都属于文化、媒体和体育领域，《经济学人》（*The Economist*）杂志把这些职业作为"酷炫"一词的代表[351]。且不说其他，"新潮布里克斯顿"提供了一种特定类型的酷炫消费方式，针对的就是那些忙着生产酷炫的人。

当你穿过集装箱搭建的大门进入"新潮布里克斯顿"时，资本主义的酷炫气息就会扑面而来。这种酷炫并不仅仅是快乐，在它外面还披着一层甜蜜的社交外衣。在入口处，一块蓝色的牌子上这样宣布：

关于我们

这是"新潮布里克斯顿"，欢迎您来这里看看。在这里，您会发现一个独立的社区，供应着本地企业出品的食物、时尚、音乐，以及各种乐趣。

我们并不是什么换汤不换药的商业街。我们所有的成员都是独立的，他们大多来自布里克斯顿和兰贝斯，其中许多人刚刚起步，这是他们进驻的第一处固定经营场所。欢迎您进来看看。您会在这里获得无数的体验和乐趣。敬请随心所欲，别客气！

这段话的结尾却是一句简单却很不吉利的话：

这里运营至 2020 年。

在我右手边是一个二手服装摊位，紧挨着它的是一家叫作"禁忌之墨"的文身店。要不是因为感觉太过做作的话，我们会把这里看成是时尚潮人之巅了——也许我们真是这么想的。再往前走，是一家销售新西兰葡萄酒的摊位，大约 25 英镑一瓶。一楼是一堆彼此竞争的食品摊位，供应世界各地的各色食品，清一色使用可降解的容器包装。我可以在这里选择日本的、法国的、牙买加的、西班牙的美食 [352]，也许还有意大利美食。这是一场在世界大都市里的体验式消费。这就是"新潮布里克斯顿"社区，正如它在入口的欢迎致辞中强调的那样：

我们这个项目的核心目标就是支持我们的社区，让大家参与社区的发展。因此，除了为当地企业提供运营空间，我们还积极努力地参与该地区的各种项目。

欢迎从事公益事业的企业和需要场地的初创企业进驻，我们特为这类企业提供折扣租金。

我们创建了社区投资计划，我们的所有成员都会投入自己的时间和技能支持本地的事业，每周至少投入 1 小时。

这个乌托邦风格的理念贯穿了整个项目，到处张贴着宣传社区活动的海报。我可以加入"有趣有爱"布里克斯顿吉他俱乐部，或者参加"看着给"瑜伽课。我沿着台阶来到了楼上的社区花园，这里允许我"随意采摘你能认出的农作物，但不要忘记留一些给后面造访的人"。

每个摊位前都有蓝色的牌匾介绍它的起源。例如，"老妈烤肉"摊位的牌匾上是这么介绍的：

> 艾德里安（Adrian）是这一烤肉秘方的第三代传人。它起源于牙买加，从艾德里安的曾祖母家开始代代相传。长辈创立"老妈烤肉"，并将其作为遗产传给子孙；同时，为了和更多的人一起分享这一美食，他开设了这个摊位。

摊主们和蜂拥而至的人群似乎真的形成了一个社区。这种创造、享受和体验的经济模式，是基于良好的意愿而创造和消费的。对于一些怀揣梦想来到伦敦，却深受城市生活打击的人而言，这些令人愉悦的消费体验让他们有机会减轻痛苦。而对另一些人而言，当他们被逼得离他们称之为家的地方越来越远时，留给他们的除了痛苦之外，几乎剩不下什么了。

尽管布里克斯顿是伦敦加勒比裔群体的精神家园，但记录显示，在"新潮布里克斯顿"所在的地段，只有 38% 的人口是加勒比裔，其余的都属于白人种族[353]。我并没有看到多少黑人面孔在享受这种多元文化融合的美食街和社区空间。在资本主义带来的东西中，正是这种同质化，让丽莎（Lisa）深感困扰。

"影响力"的冲击

如果说新潮布里克斯顿是正在运行中的酷炫资本主义，那么"影响力中心"就是吸引创意阶层的伦理精神。影响力中心位于新潮布里克斯顿的后方，是一片专门为社会企业提供的共用工作空间，是一个"会员制社区，专门服务那些希望不断改善和提升兰贝斯区的人"[354]。丽莎是一位热心的年轻人，致力于让生活变得更美好、更有创意。她正是佛罗里达描述的那种最优秀的创意阶层人士。

然而，我们在影响力中心的一间小会议室里聊了不多会儿，丽莎就以一种审慎而诚挚的口吻告诉我，她刚刚在一本《新经济》杂志上发表了一篇文章。她认为：

> 共用工作空间似乎不是在消除不平等，反而在某种程度上加剧了不平等，它成了伦敦中产阶级化的象征。

我来到影响力中心，想看看这里有什么不同。丽莎似乎也是如此。

丽莎在伦敦生活了3年，刚在影响力中心工作几个月。2013年，丽莎毕业于维也纳大学，获得经济和商业学位。在肯尼亚的联合国人居署工作了一段时间后，她转而在谢菲尔德从事国际关系方面的工作。她很喜欢那里。

我有些好奇，谢菲尔德有什么吸引力呢？丽莎的回答毫不犹豫：

我喜欢它的创意感。那里的工作岗位并不多，所以我觉得大家都是刚开始创业。但不是你在伦敦看到的那种丑陋的、恶心的创业点子，而是非常积极向上的创意。那里有一个非常有创意的艺术场景，有不少尚未充分利用的空间，很多很棒的音乐家在那里演奏。那种感觉很真实，我非常喜欢。

这听起来像是 20 世纪 90 年代的伦敦。我暗自猜测，离开那里恐怕很让她惋惜。这个答案同样很快就有了："是啊。因为没有工作机会。"

于是，像其他众多在英格兰北部工作的年轻人一样，丽莎来到了伦敦。她"想投身到这个世界中，看看有什么机会"。她口中的"这个世界"就是布里克斯顿。丽莎在社区开发部门工作了一段时间，但布里克斯顿的多样性很吸引她。如今，她住在布里克斯顿，在影响力中心担任项目和社区负责人。

影响力中心这个机构在 2005 年创立于丽莎的家乡奥地利，目前已经扩展到 100 多个城市，拥有超过 1.6 万个会员，协助传播该中心所倡导的"点燃创新之火、发展创新之势"的使命。除了布里克斯顿，该机构在伊斯灵顿、国王十字和威斯敏斯特也设立了影响力中心。每个影响力中心：

首先是一个充满活力的社区。社区的成员充满激情，富有创业精神。同时，他们有着共同的愿景，希望为社会带来积极的改变，互帮互助，相互促进和发展他们的企业。其次，这里也是灵感的来源，通过各种激发思考的活动、创新实验室、学习空间、项目和建设性的对话，为人们提供有意义的内容服务，形成积极的影响力。再次，影响力中心也是一个物理空间，为工作、会面、学习和联系提供了一个灵活且功能强大的基础设施。当上面这三大元素关联在一起、集结在一起时，就会创造奇迹[355]。

集这三点于大成的想法，一定是个令人筋疲力尽的企业愿景。

和"新潮布里克斯顿"一样，布里克斯顿影响力中心是兰贝斯地方议会的美好意愿加上保守党政府削减地方政府开支的产物。从2010年到2018年，兰贝斯地方议会的预算被削减了一半，也就是说，他们要削减的开支超过2亿英镑[356]。结果就是，地方议会不得不想方设法将社会公益项目外包出去。

尽管如此，当影响力中心项目得到兰贝斯地方议会的资助，于2014年在兰贝斯市政厅地下室启动时，作为共用工作空间，它非常罕见地具有一定的利润空间。丽莎告诉我，当时的布里克斯顿影响力中心非常有创意，并体现了多样性和包容性。

后来，当新市政厅进行重建时，影响力中心成为重建计划的一部分；兰贝斯地方议会依据合约，为被迫搬迁的影响力中心寻找新家。正好，"新潮布里克斯顿"需要租户，于是影响力中心就从社区空间完全转型成了商业中心。卡尔特纳建筑事务所还因为协助设计和搬迁影响力中心，获得了10万英镑的奖金[357]。

"新潮布里克斯顿"的租金虽然低于市场平均水平，但涨幅仍然十分明显。建立可持续的商业模式需要资金来源。影响力中心一直有一定比例的业务是以营利为目的的，如今这个比例无疑在增长。我问丽莎，你对这种做法感到满意吗？

"不，"她有些窘困，"不，我并不满意。嗯……我该怎么做呢？哎呀……现在录这个让我觉得不自在了。"

于是我提议暂停一下。随着一声轻叹，她的友善很快回来了。

"不。这并不是什么秘密，只不过……"

"想面面俱到很难。"我体量地说。

"是的。是的，的确很难。我总在想我们能做什么，什么有可能，什么可以实现。"

他们可能会成立一个社区基金，或者向某些成员收取更多的费用，但没必要专门针对营利性的成员。丽莎反对非黑即白的观念。她告诉我，许多在非营利部门工作的人都来自中产阶级家庭，能够负担得起无薪实习的费用。这个说法并非空穴来风，当然是有研究数据支持的[358]。不过，我们必须小心，因为：

> 其实大家的出发点都是好的。我认为，如果你不小心的话，你最后很可能会……只剩下一群中产阶级白人。因为他们很善良、家境优越……但他们也有梦想，他们也想要有所作为。

在我们继续下一个话题前，我问丽莎她是不是伦敦人。"我是啊。当然。"

那她是一个自豪的伦敦人吗？

丽莎礼貌地笑了笑，目光瞥向一边。过了一会儿她说："是的。但有时候我真的很讨厌这种感觉。"也许这刚好是作为伦敦人的先决条件。"有时候，我觉得它简直要吸干了我的灵魂。"这比喻很有意思。那她对布里克斯顿的未来有信心吗？

哦。这是个好问题。我发现很难对此报以积极的态度——这让我很担忧。只要一想到我对"新潮布里克斯顿"的运行方式感到恼火，一想到它呈现出一种人为的亚社区，就像在一个已有的社区里再打造一个社区，一想到这些事实，我就忍不住总在想："我们该怎么改变它？怎样才能打破这种局面呢？"但事实是，这只是一个暂时的空间，4年后就会被拆除。然后会有别的开发商进驻。我们还在这里讨论"这个社区是否足够？"所有这些其实都毫无价值，因为改变需要时间，不可能一蹴而就，没错。面对这种情况时，我总是感到非常无力。所以，嗯，是的。这让我很担忧。

这让我们大家都很担忧。她热心投身于社会公益事业，也完全知道这项工作面临的挑战，这一点很令人钦佩。像丽莎这样充满善意的奉献，可以改变很多人的生活，但它改变不了那些人生活的环境。尽管影响力中心汇聚了热忱的青年才俊，"新潮布里克斯顿"充满活力，但这些只会助长重燃的战火。资本主义可以很酷炫，也可以非常冷酷无情。不过，无论采取何种方式，它终究是资本主义。

佛罗里达把这称为"新城市危机"。

创意危机

佛罗里达声称，伦敦总是位于他所谓的"新城市危机"的震中[359]。第一次城市危机发生在 20 世纪 70 年代，当时无论是工业、投资还是居民，都忙着逃离这座去工业化的城市。正如我们看到的那样，伦敦遭到了重创。如今这座城市又遭受了这场新危机的沉重打击，只不过以一种更酷炫的方式。具有讽刺意味的是，引发这场危机的原因是它太受欢迎了，是那些视伦敦为乐土的创意阶层造成的。

在兜售了创意阶层的价值 16 年之后，佛罗里达似乎颇感意外，认为创意阶层的聚集产生了一个"不平衡的、不平等的城市主义"，"那股推动我们的城市和经济全面发展的力量，也产生了引发各种分歧的鸿沟，成为阻碍我们前进的反作用力"[360]。

佛罗里达指出，这场新城市危机"不仅是城市的危机，也是高度城市化的、知识型的资本主义新时代的危机"[361]。正是在这里，我们发现了"当代资本主义的核心矛盾。（创意阶层）所聚集的力量既是经济增长的主要引擎，也是引发不平等的最大驱动因素"[362]。

他说得再正确不过了。

随着这座城市吸引了越来越多的人，城市的房价和商业租金不断上涨，除了那些有钱的精英阶层，没人负担得起。文化中心被迫迁入郊区，不仅要寻找付得起租金的地方，还要寻找让这些中心得以运转的年轻人。反过来，创意阶层的扩张将中产阶级化的现象蔓延到过去无法想象的地方。"新潮布里克斯顿"背后的开发团队，在一座闲置多年的多层停车场里开设了一个类似的地方[363]。温布利和克罗伊登，也开设了类似肖尔迪奇区的盒子公园。

因此，城市中心是去工业化时感受最强烈的地方，而如今的城市正在把穷人推向城市边缘，甚至更远的地方。这种像甜甜圈似的空心态势，就是艾伦·埃伦霍尔特所说的"大逆转"[364]。伦敦的穷人过去都挤在伦敦东区；如今，他们越来越多地出现在 M25 公路的内缘地带，诸如恩菲尔德、罗姆福德和达特福德等地[365]。或者更糟，干脆迁移到了埃塞克斯郡[366]。

据 2001 年到 2011 年人口普查统计显示，有 60 万"白人"离开伦敦[367]。尽管这些人不该被忽视，但一大批离去的群体并不仅仅是焦虑的白人工人阶级，工人阶级中的有色人种也越来越多地饱受驱逐之苦。过去，是伦敦的中产阶级忍受着漫长的通勤之苦；如今，只有清洁工和保安才多次换乘公交车去上班。不管怎么说，服务人员可能被赶出了伦敦市中心，但他们的工作仍然在伦敦。咖啡师和清洁工可能负担不起住在伦敦一区，甚至是整个一区至三区的费用，但他们仍然需要来这里工作。结果就是，如今伦敦人的日通勤时间平均为 81 分钟。很明显，黑人、亚裔或其他少数族裔伦敦人的通勤时间更长，他们乘公交车的时长大约是伦敦白人的两倍。夜班车的情况更为明显[368]，像 N21 这样的公交路线，可以在黎明前把筋疲力尽的清洁工从佩卡姆（Peckham）送到伦敦金融城 [369]。

佛罗里达认为这种不平等在很大程度上是由土地所有权和房地产价格造成的。他的理由很充分。在英国，伦敦的房价最高，租房人口的比例也最高。2018 年，伦敦平均房价超过 60 万英镑 / 套，比 2009 年翻了一番 [370]。对于一个典型的伦敦家庭——夫妻俩带一个孩子——而言，要储蓄 20 年才能住进他们的第一套房子。在布里克斯顿，从 2006 年至 2016 年，房价上涨了 76%[371]。

佛罗里达认为，伦敦不仅正在经历中产阶级化，而且正在经历"富豪化"：全球的房地产投资界的精英买下伦敦的房地产，既作为一种投资，也作为一种储存资金的方式，这几乎成了一种"全球储备货币"。越来越多新的房地产开发项目都销售给了那些海外投资者；他们看都不看就买下了，也没打算要在这些房子里居住：巴特西电站总价高达 80 亿英镑的公寓项目，几乎都以期房方式销售，客户主要在海外，特别是在亚洲。

在英国最高的住宅楼——圣乔治码头公寓，登记的居民中只有 60 人有投票权。这些买家把伦敦变成了一座全球精英的新家园，他们掌控着诸如梅费尔区和英国最富有的街道肯辛顿宫花园等地区。尽管前市长鲍里斯·约翰逊认为并非如此，但开发商的这些"空中保险箱"，并不能让那些只能梦想着存钱买房的伦敦人松一口气，也无法让那些住在"保障性住房"，却不得不走豪华公寓"穷人入口"的人稍感宽慰。

佛罗里达担心，失控的房价会让他所标榜的创意阶层从这里离开。他引用美国城市规划专家简·雅各布斯（Jane Jacobs）

的话说："当一个地方变得无聊时，就连富人也会离开。"创意阶层带来了吸引力，却在不经意间被精英们拿走了，而他们还在天真地寻找梦想中的生活——一个被资本主义创造，又被它劫持的生活。

不过，这只是酷炫资本主义危机中的一个场景；这场危机席卷了这座城市，也扰了伦敦梦。

让我们回到疾风广场的一个角落，看看余下的情节吧。虽然疾风广场旁的豪华映画影院（Ritzy Picturehouse Cinema）的东家是电影世界（Cineworld）——世界第二大电影院连锁机构，它却一度被描述成"潮人的绿洲""潮人最爱"[372]，如今正吸引着大量影迷支付 14.1 英镑买票观看电影《宠儿》（*The Favourite*）。豪华映画影院的员工凭借英国广播娱乐电影与剧院工会的支持，与作为资方的豪华映画长期纠纷不断，但影迷似乎并不关心这些。

2016 年，工会曾得到承诺，影院将采取措施提高伦敦职工的生活工资[373]。然而，尽管电影世界在 2017 年赢利 1.2 亿英镑[374]，但它旗下的豪华映画电影院却拒绝兑现这个承诺。有活动人士称电影世界的首席执行官穆奇·葛雷丁格（Moshe 'Mooky' Greidinger）一年的收入高达 250 万英镑[375]。与此同时，布里克斯顿豪华映画影院的员工仍在有规律地罢工，只为争取所有员工的生活工资和病假、育儿假等基本权利。这些人就是佛罗里达口中的"服务阶层"：他们从事着日常工作，为他们渴望成为的创意阶层提供消费体验。

这些服务工作者的奋斗，揭示了推动伦敦梦的阶级结构：

为了让一些人积累和消费，另一些人就必须服务和受苦。他们都梦想过上更好的生活。那些伦敦逐梦人心中的希望与他们所忍受的剥削环境之间的紧张关系，是本书余下的内容。

然而，他们还是来到了这里，来追逐他们的伦敦梦。许多渴望创新的人留在了服务行业的从业储备大军中。正是这些服务阶层的人，成了新的城市工人阶级，忍受着与之前码头工人一样的动荡生活。所有这些构成了自维多利亚时代起，就存在于伦敦的街头斗争[376]。

他们来到的这座城市，阶级划分一如既往的鲜明。即便这些阶级的人群比以前酷炫得多，却仍然带有强烈的维多利亚时代的色彩。

第三部分

边际创造力

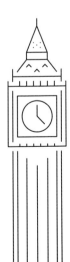

第十章

阶级和阶层

阶层（Class），往大了说就是阶级，这个术语一直是英式语言中的基本用语。不过，其实并没人知道它到底是什么。

阶层这个概念，很难说是英国人独创的见解，但对他们而言非常重要。如果抛开所有的帝国历险不谈，抛开英国主导的奴隶贸易（这件事在英国历史上似乎被擦得相当干净）不谈，阶级和阶层体系的建立、剥削和再现就是这个国家的原罪。

这些罪恶得到了公开的，尽管可能是无声的赞美；全英国都有纪念和歌颂贵族的纪念碑。亨利八世肆无忌惮地杀害妻子，晚年更是荒淫无度，这些事情让他很难成为当代广受欢迎的人物——尽管都铎王朝的家族阴谋是个吸引眼球的好噱头。然而，格林威治宫和汉普顿宫仍然是广为人知的旅游景点。

维多利亚女王和阿尔伯特亲王的庆祝活动对 19 世纪 40 年代的大饥荒，以及妇女、穷人在政治上被完全边缘化的事实视而不见。那些豪华宅第体现的是国家的自豪感，而不是对那些在土地上辛勤劳作的人们的缅怀。《唐顿庄园》（*Downton Abbey*）、《维多利亚》（*Victoria*）和《王冠》（*The Crown*）这些电视连续剧向全世界输出了英国特色。君主制仍然很受欢迎，并成了"酷不列颠"魅力的一部分。贵族的土地所有权模式继续主导着这个国家：英国 1/3 的国土和大约一半的农村土地都在贵族手中 [377]。王室、教会和 5 个贵族庄园在伦敦市中心拥有 1000 多英亩（超过 4 平方千米）的黄金地产 [378]。

可以肯定的是，英国民众对上层阶级极为不满，对权势规则的重现经常感到不安 [379]。然而，把贵族统治、阶层划分和英国特色（当然还有英格兰特色）分开，似乎是不可能的。移民要想留在英国，就必须要参加并通过"英国生活"考试，该考试中有一部分内容就是学习英国历代国王和女王的知识，以便了解这个国家"悠久而辉煌的历史" [380]。这么做是有原因的。即使是在普通老百姓中，对"得体"礼仪的要求也一直存在。

然而，尽管阶级和阶层无处不在，但就像所有善意伪装下的罪恶一样，它并不是那么容易被一眼看清。当然，我们对此可能会一笑置之，也可能会痴迷不已，但要想深入诊断阶级和阶层出现的原因，实在是难上加难。然而，阶层一直都在。对于社会学家而言，这是关于分类和推测结果的秘诀。对于伦敦人而言，阶层意味着奋斗和生存，积累和消费，还有中产阶级化的浪潮。

根深蒂固的阶层文化

和许多事物一样，将阶级和阶层的意义放在历史叙事的镜子中，会看得更清晰。英国伟大的阶级制度在资本主义时代到来之前，就已经根植在了封建土地所有制中。由于英国的贵族制度没有被革命摧毁，因此，封建土地所有制始终强烈地影响着英国人的态度和英国的经济。拥有土地的精英阶层在帝国扩张时，通过投资（包括投资奴隶贸易[381]）来增加财富，加上乔治王时代的圈地运动，这些迫使无地的农民迁移到城市寻找工作，真正意义上的资本主义的阶级划分出现了。这些阶级划分产生了一大批劳动阶级、一个日益明显的中产阶级，以及贵族阶级——他们正无奈地将自己的特权，从土地所有权过渡到贸易和商业特权。

城市生活使社会阶层的划分更加明显。在维多利亚时代的伦敦，阶级地位很容易区分，尽管马克思在描述阶级时使用了不同的术语，但上层阶级、中层阶级和工人阶级的标签变得越来越普遍。这些标签通常源自人在工作中所处的位置，即你是所有者、管理者还是劳动者。此外，它们也源自与这种社会经济地位相适应的文化。不过，确定某个群体的阶级地位并不像在农村那样容易；在农村，一个人在家庭中的地位就表明了他的社会地位。站在城市的街道上观察遇到的人，光从表面看，很难看出对方的工作情况和财富水平。

这个问题同样困扰着商店主和债权人。在维多利亚时期低工资的经济背景下，对于那些依靠微薄的收入勉强度日的人而言，信贷是日常必需品。债权人不可能进行信用检查，而大多数穷人也没有财产作为担保。当时的债权人通常是房东或当地商店主，他们被迫根据一眼看到的事实来决定是否同意赊欠：那就是看对方的穿着和表情。在英国，这就相当于对阶层的鉴别。

因此，看上去有钱，本身就是一种资本。在英国复杂而奇妙的变革中，这就意味着，一个人拥有中产阶级的性情和拥有中产阶级的财富同样重要。一种奇怪的"面子"经济应运而生：要想看上去富有就得花钱，而花钱本身会让你更容易借到钱 [382]。

杰瑞·怀特认为："这种脆弱的信贷关系会在某个时刻，让几乎所有的伦敦人面临破产的威胁，其中相当一部分人会直接破产。"[383] 这种压力在 19 世纪中期的伦敦创造了独特的亚文化。不能在星期天抓捕债务人，也不能在家里抓捕，除非请来地方长官，或者门窗开着，可以直接进屋。如果债务人扛得住的话，可以每个星期里六天死守在家里，只在星期天外出——"星期天男"（Sunday-men）这个词就是这么来的 [384]。

也许正是这种对"装门面"的痴迷，让英国社会人类学家凯特·福克斯（Kate Fox）宣称："英国的阶层与金钱无关，与职业也没什么关系。"[385] 相反，她认为语言的阶层符号作为更大的文化表征的一部分，是英国阶层状况和阶级地位的主要标志。说"对不起"而不是"请原谅"，就是一种体现阶层特点的做法，区别就像选择穿灰色运动裤还是红色正装裤那么大。

然而，在伦敦这座城市里聚集了一大群摆脱了传统束缚，并试图在不同的背景下重新校准这些传统的人，通常意义上的文化阶层习俗很难监督执行。事实上，正如英国人散布到英联邦各国去寻找新生活一样，逃离阶层的约束向来也是伦敦梦的一部分。

但是，这座城市的优雅和各种不平等，是建立在阶层的划分和无数传统的基础上的。事实上，这座城市的格局完全就是按阶层划分的。从 17 世纪开始，当权阶层和特权阶层开始在威斯敏斯特西侧聚居，在 1666 年伦敦大火之后愈发明显。王室到来后，伦敦陆续建起庞大、豪华的庄园宅第，就坐落在今天的伦敦西区一带。这些庄园的绿地边缘进而又吸引了更多的豪门望族。伦敦的财富从威斯敏斯特和伦敦金融城逐渐蔓延开来，并且在马里波恩和布卢姆茨伯里形成了财富的飞地，和一座座精美的乔治王时代风格的广场[386]。

在城市的另一边，由于地理特性，码头都位于城市的东部；这使得动荡的航海业社区都聚集在伦敦东部地区，例如柏孟赛、莱姆豪斯、罗瑟希德和沃平[387]。这里建设了大量的工厂，再加上伦敦通常刮西风，这让住在西区的有钱人得以避开工业革命最糟糕的气味。

那些新来者，无论是胡格诺派教徒还是爱尔兰人，都被迫挤进伦敦金融城东部边界以外的社区。伦敦东区的工人阶级群体就这样出现了，他们成了这座城市传奇的一部分。过去这些阶级和阶层的划分如今都被打破，并日益被"本地人/外地人"的划分方式所取代；尽管如此，即使是偶尔造访伦敦的游客，也能注意到西区的奢华和东区的粗犷这两种差异显著的风格。

这些传统都是伦敦向世界兜售的城市故事的一部分，为的就是方便游客们在萨沃伊酒店（Savoy）或哈罗德百货享用下午茶时，幻想一番上流社会的奢华。虽然这些酒店、百货商店在表面上可能会欣然接受顾客花钱来体验上层阶级的浮华虚荣，但深究下来就会发现，阶级结构正是在这些酒店的全球精英业主和边缘化的移民打工者之间一边倒的斗争基础上建立起来的。

由于这些根深蒂固的经济差距，单纯从文化角度来解释阶级和阶层，不足以理解英国社会的分歧，更不用说理解伦敦了。因此，在 2011 年，英国研究人员开始提出新问题，来研究文化和经济之间的关系。为了重新构想当代英国的社会阶层，由斐欧娜·戴维恩（Fiona Devine）和迈克·萨维奇（Mike Savage）领导的社会学家团队，为英国广播公司收集了 16.14 万人的调查反馈。此外，他们还进行了一项更为详细的全国范围内的抽样调查[388]。

2013 年，《英国阶级 / 阶层大调查》（*The Great British Class Survey*）[389] 发布时，研究人员称，该调查"针对当今的阶级 / 阶层状况，绘制了一幅复杂而微妙的画面"。上层阶级、中层阶级和工人阶级消失了，也不需要区分资产阶级和无产阶级了。关于上流社会 / 非上流社会语言的讨论也成为过去时了。有趣的是，现在要通过别人邀请你共进的是晚餐、午餐还是下午茶，来区分对方的地位。

受法国社会学家皮埃尔·布尔迪厄的启发，戴维恩和萨维奇的团队针对以下三个方面向调查者提出问题：社交网络的规模和地位（社会资本），文化品位的复杂程度（文化资本），家庭收入、储蓄情况、是自有住房还是租房居住（经济资本）。值得注意的是，这里没有询问职业，职业问题是英国国家统计局

（Office for National Statistics，ONS）用来建立社会经济阶层分类的衡量标准。相反，通过对社会资本、文化资本和经济资本的复杂计算，研究人员确定了七种阶级／阶层分类：

1. 精英阶层
2. 固有中产阶级
3. 技术型中产阶级
4. 新兴富有工薪阶层
5. 新兴服务业工薪阶层
6. 传统工人阶级
7. 无产阶级精英阶层

不管你同不同意这些分类，他们的研究无疑揭示了英国的阶级意识在持续突显，至少在严格的、非革命性的意义上是这样的。英国广播公司的这个阶级／阶层计算方法公开之后，当公众们看到报告说"去剧院"是文化资本的标志时，伦敦的剧院门票需求凭空增加了191%[390]。阶级／阶层的计算方法可能非常复杂，但认清这件事是英国特色的核心并不复杂。

按照计算结果，我属于占英国1/4的固有中产阶级，不过我怀疑，在我的双胞胎孩子（在我写这本书时就要出生了）出生后，这一点可能会有所改变。然而，按照我在伦敦生活的大部分时间的状态，我都该被归入新兴服务业工薪阶层。这个阶层的成员具有较高的社会和文化资本，但经济资本很低：年收入平均2.1万英镑，远低于伦敦的中位数工资，略高于伦敦的维生工资。

意料之中的是，新兴服务业的工薪阶层都很年轻，而且集中在城市地区，尤其集中在大学城和伦敦；在伦敦，更具体来讲，是集中在伦敦东区的哈克尼和陶尔哈姆莱茨地区。这些人年轻、种族多元化，而且艺术和人文学科毕业生的比例明显过高[391]。

这一阶层的人或是涌入伦敦上大学，或是毕业后去伦敦闯荡。他们梦想着从事有意义的、创造性的工作，梦想着尝试各种酷炫的体验；同时也准备好忍受不稳定的工作、合租住房、身体透支和重复加热的意大利面。这基本上就像是又回到了大学，只不过你每天早上必须按时起床。

因工作而定的阶层

马克思会把所有这些社会资本、文化资本之类的，看成是资产阶级的胡说八道，看成是被经济地位决定的一种表面现象。一个文化品位更大众化，且没什么朋友的企业主，仍然属于剥削员工的统治阶级。同样，一个移民打工仔即便穿上红色长裤去上班，他的雇主也不会给他特殊待遇，不过他的英国同事可能会对他另眼相看。阶级和阶层不仅仅意味着身份、生活方式和财富。要理解伦敦和其他任何地方的阶级和阶层，我们必须将观察的重心放在工作上。更具体地说，要把重心放在决定谁会去工作、如何工作的经济条件上。

在这一点上，理查德·佛罗里达竟然和马克思站到了同一条阵线：阶级和阶层，是由你在生产过程中所处的位置决定的。例如，与佛罗里达的创意阶层紧密联系的：

不仅仅是这一阶层的价值观和态度，还有它在经济
结构中所处的位置。任何阶层的身份都是从他们的经
济功能推演出来的。他们的社会身份、文化偏好、价值
观、生活方式、消费和购买习惯都源于此[392]。

当然，佛罗里达对创意的关注与马克思主义理论几乎没有
什么共同之处。对佛罗里达而言，你得到报酬的原因远比得到
报酬本身更重要。你是雇佣者、被雇佣者，还是自雇人士（这
类人如今越来越多），也不重要。阶层也许的确与工作有关；不
过，对于剥削劳动者，特别是对创意劳动者的剥削，佛罗里达
似乎并不感兴趣。

尽管如此，他仍然认为伦敦是"一座典型的阶层分化严重的
城市"[393]。但是，这种分化并不是资产阶级和无产阶级的分化，也
不是精英和大众的分化。相反，伦敦的阶层分成了"凭脑子挣钱"
的创意阶层和"直接或代表客户处理日常工作"的服务阶层[394]。
虽然前者主宰了当代伦敦作为乐土的神话，但服务阶层在伦敦上
班族中所占的比例更高[395]。

佛罗里达定义的第三类人群是工人阶级，他们的工作是
"操纵重型机械或从事熟练工种"[396]。佛罗里达说，伦敦的工人
阶级几乎完全消失了，"在这个卡尔·马克思用生命最后的几十
年撰写《资本论》的城市，这一事实太令人震惊了"[397]。他的
这一说法是对 19 世纪伦敦人从事的工作，以及马克思所说的工
人阶级的根本误解。

马克思所说的工人阶级，或者无产阶级，指的是那些除了

出卖自己的体力别无选择的人。马克思生活的伦敦处在维多利亚时代，当时的确有一些人操纵重型机械或从事熟练工种，尤其是在码头、城市里的加工厂，以及车间里工作的人；但也有一些人也从事服务型工作，这些工作包括家政、商品贩卖、垃圾处理等。

这些伦敦的工人阶级生活在贝斯纳尔格林这样的地方，那里一提到阶级斗争，就意味着工会和罢工。如今，贝斯纳尔格林成了另一种阶级斗争的前线，这种斗争发生在佛罗里达所说的创意阶层和服务阶层之间，他们都在追逐着各自的伦敦梦（或者只是梦想逃离这座城市）。马克思恐怕会对那些等着进入创意阶层的后备劳动力大军更感兴趣。

郊区的斗争

贝斯纳尔格林的变化恰似英国人阶级观念的变化：可以说变得翻天覆地，也可以说根本没有改变。作为陶尔哈姆莱茨区的一部分，贝斯纳尔格林刚好毗邻肖尔迪奇和小硅谷的东侧。不出所料，这里成了阶级斗争东部边缘地带的一部分。这种阶级斗争被称为中产阶级化。

贝斯纳尔格林曾经是老伦敦人（也就是大家说的考克尼）的聚集地，如今却变成了混居着移民群体和寻求廉价租金的年轻人的伦敦东区，并因为各色各样的本地人，而产生了一种特别的、粗粝的酷炫感。还有哪里比这个地方的伦敦梦来得更强烈呢？

贝斯纳尔格林地区 1/3 的居民是孟加拉裔，拥有自有住所的人只占 26%；相比之下，在整个英格兰这一比例为 64%[398]。
2011 年的人口普查显示，在整个英格兰，多名成年人合住的
比例约为 4%；而在贝斯纳尔格林的部分地区，这一比例高达
40%[399]。对一些人而言，这种合住算是大学生活的重现，也是
一种分摊账单和生活费，且兼顾社交的聪明方式。对于这一地
区的另一些人而言，这是一种在收入有限的情况下容纳多个家
庭成员的方式。它们其实是同一种挣扎的两种形式。

2017 年 1 月，《终结儿童贫困》（End Child Poverty）称，贝
斯纳尔格林区和堡区这两个议会选区的儿童贫困率为 54%，居
英国最高[400]。2017 年 4 月，《标准晚报》房地产板块的头条新闻
是"热点地区在等候改变：贝斯纳尔格林将与肖迪奇区就时尚
酒吧和维多利亚胸科医院的新地址展开竞争"[401]。文章的导语
说得毫不委婉：

> 它也许是最地道的老伦敦东区的最后一块幸存地，
> 一直与发生在陶尔哈姆莱茨大部分地区的中产阶级化进
> 行抗争。然而，贝斯纳尔格林的抵抗正在减弱，一系列
> 明显的新发展和不明显的时尚改变，正在这里悄然进
> 行，让这片早就备受关注的热点地区渐渐加入变迁的阵
> 营之中。

这是一场逐条街、逐栋楼，甚至是逐套公寓一步步沦陷的
漫长抵抗。时髦的新来者渐渐取代了贫穷的老住户；而这些老
住户通常也是少数族裔，他们当年取代了住在这里的老伦敦人。

这里的街道上，如今到处都是各个阶层的遗留物和各种文物。工人阶级的酒鬼们仍然在这一带徘徊，不过这里的不少酒吧都逐渐萧条，进入伦敦平均每年关闭的 50 家酒吧的行列[402]。移民开的炸鸡店到处都是，顾客主要是这三大群体：学生、饥饿的穷人和贫民窟的酒鬼。

一间间酷炫的咖啡馆如雨后春笋般冒了出来，四周环绕着居住了几代人的市政房屋。贝斯纳尔格林工人俱乐部自 1887 年以来，就坐落在这一地区，如今成了"各种音乐和表演的场地"。

在佛罗里达的估算中，贝斯纳尔格林位于创意阶层和服务阶层的十字路口。根据佛罗里达主持的马丁繁荣研究所（Martin Prosperity Institute）的估算，肖尔迪奇区几乎全被创意阶层占领了，其南边的白教堂和东边的麦尔安德地区住的主要是服务阶层[403]。在我和电影制片人保罗（Paul）会面的素食咖啡馆的周围地区，服务阶层占了总人口的一半，只有 31% 的人拥有本科（或以上）学历。马路对面则主要是创意阶层，他们当中 55% 的人拥有大学学历[404]。在写这本书的过程中，我特意走访了一些中产阶级化的热点地区，但论起阶层结构的丰富性和复杂度，没有哪个地方能与贝斯纳尔格林相比。

佛罗里达可能会说，伦敦的工人阶级已经离开了，或者说被迫离开了，只剩下新兴的创意阶层和种族多元化的服务阶层在这里继续生存。然而，无论怎么变化、变化有多快，贝斯纳尔格林地区的人仍然是某种形式的工人阶级。只不过，如今这里的每个人要支付更高的房租，有些人喝的咖啡也更好。

这两点都适用于保罗的情况。当然，比起咖啡，他可能更偏爱喝茶。

影业阶层

当我抵达和保罗会面的地点时，他已经在画廊咖啡馆前的露台上坐着了，似乎对我的迟到毫不在意。他在这里相当惬意。作为一个带表演场地的素食餐厅，这家咖啡馆将所有利润都捐赠给了当地的社区组织。难怪它连续 3 年在贝斯纳尔格林被评为"最佳咖啡馆"。一头夹杂着银丝的头发，手握不知品牌的奶昔，再加上友好的握手，所有这一切构成了完美的定格镜头。这样一幅展现阶层复杂性的景象，只有在伦敦东区才能真正看到。

尽管保罗外表时尚，但只要一见到他，大多数英国人都会立刻认定他属于中产阶级。他拥有伦敦电影学院电影研究学士学位和文学硕士学位；但根据这位胸怀大志的电影制作人的收入水平、文化品位，以及复杂的社交网络，按照戴维恩和萨维奇的阶级计算方法，很可能会将其划分为新兴服务业工薪阶层中的一员。佛罗里达恐怕会把保罗纳入重塑伦敦的创意阶层。马克思则可能视他为无产阶级的一分子，但所有这些分类方法都无法体现保罗那温柔的魅力。这就是新的贝斯纳尔格林的阶层复杂性。

保罗在这个地区生活了 7 年，见证了贝斯纳尔格林地区翻天覆地的、周而复始的阶层变迁。二手书店关门了。时尚咖啡店开了又关。还有一个所有伦敦人都知道的、颇具象征意义的变化，保罗当然也记得，"炸鸡店关门了，变成了一家艺术画廊，专门展示炸鸡店主题的艺术品。"他指了指街道尽头的铁路拱桥，那里仍有工人阶级在做着操纵重型机械的劳动，他担心那些汽车维修厂很快会被时髦的餐馆和俱乐部所取代。

不过，就目前而言，贝斯纳尔格林仍然具有让外地乡下男孩想来伦敦追梦的吸引力，至少在它仍然具有"贝斯纳尔格林鲜明特色"的时候是这样的。正是在贝斯纳尔格林，保罗在伦敦电影制作的业务关系网中确立了自己的地位。此前，他曾去过美国的加利福尼亚州以及法国，在 2008 年金融危机期间，他还在英国南部的布莱顿临时工作过一段时间。保罗告诉我，英国脱欧这件事阴魂不散，为此，他在考虑离开伦敦，也许会搬到柏林之类的地方。可是，"一旦你建起了一个关系网，再想挪窝就很难了"，尤其是如果"去一个新的城市，而那里没有人知道我是谁"时，更是如此。

此外，很少有地方能提供这样的工作机会。英国的电影业占全球票房收入的 21%[405]，而伦敦就位于核心地带。总计 65% 的影视制作劳动力都集中在伦敦和英国东南部地区（也包括在伦敦西部边缘几个主要的电影研究机构）[406]；英国国家统计局的数据显示，英国电影业的年营业额为 13442598 英镑，伦敦贡献了其中的 77%[407]。

长期以来，电影一直是伦敦故事的一部分，特别是从 20 世纪 20 年代到 50 年代，美国电影的魅力为生活在尘垢中的伦敦人提供了一个令人眼花缭乱的逃离之所。怀特指出，1947 年的一项调查报告称，当被问及前一天晚上做了什么时，21% 的人回答说去看了电影。1949 年，41% 的伦敦年轻人表示，他们每个周末都去看电影。周末，这些充满魅力、遍布伦敦各地的剧院中挤满了人，其中就包括特罗卡德罗剧院（Trocadero），这家剧院设有 5000 个座位[408]。

20 世纪 60 年代，《时代周刊》杂志报道称，电影院是伦敦风景的重要组成部分。然而，伦敦的电影业在 20 世纪 70 年代和 80 年代进入黑暗时期，电影业营收急剧下降。到了 20 世纪 90 年代，英国电影业随着英伦摇滚和英国青年艺术家组织一起，推动了后工业时代伦敦的 "酷不列颠" 精神的复兴。

伦敦酷炫的制造和消费过程躲不开阶层，电影业也不例外。艺术与人文委员会（Arts and Humanities Council）的一份名为《恐慌！》（*Panic!*）的报告统计了英国创意和文化产业的不平等状况。按照国家统计局的职业分类定义，在电影、电视和广播行业工作的人中，12.4% 的人来自工人阶级[409]。此外，只有 13% 的导演和 16% 的编剧是女性[410]；只有 4.2% 的从业者是黑人、亚裔，或其他少数族裔。

作为电影行业的从业人士，保罗耐心地解释说，当项目最终成形时，"你需要迅速组建起一个剧组；相信我，你真的没有时间去面试那么多人，这就是为什么电影行业有这么多裙带关系……"，工作岗位没法公开招聘。相反，剧组在创建时，是通过有选择性的、口口相传的方法招募成员的；保罗甚至不会在脸书上招呼人。这种特别的处理流程由不安全感所致，因为 "当你在为一个项目成立剧组时，你只有在别人真心打电话给你时，才会听到靠谱的事情"。

正如保罗认识到的那样，要形成这样的有机系统，社会资本至关重要。你可能有最好的创意，但必须有人资助才能让创意落地。你可能对制片过程和技术如数家珍，但如果你不知道谁在招人，技术再好也没有用。这就是创意阶层生活的一部分；某个行业的成功和在这个行业内获得成功，都需要聚集起一批志同道合的专业人士。

此外，要想进入这些群体，不仅需要结识正确的人，还需要拥有能够充分利用这些人的文化资本和技巧。创意人员不仅想和熟人一起工作，还想和那些相处融洽、志趣相投的人一起工作。文化资本是否属于阶层的一部分，这件事有待商榷，但它无疑让你拥有一种特权。培养和分享自己的文化资本，也是伦敦梦的一部分，是在一个酷炫的、文明的、有文化的消费城市逐梦的一部分。

正如保罗告诉我的那样，这是一个在文化上以白人和中产阶级为主的行业；不仅如此，有关资金的重大决定，往往来自最有特权背景的群体。同样，要想能在低利率的情况下生存、静候机会上门，你就不能手头太紧。

正如我们看到的那样，推动创意产业发展的关键齿轮尽管有阶层的社会和文化因素，但这些因素并不能代表一切。最重要的是，由于工作条件的硬性约束，电影产业会根据阶层而分化。

尽管如此，还是有大量的人投身其中。

苦苦坚守的阶层

伦敦在英国电影业占据主导地位，这就意味着那些想在这一行找工作的人别无选择，只能搬到伦敦。伦敦不仅吸引了想在电影行业工作的毕业生，也吸引了大量学生前往伦敦著名（和不那么著名）的电影学院学习。不过，正如保罗告诉我的那样，这个行业并没有一个固定的劳动力市场。英国电影协会（British Film Institute，BFI）的报告称，英国电影行业中约有一半的从业人员是自由职业者。在正式受雇的员工中，97% 的人供职于员工少于 10 名的企业[411]。

此外，许多电影行业的从业者干的往往是与电影无关的工作。同样，即使是那些真正的电影行业从业者，他们也经常没有工作，处于等候片约的状态——这也不算失业。因此，很难说电影行业的从业市场是否供大于求。不过，这一行的劳动力供应毫无疑问流动性很强，而且从来不缺人；在竞争意识的驱使下，这些从业者们一边为眼前的苟且奔忙，一边为诗和远方不停奋斗。

面对这样的环境，这些艰苦奋斗的创意人士，无论他们多么有才华——保罗绝对是有才华的——都不能放过任何工作机会。他们和马克思所处的维多利亚时代的伦敦码头工人一样。电影行业的自由职业者通常以网上协作的模式工作，为每日或每周的工资你争我夺。

英国广播娱乐电影与剧院工会是媒体行业和娱乐行业从业人士的工会。该工会建议，在一部预算超过 3000 万英镑的故事片中，助理制片人岗位的报酬应该达到每小时 12 英镑[412]。然而，正如保罗所透露的那样，这个工资水平并不总能兑现。一方面，工会还没有强大到总能监督落实该建议；另一方面，不少怀揣远大抱负的从业者，往往因为太想得到工作（或太不在乎收入）而忽略工资。他颇有些狡黠地告诉我：

> 知道吗？如果你刚出道——比如说你刚从电影学院毕业，是个很有能力的剪辑师，但还没有取得什么大成就，幸运的话，你会接到一天 100 英镑的剪辑工作。不过，你也要帮朋友免费剪辑影片。

还有一个替代方案，就是尝试在伦敦的服务业找一份固定工作。保罗在工作最不景气的时候，曾在一家破产服务机构当邮递员，有一个"希特勒般的老板"，以前是一名警察。他上班只要迟到两分钟，就会被叫去训话，还被威胁要解雇。毕竟，他只是签了一份临时合同，有的是人愿意做这份工作。他当时 29 岁，这是他仅有的一份有薪酬的工作，工资和他 16 岁时打工挣的一样多，获得的尊重更少，责任也更少。之后他还在酒吧、咖啡馆里工作过，结果并没有多少改善。

在回顾他这段服务行业的从业历史时，保罗停下来沉思了片刻。接着，他用一种略带英式幽默的口吻揶揄道："说老实话，我做服务性工作的运气一直不怎么样。"他是一个风度翩翩的人，只不过他的脑子里满是创造性思维，总是在寻找更好的做事方式，而老板们对临时工的期望往往不是这个。

不过，如今的保罗不再需要"对所有工作一律点头"了，也不再需要做糟糕的服务工作、接低质量的电影项目了。他每星期在达尔斯顿工作几天，担任的职务有个漂亮的头衔——"开发监制"，为纪录片或电影提供构思。幸运的是，他的妻子收入不错，在经济萧条时期，他们仍能在伦敦东区站稳脚跟。

正是有了这层保障，保罗才能辞去服务行业的工作，不必靠这个来补贴收入。不过，虽然他很喜欢眼下这份工作，但这其实并不是他真正想做的。它只是让保罗能继续做他自己想做的事。当然，做自己想做的事没有薪酬。这算他对自己未来的个人投资，他正在追逐自己的导演梦，希望有一天能导演真正的电影。

当保罗放手一搏，勇敢地为这笔投资争取回报时，他成了伦敦的创意产业后备劳动力大军中的一员。电影行业，和大多数创意产业一样，劳动力持续过剩，人人都在努力寻找新的机会。对保罗来说，这意味着需要参加没完没了的培训，四处寻找投资的机会。他曾两次参与伦敦电影协会的"微波"（Microwave）计划，该计划旨在通过培训、指导和资助，帮助人们制作自己的第一部故事片。这是个很好的机会，但长达16—17周的申请和培训周期是无薪的，只有一点微薄的津贴。

所有这些写作、选角、试镜、分镜头设计工作，意味着保罗不得不拒绝其他工作，不过"比较幸运，大部分工作都是在1月到2月之间进行的……正好那时候很清闲，所以我并没有失去工作，因为根本就没有工作"。结果就是，他继续等待机会。在这次会面之后，我听说保罗已经开始攻读博士学位，目前仍在为自己和他人的项目努力奋斗。

不出所料，在萨维奇以文化为导向的阶层定义中，并没有给这支后备劳动力大军安排位置。像保罗这样的从业者，既从事着常规的服务工作，又干着不稳定的创意工作，很难将他划入佛罗里达定义的创意阶层或服务阶层。研究表明，在大多数国家，受过创意培训的人更有可能在创意产业之外，而不是在创意产业内工作[413]。在伦敦，从事辛苦的服务性工作常常是那些追逐创意梦的人要付出的代价。

要想有工人可剥削，就必须营造一种他们可以被取代的感觉。在伦敦，这些过剩的从业者并不总是失业。就像保罗一样，他们经常找不到心仪的工作，只好一直为了摆脱后工业时代的炼狱而奋斗。此外，这些苦苦挣扎的文化领域的从业者深知，如果他们退出，总有人能接替他们的位置。

全伦敦的创意工作者都感受到了这种不稳定。在伦敦漂浮不定的电影圈子里，即使有工会介入，也很少有人能在薪酬上讨价还价，尤其在他们经常免费工作的情况下更是如此。

作为一名学者，埃米莉（Emily）非常了解这种规训造成的结果，这不仅仅因为她是一名坚定的马克思主义者。

第十一章

阶层之梦

"'学术'这个词总会把我搞得很紧张。"埃米莉这么说时，带着一种既好奇又不安的学术口吻。

学术界似乎太保守、太爱形成小圈子了。不过埃米莉很喜欢能有机会和他人交流历史。只是，作为一名在伦敦多所大学兼职的教师，她"对所见到的一切并不完全认同"。这句话也是非常带有学术意味的委婉说法。

埃米莉很肯定自己是伦敦人，不过，这一点和她出生在伦敦的牧羊人丛林没有任何关系。她在宁静的乡村长大，后来申请了伦敦的大学。埃米莉"渴望住在这里"，因为伦敦是"最令人兴奋的地方"。最终，她进入伦敦东部一所大学就读。她立志要成为一名历史学家，这里正是她想来的地方。这里曾是妇女

201

参政论者西尔维亚·潘克赫斯特（Sylvia Pankhurst）生活过的地方，也是最适合遥想伦敦历史的地方。

她喜欢这个城市的规模，喜欢它的亲切宜人，喜欢它的广袤巨大。

> 我喜欢住在哈克尼区，我爱哈克尼区的多样性。置身在人群中，我喜欢看大家穿着各种各样的衣服。你可以尝试各种不同的食物，听到各种不同的语言。这感觉太刺激了。

一开始，埃米莉对这里充满了渴望。她利用毕业之后的间隔年搬到哈克尼区居住，那时的她"太想成为伦敦人了，这样想来，我起初还算不上伦敦人"。至少在像伦敦这样愤世嫉俗的城市里，这种溢于言表的热情显然是外来客的标志。如今，作为一名拥有博士学位的历史学家，她对伦敦有了深入的了解。

埃米莉不但遵循着外地人来伦敦筑梦的古老传统，她同时也遵循着更现代的传统，将伦敦看成充满知识和文明的城市。这是一座光明之城，每个人都可以跨越城市边界之外的狭隘的自己。

埃米莉来自英国乃至世界上最古老的两个高等教育中心之一：一个是成立于 1209 年的剑桥大学，另一个是牛津大学，后者早在 1096 年就开始进行教学工作了。而且，伦敦的 39 所大学中共有 37.2 万名学生[414]，在很大程度上，伦敦就是英国最首屈一指的大学城[415]。

同时，伦敦也是一座有大量国际学生的城市，可以说，它是世界上最受欢迎的留学城市，容纳了来自全世界 200 多个国家的 10.72 万名学生[416]。对于世界各地的学生而言，伦敦也是一块乐土。对知识分子而言，正如塞缪尔·约翰逊和詹姆斯·包斯威尔所证明的那样，这里长期以来一直是那些寻求文明和启蒙的人向往的地方。

抛开财富、娱乐和污秽不谈，伦敦作为一个开明城市的名声是在 18 世纪形成的。杰瑞·怀特认为，这一时期关于伦敦最主流的描述是：它置身于一个"崇尚礼貌和优雅的时代"，是一座充满"艺术和科学天才，崇尚理性、文明、优雅和礼仪"的城市[417]。

尽管如此，位于伦敦的大学发展一直很缓慢。虽然伦敦有世界文明之都的美誉，但因为剑桥和牛津的反对，伦敦的高等教育仅局限在医学院，而且还不算是正式的大学。直到 19 世纪，伦敦大学（University of London，1826 年的名字为"London University"）才正式成立，并在 1836 年维多利亚时代的巅峰时期，获得了皇家特许状。

这所新的大学是剑桥和牛津面向平民的替代品，查尔斯·狄更斯在 1858 年称它为"人民的大学"[418]。到了 20 世纪初，伦敦大学吸收了伦敦已有的大部分学院，包括国王学院和伦敦政治经济学院。其他学院很快也相继成立：1904 年金史密斯政治学院成立，1907 年帝国理工学院成立，1915 年玛丽女王大学成立。如今，根据理查德·佛罗里达的城市实验室的调查，伦敦（和洛杉矶）是世界上顶尖大学最集中的地方[419]。

伦敦大学如今拥有 17 所学院和超过 20 万名学生，但伦敦作为世界知识的中心，并非止步于此。今天，这座城市有 1000 多家博物馆和画廊[420]；还有 380 家独立图书馆——其中包括藏书量高达 1.5 亿册的大英图书馆——以及 800 家书店[421]。即使在第二次世界大战期间，伦敦也"在很大程度上由国家扶持、培育出了一大批知识分子阶层，包括作家、艺术家、电影制作人、演员、娱乐界人士、科研人员和行政人员"[422]，这些人与美国士兵一起，在灯火管制和随时要面临侵略风险的困难条件下，制造出一种"独特的、令人兴奋的感觉"[423]。

这是文明的伦敦、学术的伦敦、开明的伦敦，和工业革命一样，是形成现代伦敦的重要驱动力。

我们不应该对这些进步视而不见。尤其是 19 世纪的科学发展，大大改善了伦敦人的生活。作为世界知识的中心，伦敦应该，也的确为自己感到自豪。然而，正如伦敦的历史证明的那样，剥削和启蒙从来都是天造地设的一对。

这二者的共存关系在早期现代伦敦的咖啡馆中表现得尤为明显。1652 年，一位古怪的希腊－意大利－土耳其裔移民巴斯高·罗斯（Pasqua Roseé）在牙买加酒庄的旧址上，开设了伦敦第一家咖啡馆。在那个时候，人们交流观点和获取信息的渠道很少。然而，信息对于新兴的资本供应商和投机商而言至关重要。咖啡馆解决了这个问题，这里成了娱乐场所、会议场所、拍卖场所、读书场所、发表新观点的场所，甚至成了公司的办公室。很夸张的是，咖啡馆还成了公开发布最新股价的地方[424]。

最初，巴斯高·罗斯的咖啡馆只是一间半临时的棚屋，不过之后取代这个棚屋的牙买加咖啡馆，却成为城市生活的一个永久性特征。到 18 世纪初，可以自豪地说，仅在伦敦金融城内就有 3000 多家咖啡馆[425]。随着市场的发展，这些咖啡馆渐渐变得更专业化了。人们可能会去某个特定的辉格党咖啡馆，或者走进一家耶路撒冷咖啡馆，专门了解某个问题。

毫不奇怪，牙买加咖啡馆专注于西印度群岛的话题，当地人直接称呼它为"Jam Pot"。对这类话题感兴趣的人可以直接拜访牙买加咖啡馆，在那里获取新闻和金融信息，开展岛屿间的交流往来。例如，小说家兼艺术收藏家威廉·贝克福德（William Beckford）为了关注自己在牙买加的食糖生意，经常前去收取他的代理詹姆斯·奈特（James Knight）寄到牙买加咖啡馆的信件[426]。

牙买加咖啡馆以及其他咖啡馆的陆续出现，向我们讲述了一个伦敦从黑暗时代真正崛起的故事。这里就是被称作"便士大学"的地方，一个便士就能无限续杯地了解各种信息。这里是远离杜松子酒宫殿这类粗俗场所，又跳出正式社交圈的地方，全世界的信息和思想可以在这里迅速交换和传播。这里是老百姓可以随意聊天的地方，一点点来自西方的糖，顿时能让这苦涩的黑色液体变得香甜可口。当胡格诺派教徒马克西米利安·米森（Maximilien Misson）抵达伦敦，看到咖啡馆里的热闹场景时，不禁思忖道：

> 你能听到各种各样的新闻；你可以挨着温暖的炉火，想坐多久就坐多久，只需端着一碟咖啡品尝。为了

做生意，你到那里去见朋友只需花一个便士买一杯咖啡，就可以待一整天[427]。

在早期现代的伦敦咖啡馆里展开的哲学讨论是由奴隶制带来的收益推动的。事实上，正如历史学家克里斯·哈曼（Chris Harman）所说的那样：

> 哲学家们可能会在欧洲的咖啡馆里喝着加了糖的咖啡，大谈特谈平等权利。但生产这些糖和咖啡的人，在西非被枪口指着赶上了船，在极端恶劣的条件下被运过大西洋（超过 1/10 的人死在了途中），接着被拍卖出售，最后被监工鞭打着，每天工作 15 个小时、16 个小时甚至 18 个小时，直到死去[428]。

这种文明与野蛮并存的现象，当然不会仅限于贸易商和股票经纪人的庸俗讨论中。它其实是大英帝国的基础，让这座帝国得以在世界各地扩张，将帝国积累和剥削而得的收益通过伦敦输送到帝国的各个角落。这也许的确是一个崇尚礼貌和优雅的时代，然而，18 世纪的伦敦，用丹尼尔·笛福（Daniel Defoe）的话来说，同时也是一头"残暴的巨兽"[429]。

这种优雅与残暴并存的现象，并不是历史的偶然偏差，这种现象即使在今天也随处可见，只是看上去更清洁、更酷炫而已。我们已经在博物馆领域、电影行业看到了这种矛盾。在伦敦不断扩大的学术边际中，这种矛盾同样显而易见。这些从业

者的后备大军是伦敦大学体系的支柱，而整个体系都是建立在
阶级剥削和文明梦之上的。

精神层面的挑战

在外人看来，在大学里工作可能是轻松安逸的。舆观调查
网（YouGov）最近开展的一项调查显示，在最向往的工作中，
"学术类工作"排在第三位[430]；不过这可能也暗示出，正是从事
学术类工作的人有大把的时间泡在网上完成这类调查。不管怎
么说，大学本该是那种常常记挂着社会共同利益的地方。例如，
伦敦玛丽女王大学的办学宗旨就颇具理想主义风范：

> 伦敦玛丽女王大学全心致力于公共利益，力求在知
> 识的创造和传播方面达到国际最高标准，从而最大限度
> 地改变社会以及我们的学生和员工的生活。[431]

此外，学术工作者并不像护理和教学这类从业人员那样，
广泛获得民众认同。并没有政治家谴责英国脱欧会对"勤奋的
学者"造成影响。同样，也没有人说我们需要在核潜艇上少花
点钱，多投些钱在符号学研究上——尽管这主意听上去挺不错。

也许我们都是咎由自取。大学讲师很喜欢打着"学术自由"
的名义做一些不讨好的事，比如爱什么时候来就什么时候来，
不回邮件，一放假就找不到人[432]。更重要的是，我们常常因为
拒绝遵守职场规范而洋洋得意。大学讲师要是穿着西装、工作

效率有点太高，必然会遭到同事们的怀疑。居然迷恋新发型？你难道不该想点更重要的事吗？天才的气质可以为工作场所的一切"罪行"开脱。许多学者甚至会被指责故意培养这类形象，以逃避他们实际该承担的责任[433]。

以前，当我告诉朋友们我可以睡到自然醒的时候[434]，他们翻白眼的样子夸张到简直能听到声音。现在我不得不天天早起照顾我那刚出生的双胞胎，朋友们也不怎么同情我。尽管如此，如果我早上八点半就去上班，我很快就会成为办公室里的另类，失去学术圈的社交资本。当然，我并不是在抱怨。只不过，学术工作者的心理健康问题差不多比任何其他从业者都要高。最近的一项调查[435]显示，英国43%的学术工作者称自己患有某种形式的精神障碍[436]。总计有30%的博士生——也许就是那些最胸怀大志、工作也最不稳定的人——患有精神疾病[437]。相比之下，在国防和应急部门，存在类似问题的人只有22%[438]。

对埃米莉而言，导致精神颓废的原因，无论是在职业还是个人层面上都体现得很明显。临时雇佣制就是罪魁祸首；临时雇佣现象的出现，是学术行业作为更大的新自由主义经济的一部分而走向市场化导致的。埃米莉认为，正是这种临时雇佣制带来的不安全感，再加上学术生活梦的破灭，将导致一场巨大的心理健康危机在学术领域爆发。

正如伦敦历史上经常发生的那样，城市每一次向更文明的方向转变，对一部分人而言，是向苦难又迈进了一步。

成长的烦恼

英国大学体系的发展也映射出了后工业时代伦敦的这股酷炫潮流。这一点并非巧合。20 世纪 60 年代，随着"摇摆的 60 年代"的城市发展，英国的大学系统无论是从机构规模还是学生数量上，都得到了系统性的扩张[439]。与此同时，学术工作者也增加了一倍[440]。

20 世纪 90 年代，大学的第二轮扩张形成了面向大众的教育体系。这是时任英国首相托尼·布莱尔提出的建设"学习型社会"的远大目标的一部分：到 2010 年，要让 50% 的年轻人接受高等教育[441]。但在这一目标提出之后，教育公共资金并没有随之增加[442]。此外，伴随着教育领域的扩张，舆论措辞也发生了显著变化，从 1963 年的《罗宾斯报告》（*Robbins Report*）[①][443] 到 1997 年的《迪林报告》（*Dearing Report*）[444]，就是明显的例子。在这样的变化中，高等教育从一种社会福利转变为一种既有利于个人，又能为后工业社会的雇主们培养从业者的福利。具体来说，《迪林报告》呼吁高等教育要"服务于适应性强、可持续发展的知识型经济的需求"。如果说 20 世纪 60 年代传达出一种

---

① 《罗宾斯报告》是英国政府在 20 世纪 60 年代委任高等教育委员会对英国高等教育的前景所进行的发展规划，其主席、经济学家莱昂内尔·罗宾斯（Lionel Robbins）建议立即扩大高等教育的规模，将所有高级技术学院升格为大学。此后，英国的高等教育发生了"进一步大扩展"，出现了大量的新大学。——译者注

明确的反体制信息，那么到了崇尚"酷不列颠"的 20 世纪 90 年代，利用这条酷炫准则发财则成了头等大事。

知识型经济推动了大学系统的扩张，但问题在于，每个人都知道这一点。在一个只有大约 15% 的人口上过大学的体系中，手持一张文凭就足以傲视群雄。如今，只有名牌大学的学位或研究生学位才能获得类似的优势[445]。有学历的人不再和没学历的人竞争工作了，而是和其他有学历的人相互竞争，不敢放过任何一个可能的优势。

2010 年，由保守党和自由民主党组成的联合政府将大学学费提高了两倍，这进一步加剧了学生作为消费者的恐慌情绪。学生每年得支付 9000 英镑的学费来"投资"自己的未来，被迫成为高需求的消费者。那些不认为学费太高的人，要么是不在乎，要么是他们的社会地位已经使他们在竞争中获得了足够的优势。

现在，大学不再向当权者说出真相，不再充当社会批判和社会良知的代表，而是忙着设立创新项目，四处张罗投资。学生已经变成了消费者，大学和其他任何消费品一样，其吸引人的卖点就是未来的就业前景。例如，伦敦玛丽女王大学将一系列"毕业生特质"描述为他们"对学生的承诺"的一部分。这些特质包含了我们对高等教育所期望的解放性元素，如"批判性地评估信息""具有全球化的视角"和"能在变化的世界中不断学习"。这些承诺的最后一句是这样说的："我们相信在这里学习能提升我们毕业生的价值，使他们能够在不可预测的市场中更具竞争力。"[446]

这是全新的大学，在这样的大学里，学习知识等于消费知识。在这样的大学里，学习如何挑战世界与其说是一种政治行为，不如说是一种个人的经济投资。在这样的大学里，如果一项研究无法产生可以衡量的影响，无法带来资金，那压根儿就不值得研究。这就是撒切尔和布莱尔治下的大学。这就是佛罗里达理念下的大学——不停地创造并吸引创意阶层的地方。对埃米莉而言，这背叛了大学本应代表的一切。

临时雇佣的人生

从表面上看，英国高等教育的大规模扩张是学术工作者的福音。但只有对那些坐在领导位子上，无须考虑上下班时间的人而言如此，对其他人而言这种福音并不存在。大学的大规模扩张，公共资金的增加，给教育工作者带来了不可避免的压力。近年来，对大学的资助重点是看其研究成果和社会影响，这让大学格外重视一个人能不能弄来研究资金，也在某种程度上"减轻"了大学研究人员的教学义务。于是，本该由这些人教授的课程，变成了那些没有稳定职位，但急需资金和积累教学经验的学术从业者们为了获取临时资源而相互争夺的战场。

埃米莉在回到她以前在伦敦工作的学术机构后，才注意到了这种临时雇佣现象。在巴黎工作了一段时间后，埃米莉回到了英国，然后从埃塞克斯郡搬回伦敦，一边攻读博士学位，一边担任助教。由于早年对舞台戏剧感兴趣，埃米莉曾出演过几部戏剧，教学工作能让她有机会去演绎、阐释自己钟爱的主题。

然而，她被迫置身其间的工作环境一点也不可爱。她过去参加过的学术研讨会，讲授者就是研讨会的发起者；如今她却在教授这些研讨会内容，而她只是一名博士生，没有经过真正的培训、没有真正的合作、没有真正的办公空间。同样，也没有真正的工作保障。她发现自己"坐在一个臭烘烘的房间里，这里的每个人都觉得自己被低估了"。真正令人绝望的是，只要能进入这样的办公室，就会被视为一种进步。

这样的情况在伦敦的大学里比比皆是。在伦敦玛丽女王大学，在这所"致力于公共利益"的学校里，3/4 的教师签的都是不稳定的临时雇佣合同[447]。在英国的整个教育领域，有一半的教学人员签的都是不稳定的劳务合同[448]。如果说进入大学学习，都是为了将来成为创意阶层的一员，成为酷炫经济下美好世界的一员，那对于传授这些知识的人而言，他们的体验却越来越不一样了。

具体而言，这种存在于学术界边缘的体验是一种不安全感，这种不安全感给学术工作者带来的自我怀疑，比学术上的冒名顶替综合征（Impostor Syndrome）[①]更甚。尽管你已经尽了最大努力，但你永远不知道下个学期是否还会有工作。即使你幸运地找到了一份工作，你也永远不知道自己是否能在情感上和体力

---

① "冒名顶替综合征"于 1978 年提出，用以指称出现在成功人士身上的一种现象。患有冒名顶替综合征的人，无法将自己的成功归因于自己的能力，并总是担心有朝一日会被他人识破自己其实是骗子这件事。——译者注

上承担起谋生所需的教学工作量。诚然，多上一门课可能会帮你未雨绸缪，为荒年存下更多的钱，但你真的能批改得了那么多论文、讲那么多小时的课、研究完那么多不同的虚拟学习系统吗？

拒绝其实不能算是一种选项，临时雇佣体系下的教学人员，会变得非常具有领地意识，已经在上这门课的人，很可能在下学期继续获得聘用。可要是拒绝一门课程呢？除非你那位继任者自愿放弃，否则，你就再也没机会教它了。在这里，工作中的创造性不仅与创造和颠覆知识有关，还与如何应付工作本身有关。你的创造力都用了找出哪些研究人员要休假，以及如何从一个机构及时赶到另一个机构上下一节课上面了。

用埃米莉的话说，最重要的是，这种不安全感之所以存在，是因为"（临时教学合同的）薪水很低，没法仅靠它过日子"。大多数文化领域和服务领域的从业者都知道这是什么感觉。为了付房租，这周（这学期）的轮班量（课程量）足够吗？她"承担不起生病请假的后果"，即便真的不舒服，她也会带病坚持上课。

为了维持生计，她还给招聘服务机构"办公室天使"（Office Angels）当临时工，这听起来有点自降身份。身处在这个新的、后工业时代的后备劳动力大军中，她很沮丧，很缺钱，虽然做着"一直想从事的工作"，但是总感觉自己在难以为继的状态中苦苦挣扎。作为一名年轻的女性学者，她自然而然地要承担更多的辅导性工作，躲都躲不了。这是学术界根深蒂固的性别鸿沟，女性总是要比男性承担更多无偿的"学术公民"的工作[449]。

学术从业群体

埃米莉和其他许多学术工作者在伦敦体验到的不安全感，并不是整个教育研究系统中的个例。实际上，不稳定的工作正是学术领域的从业基础。荷兰莱顿大学助理教授亚历山大·阿方索（Alexandre Afonso），将这种体系与经济学家史蒂芬·列维特（Steven Levitt）[因《魔鬼经济学》（*Freakonomics*）一书而出名] 和素德·文卡特斯（Sudhir Venkatesh）研究的犯罪理论[450]进行了比较。列维特和文卡特斯发现，犯罪人员愿意接受低经济回报和迫在眉睫的危险，是因为他们有可能一夜暴富[451]。常言道，要钱不要命。他们的研究还可能暗示，铤而走险的人觉得除了不要命别无选择，因为在他们研究的社区里，男性失业率是全国平均水平的三倍，而中位数收入还不到全国平均水平的一半。

这是一种典型的从业者结构二元化的例子：处于顶层的人赚得盆满钵满，而街头求生的小混混挣的比最低工资还要低。当某个行业的劳动力市场分裂为少数就业稳定的内部人士，和范围不断扩大、收入不稳定的外部人士时，这种二元化就出现了[452]。

正如阿方索说的那样：

> 无论在什么地方，学术体系或多或少都在某种程度上依赖于"外部人士"——也就是外聘人员——的付出；这些人愿意放弃工资和就业保障，只为了争取到那个渺茫的终身职位，获得属于那个职位的安全感、声望、自

由，以及可观的薪水。

　　世界各地的学者可能会质疑阿方索这段话中关于这种选择的初衷，然而，在学术领域，就业市场的逻辑非常清楚。任何想要在这个行业出人头地的人，都在与一波同样才华横溢、雄心勃勃的外聘人员竞争。这应该是马克思很容易识别出来的一种经济态势：博士生以及初级职业学者的相对过剩，造就了一支磨炼现有讲师的后备劳动力大军。这就是后工业时代的阶级斗争。在这个酷炫的首都，不管这里的人有多么精明，他们就是这样被剥削的。

　　简单地说，讲师如果拒绝不稳定的临时雇佣合同，就很容易被别人取代。与所有的弹性合同一样，工作的风险（有时）从雇主转移到了员工身上。在大学里教书通常比在零售店工作更受人尊重。然而，学术工作者的不稳定程度之高，以至于英国大学与学院工会（University and College Union）时任秘书长萨利·亨特（Sally Hunt）指责大学"引入了体育用品零售店的模式"：薪酬最低，压力最大[453]。读到这样的话，相信读者应该不会感到意外。

　　不仅在英国，在经济合作与发展组织（OECD）的所有成员国中，博士生的数量都在大幅增加，他们在全球的就业市场上展开竞争；反过来，这些潜在的学术工作者供大于求，更是让这种体系得以运行。从2000年到2009年，经济合作与发展组织成员国的博士人数占总人口的比例翻了一番[454]。

　　伦敦一直被誉为国际文明大都市，这就意味着，在这里做学术工作比在其他任何地方都困难得多。这也许不是伦敦梦最酷炫的版本，但正如塞缪尔·约翰逊深知的那样，在伦敦做一名知识分子，是对伦敦梦最有力的演绎。

阿方索还声称，由于这些外部人士供应充足，使得有特权的内部人士（那些手握研究资金的人）可以将他们的工作中比较烦人的部分（比如教学）外包给外部人士。这些外部人士看起来似乎对所有工作都十分渴望，但这只不过是因为他们没有其他选择。我当然愿意帮你上这门课，不然我只能去零售店打工补贴家用。而且，我们都知道，如果我不做，也会有别人做的。

如果你还没有跻身终身雇佣的特权精英阶层，摆在你面前的情况无非是，要么逆来顺受，要么直接放弃多年来投进学术界的大量经济和情感资本。对于那些混迹在学院边缘的人来说，听到某个有永久合同的同事得到了一笔科研经费，可以"买断"他们的教学工作，总归是个好消息。很不幸，同样也很讽刺的就是，正是那些签下临时雇佣合同的人，阻止了大学用永久合同聘用教师的需要。既然能以教学模块为单位签署聘用合同，又何必要雇用一个全职讲师，并为他们可能的科研成果和暑期休假付钱呢？

我敏锐地意识到了这种逻辑，曾经（卑躬屈膝地）试图向我的老板摊牌：当时我一个人承担了一个系的五门课程，我认为，如果我撂挑子不干，他们就得想法子去请别人；我认为我可以申请一个全职职位——当时人事部门认为没这个必要。我这番尝试并没有产生什么效果，什么都没有改变。

在后工业时代的大部分领域[455]，尤其是创意产业，情况大抵如此。无数人为了梦想的工作，甘愿做临时工；从业大军的供过于求消磨了不知多少打工者的雄心壮志。

希望、梦想和阶级斗争

2010年，《经济学人》杂志上年刊登了一篇文章，题为《即用即弃式的学者》，其中颇有些自省地指出，从经济角度看，攻读博士学位通常是在浪费时间，因为这与攻读硕士学位相比，增加的好处微乎其微[456]。文章的作者并没有抓住重点。大多数博士生其实并不是为了经济利益而奋斗。任何一个智力水平高到能拿下博士学位的人，恐怕都足够聪明，也足够有自知之明，应该知道还有更简单的赚钱方式。

真正的问题是，许多人为了这个学者的身份投入巨大，他们对这个身份"充满激情，充满想象"，要想调头谈何容易。正如大卫·奈特（David Knights）和卡洛琳·克拉克（Caroline Clarke）针对学者的职业生涯开展研究后所指出的那样，这种"职业生涯宛如一首苦乐参半的交响乐，脆弱的学术自我和飘忽不定的身份永远纠缠不清"[457]，这几乎是一种过度的热情，迫使投资者抛下所有理性去投入。我想，这话也适用于伦敦的生活。

对学术生活和学术身份的理想化使得博士生的数量越来越多。当这些人在周日晚上入睡后，梦到更多的是怎么写幻灯片，而不是怎么改变（学术）世界时，心理健康问题就慢慢出现了[458]。

在伦敦做一名历史学家一直是埃米莉的梦想。正是这样沉甸甸的梦想，影响着伦敦众多的创意阶层。埃米莉经常感到压力很大，她说：

> ……大家串通一气，嘴上都说一切都很好……但实
> 际上，情况越来越糟，大家的安全感越来越弱了。

这些故事，无论是关于博士生的，还是关于临时教师的，都在学术界太过普遍，早已见怪不怪了[459]。在围绕这类不稳定的文化职业开展研究的过程中，还有一个普遍的发现，即被调查者经常会发表这样的评论："拥有一份自己热爱的工作是件很棒的事，但它不应该让你生病。"[460] 这样的感受和佛罗里达关于创意城市的复兴愿景完全背道而驰。然而，正是这样一个酷炫的、富有创意的、开明的城市形象，吸引着一代代梦想家们来到伦敦，只为和那些先来一步的人展开竞争。

然而，他们还是来了；每天，都有一波又一波像埃米莉这样的新人来到伦敦。

埃米莉能坚持到现在，足以证明了她的决心和对职业的热爱。然而，攻读博士学位并没为她的生活带来明显的改变。教学合同仍然是临时雇佣合同。很多时候，她甚至到开课前最后一分钟，都不知道自己能不能教这门课，不知道能不能挣到这份赖以生存的收入。无薪工作常常是一种功能性要求。要想获得更长久、更安全的工作，唯一的办法就是做研究，并发表研究成果，而被临时雇用的教师做研究当然不会有报酬。

不过，和很多处境类似的人一样，埃米莉正在反击。在整个大学圈子里，临时雇佣制正遭到全面挑战[461]。正如她所说，

"如果你在某个地方只能干一个学期，还有什么可顾忌的，为什么不去抗争一番呢？"伦敦越来越多工作不稳定的从业者都在思考这个问题。

同样，埃米莉仍然对伦敦充满热爱，她一点儿都不想去别的地方。在伦敦读书的学生们，为这些学生授课的讲师们，还有伦敦的那些广告商、平面设计师，以及科学家、数据分析师等创意阶层，同样不想去别的地方。伦敦对埃米莉而言，和学术生涯一样，"值得为之奋斗"。

正是这样的希望推动着伦敦梦，为伦敦源源不断地提供劳动力。那些逐梦而来的人可能很清楚，他们进入伦敦后会面临什么样的困难，但对大多数人而言，这样的伦敦梦绝对值得为之艰苦奋斗。伦敦的阶层划分就是因为这种希望的存在而得以再现。整座城市的服务行业也因为这种希望而繁荣发展。

第十二章

演员之路

  曼迪拉（Mandla）花了好长一段时间才在伦敦找到自己的位置——字面意思，他差点找不到自己的住处。2003 年 9 月的一个深夜，当他乘坐的出租车停在伦敦皇家霍洛威学院附近的街道上时，他看根本看不到要找的第 92 号门牌。

  令他没想到的是，那门牌号竟然是用记号笔写的。他在瑞典长大，那里安静朴素、管理有序，绝不会发生这种情况。实际上，我也不知道这种情况在伦敦是不是经常发生。

  对曼迪拉而言，这个经历给了他当头一棒，让他深刻地意识到，在斯德哥尔摩读完高中，搬到伦敦学习戏剧后，该有什么样的心理预期。曼迪拉想过去纽约。不过，他听说那里的竞争更激烈。此外，伦敦"在意识里"比纽约更近一些。在伦敦生活的 2 万名瑞典人大概都是这么想的 ⁴⁶²。曼迪拉告诉我，瑞典人常常开玩笑说，伦敦是瑞典的第四大城市。这话我以前也听过几次，只不过它更多的是瑞典人对伦敦的看法，而不是事实上的人口数据。

大多数伦敦人对瑞典人的印象基本上是金发碧眼，多多少少有些沉默寡言。虽然有人提醒我说曼迪拉太帅了，不会谈出什么东西来，但他和我们对瑞典人的刻板印象并不一样。曼迪拉的确出众，在人群中脱颖而出。虽然我们从未见过面，但即便在 11 月那种夜幕快速笼罩的日子里，我也从肖尔迪奇商业街车站外的人群中毫不费力地认出了他。

曼迪拉是刚排练完直接赶过来的。他排练的是一场关于探索身份和歧视问题的形体戏剧，几天后将在马里波恩的一家实验剧场上演。评论家后来形容他的表现"充满活力"。公众对这部剧的评价褒贬不一。我暗暗思忖这种情况是否经常发生。他肌肉发达，外表相当引人注目。我们最后去了红教堂街一家喧闹的酒吧，就是那种会让我立刻觉得自己又老又聋的酒吧。我们在酒吧外面的花园里喝了一杯姜汁啤酒，曼迪拉侃侃而谈，向我讲述了他的伦敦之旅：

> 我从小就对表演很感兴趣，所以参加了一些课外学习班。有一次，我听说一家伦敦来的戏剧学院正在斯德哥尔摩面试。于是我就去试镜了，并被录取了。高中毕业后，我就搬来了伦敦，注册登记，开始学习。

适应伦敦并不是一件简单的事。他在瑞典长大，那时候总觉得瑞典很无聊，迫不及待地想要出去。伦敦让他懂得了欣赏斯德哥尔摩的"舒适和整洁"。他的新家非常脏。这让他挺难接受的。但在某种程度上，这也让他感到兴奋，因为这里和瑞典不一样。

与斯德哥尔摩相比，伦敦"就像一个国家，像一个世界"。他遇到了很多来自五湖四海的人，这些人的故乡他从未去过。虽然生活水平下降了，但世界毕竟向他敞开了大门。他没有时间去思考前面还会有什么困难。实际上，在曼迪拉看来，"本来就该如此。没错，这就是生活在伦敦的感觉。"

尽管如此，戏剧学院还是令他感到困惑。他周围都是年纪比他大得多、经验丰富得多的学生。许多人都是公学里出来的。曼迪拉说，这些人谈起毕业后的间隔年滔滔不绝——他说"间隔年"这个词时，发音完美、字正腔圆，带着完美的英伦贵族气质。欢迎走进伟大的英国阶级体系——至少是创意版的伦敦阶级体系。

这正是曼迪拉在 2003 年想要进入的世界。他从戏剧学院毕业时，仍然初衷未改。他一点也不想回到斯德哥尔摩，那里裙带关系盛行，机会有限。当然，基于阶层的社会资本在伦敦非常重要。正如前面提到的电影制片人保罗告诉我的那样，以演出和表演为基础的文化圈子，是通过若干孤立的熟人关系网运作的。只不过，伦敦创意圈子的关系网更加多样化；看门人在伦敦和斯德哥尔摩一样重要，但这里的门更多。

如果说创意领域的许多就业壁垒是基于阶层的，那么种族就为这种壁垒增加了另一个维度。公众希望展现多样性的愿望让艺术领域打开了一些大门，但它同时也提高了门槛。

这是一场曼迪拉别无选择的战斗。40% 的伦敦人对这种事都非常熟悉。许多人会说，种族多样性根本没带来机会。

黑人、亚裔或其他少数族裔！

曼迪拉的网页资料列出了以下个人信息：

身高：1.75 米

重量：68 千克

体型：肌肉发达

年龄范围：21—28 岁

民族：非洲黑人

大概是这份个人信息的最后一条帮他找到了第一份工作：在《犯罪观察》（Crimewatch）中扮演一名被刺伤的受害人。能有机会进入一个激动人心的新世界，即使这个角色在片中几乎没有站起来过，他仍然心存感激。不过，事情还是出现了偏差。经常有试镜机会，但都是类似的角色。很快就无聊了。这和曼迪拉刚从戏剧学校毕业时想象的不一样，"大家总是说，'哎呀，这有什么的？你会有很多工作机会啊。你年轻，刚好还是黑人。现在黑人机会很多啊。黑人很时髦的'。"

但事实并非如此。伦敦的黑人、亚裔或其他少数族裔演员的比例的确是最高的。尽管如此，伦敦的专业戏剧演员中只有 19% 是黑人、亚裔或其他少数族裔[463]更糟糕的是，曼迪拉发现行业里那些执掌大权的人并不想要黑人演员。他们喜欢让混血儿冒充黑人。他们想让长得像西班牙裔或者像菲律宾裔的人出演黑人，说这样更符合时尚。曼迪拉毫不掩饰他的厌恶："我们不是什么时尚。"

"听起来更像黑人"的要求同样很难满足。虽然曼迪拉对自己脱口而出的地道伦敦口音颇感自豪，但他仍然发现，"一些白人、中产阶级导演"经常要求他的口音要"听起来更街头"，即便这与角色没有任何关系时也是如此。他现在总是远离这些角色，除非允许他把人物塑造得稍有不同，和那些执掌大权的人心中的刻板印象不一样。

全城的伦敦人都在与这些刻板印象做斗争，但并不是所有人都像曼迪拉一样有精力、天赋或机会这么做。尽管伦敦对外总是颂扬其多样性，但种族不平等的现象依然普遍存在。在伦敦黑人、亚裔或其他少数族裔中，有一半人报告说曾经历过种族歧视，更多人则认为有一些工作实际上是完全排斥少数族裔的[464]。他们的感觉并没有错：在伦敦公共部门的雇员中，黑人、亚裔或其他少数族裔的薪酬比白人同事低 37%[465]。

移民，尤其是黑人、亚裔或其他少数族裔背景的移民，走到了伦敦故事的前台。按照官方说法，伦敦对他们完全开放。但一说到就业，黑人、亚裔或其他少数族裔的伦敦人会发现，他们的工作机会要少得多。艺术领域的就业情况更是如此。对曼迪拉而言，找工作，或者说找合适的工作，不过就是在机会枯竭时，想办法维持生计而已。

糊口型工作

失业在曼迪拉眼里并不是什么问题。他很少有稳定的工作。

他也没有考虑过稳定的工作。他有很多赚钱的途径。曼迪拉可以在舞台上表演，也可以在电影中表演。他特别擅长肢体表演。虽然他并不把自己划归舞蹈家的行列，但他的舞跳得相当不错。他还能做模特——他是偶然接触到这一行的，模特工作很赚钱。

在这类艺术工作的间隙，他还要从事他所谓的"糊口型工作"来赚钱——他当然会这么做。当我询问曼迪拉是否也从事非创意类的工作时，他停顿了一下，朝我看了一眼。当一个人被问到某个太显而易见的问题时，脸上就是这种表情。

> 是啊。确切地说，我必须做大量的这类工作。实际上我要做这些工作才能支持我的演员的工作。我做宴会的餐厅服务员，做了 5 年。我还做过酒保，也做促销工作，就是那种品牌合作、推广品牌之类的。

在前面的章节中，我们看到，尽管电影制作人保罗和学术工作者埃米莉都是摇摇欲坠地生活在他们梦想职业的边缘，但他们只是偶尔落入服务阶层的行列，这么做是为了让自己的创意类职业在生活上更有保障。然而，曼迪拉的大部分时间都在从事服务行业的工作，只在有创意工作机会的时候才会跳出来。

在这种状态中挣扎的并不止他一人。2/3 的戏剧演员都从事非娱乐行业的工作来维持生计[466]。这并不是什么新理念，演员 / 服务员、作家 / 咖啡师，这种职业切换早已不是什么新鲜事。我们总喜欢根据每个人的选择来构想这种"饥饿艺术家"的故事，认为这类工作就是追求梦想付出的代价。当然，追求梦想、寻求突破是好事，但也许他们应该去找一份正经工作。哪怕副业比主业的薪水高，也该如此[467]。然而，很少有人会认真考虑怎么为一份"糊口型工作"做细致筹划，至少在他们被迫这么做之前是这样的。人们在追逐职业理想时，对理想工作的幻想会愈发强烈。

也许正是因为这种对梦想的执着，那些希望在创意领域找到稳定工作的人，才更要学会为自己的人生负责。如何应对创意类工作的不稳定性？如果学生问这个问题，最常见的答案往往是建议他们好好管理自己的个人品牌，理性地调整个人期望[468]。如果你不愿意进入稳定的职业领域，比如去做会计师或律师，那未来怎么办就全看你自己的了。事实上，尽管有那么多反面证据，但英国电影协会关于创意产业的种种矛盾现象的研究表明，公众认为这个行业里的从业者绝对都是精英[469]。如果你想成功，而且你有天赋，那伦敦就会给你机会。或者说，伦敦就有可能给你机会。

因此，演员们在不同的角色之间徘徊，一边梦想着与众不同的生活，一边在努力争取收入更高、前途更好的工作。这些演员成了微型企业家。他们不仅要被迫经营自己的"品牌"，还必须面对演员工作所具有的短期与流动的特质，与这样一种职业经济环境展开拉锯战。这些角色都是通过已有的关系网获得的，他们能瞬间切换自己的角色，前一刻还是演员，下一刻则是微型企业家。

我们很容易把这些角色混为一谈：酒店业的工作、促销类的工作，或者其他某种说不上完全合法的副业[470]。尽管这类角色多多少少带着一丝折磨人的魅力，但它们都被理查德·佛罗里达这类学者归类为卑微的服务行业。然而，对那些竞争这些工作的人而言，这些工作在微观层面上还有好坏之分。

无疑，我也从曼迪拉这里体会到了这种感觉。他不仅在努力沿着演员这条路前进，而且也在他从事的相关副业中不断往上爬。服务生和酒吧招待只是初入行的人干的工作。在街上做红牛饮料促销也一样。他现在从事一些更有声望的工作，譬如在谷歌、可口可乐和阿迪达斯这类公司举办的企业活动上为伦敦的创意阶层提供服务。当然还有做模特，这一行的报酬比演戏高得多。

像曼迪拉这样的演员，在创意领域和服务领域之间来回穿梭，纯粹是出于无奈。《舞台》（*The Stage*）的编辑阿利斯泰尔·史密斯（Alistair Smith）在 2014 年的《伦敦剧院报告》（*London Theatre Report*）中透露[471]，只有 1/5 的小剧场演员的工资高于国家最低工资。1/3 的演员没有任何报酬。一家名为"Casting Pro Call"的选角网站开展的进一步调查[472]显示，75%的演员过去一年在表演工作上赚到的收入不足 5000 英镑，46%的演员年度表演收入低于 1000 英镑，还有 1/5 的演员没有得到任何表演的机会。

作为对这些报告的回应，时任英国演员权益保障协会主席马尔科姆·辛克莱（Malcolm Sinclair）表示：

> 我们非常重视这个问题，"低薪，无薪"的确是个大问题。我们不想毁掉实验剧场；但另一方面，从戏剧学院毕业的人渴望找到工作，而他们正在被剥削。

他很清楚导致这种剥削的原因：

> 和我刚开始进入这一行的时候相比，如今的戏剧学院多了许多，大学也开设了很多戏剧课程，有更多的年轻演员崭露头角，这就让大家觉得工作机会变少了。演员太多，工作太少。

这还是史蒂芬·列维特和素德·文卡特斯的犯罪心理逻辑[473]；太多的从业者追逐着只有精英（或幸运儿）才有可能实现的梦想。和看待那些铤而走险的罪犯一样，公众对这些从事服务性工作，且心怀大志的演员并不怎么同情。大家通常认为，并没有人强迫他们承担这种风险。我们这些人在办公室里、商店里艰难挣扎，而那些充满创意的梦想家把青春用来追逐梦想和激情，这是他们的自由，完全没问题，但他们没有权利为自己的选择哭泣。

然而，正如我们看到的那样，处于这种现状的不仅仅是那些富有创意的演员。伦敦的经济靠的就是众多有才华的年轻人在这座城市里追逐梦想。正是因为他们渴望新事物、崇尚酷炫，才会有一波又一波的新人把伦敦奉为乐土。然而，也正是因为太多人相信伦敦是他们的乐土，才有那么多无法攀上梦想巅峰的人，最终沦落为酷炫经济中的服务者。

他们被迫忍受的工作条件也从某种角度促进了这一经济的繁荣。如果演员都能得到体面的工资，那实验剧场之类的小剧场就不可能存在。劳德代尔之家（Lauderdale House）是伦敦海格特地区的艺术和教育中心，其负责人凯瑟琳·艾夫斯（Katherine Ives）这样说：

> ……如果必须要给每个人支付最低工资，我想实验剧场的数量可能会减半。这件事从道德的角度看是不正确的，但我们的现状就是，实验剧场能获得的补贴非常少。即使你把一场实验剧场的演出门票卖光了，那里的场地很小，票价也不高，根本赚不了多少钱[474]。

我们担心的从来都是票价过高，而不是工资过低，这就是酷炫的伦敦和它的剧院产业，在这个城市里，戏剧出品过程的阴霾完全被消费的光芒所取代。

看一场表演

提到伦敦这座城市的文明历程，无论是伊丽莎白时期的莎士比亚戏剧、维多利亚时代的音乐厅、普通的伦敦西区音乐剧，还是颠覆性的实验戏剧，剧院无疑是这些故事的核心。世界各地的游客来到伦敦，就是为了能"看一场表演"。去剧院看戏，无论是大众音乐剧，还是观众可以参与的实验剧场的作品，都是一次颇具本土特色的体验。

曼迪拉和我就坐在这样一个颇具本地特色的场所里。1576年，伦敦第一个永久性的公共剧院（当时就直接叫作"剧院"）就在我们对面的柯藤路上开业了。在克服了皇室的管控（但还是有政府审查）之后，伦敦的戏剧在乔治王时代取代了维多利亚时代后，蓬勃发展。1968年，审查和管控戏剧内容的《1737年许可法案》（Licensing Act）被废除，为戏剧的发展带来了新的自由。之后，后工业时代的伦敦已经在大言不惭地宣称自己是世界戏剧之都了。伦敦官方对剧院场景的描写简直令人心动得无法呼吸。请看：

> 伦敦西区是世界闻名的戏剧之乡。每年有数百万的戏剧爱好者来到英国的首都，在伦敦看戏通常是他们这趟英国之旅的重中之重。游客们来到这座壮观的城市，只为欣赏壮观的表演。作为吸引本地居民和游客的一项主要活动，市场对戏剧作品的需求一直居高不下。
>
> 这座城市的剧院数量巨大，剧院类型丰富多样，总有一款令您流连忘返。无论您是在寻找某个热门的新作，还是在寻找某个经典作品的重映，您总能在伦敦大饱眼福。
>
> 这些剧院的建筑本身也令人惊叹，其中有些剧院已经演出了几个世纪[475]。

关于剧院的数字也令人震惊，这足以证明伦敦拥有世界上最大规模的剧院设施。整座城市拥有241家专业剧院，从伦敦西区的礼堂到酒吧上方的小场地，形式多样。在2012—2013年度，总计有2200万人次走进伦敦剧院，为伦敦带来6.185亿英镑的收入，比该年度电影产业的收入还要高[476]。

整个戏剧行业雇用了 3000 名专职演员和 6500 名非表演职员。另外还有 1 万名兼职和自由职业人员。用前面提到的《伦敦剧院报告》中的话来说，"无论是在艺术性上还是在票房上，公众普遍认为，伦敦的戏剧产业正在蓬勃发展。[477]"

只要你关注的是戏剧的消费而不是戏剧的制作，尤其关注边缘领域的实验剧的制作时，就会发现这一点。和保罗及埃米莉一样，像曼迪拉这样的演员，经常被迫在一条不稳定的职业发展道路上徘徊，既要为了在伦敦生存而同时打几份工，又要为了追求梦想而从事各种无偿的劳动。

他们可能会连续三个星期每天都在工作，只是为了确保能交得起房租。曼迪拉不无担忧地说，这种现实存在很大问题。

> 你的工作也有淡季，对不对？所以有时候你要特别执着于各种促销工作、糊口型工作……总之，就是要给自己安排一堆工作。
>
> 有时候，到了某个程度，你会忘记表演这回事，忘记试镜这回事。因为是淡季，根本没机会……我就曾有过这样的时刻，那时候我真是全心全意在打工，根本不去想表演的事。事实上，到了那种状态，我心里会觉得，"这可不行。知道吗？不行，我不能再这么下去了。"

但有时候，在一个演员集中的群体里工作会有回报（他估计有 90% 的演员都从事促销工作）。当你必须为某个"大活儿"请一天假时，那些准同事们都很能理解（也许还有一点嫉妒）。

朋友们不光会互相关照，也会互相鼓励去多多尝试、多多努力，走出舒适区。

尽管伦敦和这座城市的资本主义逻辑一直压着曼迪拉，但他始终在寻找往上爬的方法。他的确在进步。他演过的角色名单正在迅速增加，尽管他始终不肯在网上经营自己的个人品牌，但经纪人已经开始在照片墙上寻找他。他曾为一些房屋的销售做宣传模特（也许只是在伦敦东区的合租屋）。不过，他在生活中仍然是一份零工接着一份零工。我们都认为在伦敦想获得抵押贷款这种事简直就是个笑话。即使好莱坞没什么吸引力，但能够因为工作而四处旅行，似乎是一个合理得多的愿望。

那么，曼迪拉的未来会怎样呢？他喜欢旅行，他意外获得的模特工作让他去了意大利和荷兰。最近，他还去了纽约，那是他 15 年前拒绝去的地方。他是怎么想的呢？

> 你知道吗？那儿真的挺有意思的，我相当喜欢那里。如果能再去我会很高兴，我也很想在那里工作。不过，我现在更喜欢伦敦。真的，我非常喜欢伦敦。我很高兴能生活在这里。

尽管面临这么多挑战，但伦敦仍然是曼迪拉的乐土。对很多演员而言，它也依旧是乐土。他们很可能会认同曼迪拉对这座城市的全新感悟。曼迪拉突然绽开笑容，告诉我伦敦"太棒了。我是说，这里就是我的家。这里充满了睿智的人，充满了创造力，充满了新思维！"

　　分开时，我问他是否对即将到来的演出感到紧张。

　　"紧张总是有一点的。你必须要保持紧张。不过到了晚上就没问题了。"说完这句话，他转身离去，一头扎进了这座城市 11 月的黑暗中。

　　无疑，伦敦这座城市留给曼迪拉的空间还有很多。

第十三章

平白经济中的服务阶层

最近，我的父母要求我带几位家族故交在伦敦观光游览。知道这对来自大洋洲的中年夫妇最关心的是什么吗？竟然是寻找好咖啡。

在南半球殖民地国家的游客中，流传着一个谣言：伦敦的咖啡很差。在澳大利亚和新西兰发行的伦敦旅游指南中，经常会有几页内容贫乏的章节专门介绍"在哪里可以找到好咖啡"。举个例子吧：

> 近年来，越来越多的伦敦人开始喜欢手工咖啡店了。虽然这里的咖啡文化尚未达到墨尔本或悉尼的水平，但也非常接近了。你可以在这座城市里找到澳大利亚风格

的平白咖啡、冷萃咖啡，以及高品质的咖啡豆[478]。

对于前往澳大利亚和新西兰这两个国家的欧洲移民，从文化背景上看，他们移民的原因很大程度上是想摆脱英国严苛的阶级结构和文化道德框架的约束。由此看来，这两个国家不太可能是这种小人之言的来源。更不可思议的是，这种源自大洋洲，如今已成为潮人时尚标志的平白咖啡之所以流行，是因为大家认为它能彰显硬汉形象。

对澳大利亚人而言，平白咖啡是战后的意大利移民努力融入墨尔本的产物。不同于澳大利亚经典的牛奶咖啡或意式 / 澳式浓缩咖啡，平白咖啡是介于可塔朵咖啡、双份浓缩咖啡或玛奇朵咖啡之间的一种英式咖啡。

在澳大利亚的塔斯曼海的另一边，欧洲人对咖啡的黑白诠释并不怎么让新西兰人心动。卡布奇诺是给小孩子喝的，而拿铁咖啡则"被认为是给知识分子、政治上的自由主义者和年轻妈妈们喝的清淡饮料"[479]。即使是现在，"喝拿铁的自由主义者"这句短语也是一种相当到位的侮辱。新出现的平白咖啡味道更浓，没有了卡布奇诺或拿铁咖啡那种女性钟爱的泡沫。也许是刻意去掉了泡沫，也许是因为在做卡布奇诺时改用低脂牛奶，导致泡沫无法很好地打发，最后竟做成了一杯平平的、白色的咖啡[480]。

对于那些以粗犷、坚韧的性格为傲的人而言，澳大利亚文化中的男子气概带有一种特别的脆弱。借由一系列奇妙而混乱的转变，这种脆弱的特质在伦敦重新创造了一种咖啡文化。就像在伦敦经常发生的那样，为了营造一种家的感觉，并从这种文化差异中赚点小钱，移民们把平白咖啡塞进了这座城市的消费市场中。

就这样，新西兰人詹姆斯·格恩西（James Gurnsey）、卡梅隆·麦克卢尔（Cameron McClure）以及澳大利亚人彼得·霍尔（Peter Hall），一起在伦敦苏豪区开了一家叫作"平白咖啡"的咖啡馆。"平白咖啡味道浓郁、奶香十足"[481]，他们将其定义为"一种大洋洲风格的咖啡：一小杯浓缩咖啡，加入绵密丝滑的牛奶，成就一杯回味无穷的浓郁好咖啡"[482]。

2005年，当平白咖啡的名字被人用粉笔首次写在咖啡馆的小黑板上时，它的确是独一无二的。如今，这种手工咖啡馆随处可见，就连一些大玩家如今也在四处推广手工咖啡店。星巴克在2010年开始销售平白咖啡，也就是馥芮白。我刚到伦敦时，没有工作，身无分文，但在咖啡馆里进行文学创作的欲望特别强烈，于是我就利用了星巴克想进军平白咖啡市场的愿望。当我在星巴克喝到了一杯糟糕的平白咖啡时，一个主意冒了出来。我写了一封电子邮件投诉（当然我非常小心，没有指认任何咖啡馆的工作人员），然后我收到了10英镑的代金券。这让我又多喝了4杯咖啡，相当于在我写第一本书时，又多了4个小时泡在咖啡馆里。据说馥芮白现在是星巴克最受欢迎的产品[483]，但我不确定这和我的投诉有多大关系[484]。

平白咖啡的流行告诉了我们很多关于伦敦的事情。咖啡已经成为一个价值40亿英镑的主流超级产业。阿莱格拉战略咨询公司（Allegra Strategies）的报告称，自从1999年他们开始跟踪调研英国的咖啡产业以来，咖啡销量增长了1328%[485]。咖啡取代了茶，成为伦敦人的首选饮料。然而，咖啡不仅仅是一种饮料。

正如我们在前几章中看到的那样，咖啡馆的兴起是伦敦文明崛起的先头兵。如今，享用手工咖啡再次成为一种文化活动，一种身份的象征，一种酷炫的体验。特别是平白咖啡那绵密丝滑的质地，太适合让时尚咖啡师制作精美的奶泡拉花，让顾客拍照发在照片墙上显摆了。难怪咖啡馆正在取代酒吧，成为伦敦人最喜欢的聚会场所。对于千禧一代的打工者而言，工作和娱乐的区别正在消失，咖啡馆尤其适合他们。

在这些对伦敦咖啡馆文化的精彩描述中，并没有提到那些为这一行提供服务的人。在最时髦的咖啡馆里，熟练的咖啡师可能有一堆足以与鸡尾酒"调酒大师"相媲美的酷炫手艺。但几乎没有几个人的收入能达到伦敦的维生工资水平。其他服务人员，特别是连锁品牌店的员工，统统在法定工资的最低标准上勉强度日：年满25岁，最低工资为8.21英镑/小时；21—24岁，最低工资为7.7英镑/小时；18—20岁，最低工资为6.15英镑/小时；18岁以下，最低工资为4.35英镑/小时。

这些咖啡馆、酒吧、餐厅和商店的工作人员，都是服务行业的一线工作人员，他们通常处于酷炫的消费和悲惨的生产之间的交汇点上。他们可能被困在柜台后面动弹不得，但他们对梦想的渴望，和那些坐在他们面前一张张餐台边忙着敲键盘的创意工作者们一样强烈。艾丹（Aidan）的梦想当然就是这样，而且是那种极具澳大利亚风格的梦想。

大洋洲人身份的利用

艾丹和我早就认识了，我们之间是因为彼此的家庭而建立起的友谊，只不过我们在故乡的家隔着一片塔斯曼海。虽然好久没见面，但当我通过脸书即时通（Facebook Messenger）联系他时，他还是那么友好。

艾丹说，他在哪里见到我都会觉得很开心，即使那是在2018年3月，整座伦敦城都被一层号称"东方野兽"的神秘大雪覆盖。后来，他带着他那特有的笑容告诉我，打多份工确实会给人带来一点灵活性。

我们来到位于小硅谷北部的一家酒吧。这家酒吧虽带有明显的极客创意风格，但坐了不少情绪低落的本地常客，大家更愿意按照伦敦东区的习惯叫它"酒馆"。此外，这里还能看到那种穿古怪套装的人，虽然非常苍白，但这里也算是伦敦东区特色的一种公开展示。

尽管来伦敦完全出于偶然，但艾丹在这里感到非常自在。申请签证时他有位伴侣，但他们一直未能成行。当这段亲密关系结束后，他暗暗寻思："好吧，既然已经拿到了签证，还是别浪费了。"艾丹认识一个在伦敦的人，刚好也想旅行；所以为什么不过来"碰碰运气呢"？

他当然不是第一个来这里旅行的澳大利亚人。2011年的人口普查报告显示，伦敦有107918名澳大利亚人，不过这个数字正在下降[486]。再加上大约57094名新西兰人[487]，可以说有一个相当大的大洋洲群体参与了这场"跨洋体验"（这个词是我们新西兰人的口头禅）。澳大利亚人聚居在城市的西南部，诸如旺兹沃思和克拉芬等地；还有的因为伯爵宫地区的房价太高，于是聚居在了牧羊人丛林和汉默史密斯一带。不过，这些社区也在向东逐渐迁移到芬斯伯里这样的地方，艾丹来伦敦后就在那里生活了 3 年。

像许多澳大利亚人一样，艾丹 20 多岁来英国时，是通过加入一个名为"青年流动计划签证"（Youth Mobility Scheme Visa）的项目实现的，该项目允许 30 岁以下的年轻人赴英生活和工作两年。获得这类签证相对比较容易，而且已经有不少人参与过这个项目。可以来到一座"总是有事情发生"的城市，从而近距离接触整个世界，这个念头让很多人离开家乡，来到了这个国家。这个国家是他们的宿敌——至少在体育赛事方面是宿敌。最重要的是，对于澳大利亚人而言，伦敦基本上算一个基地；你可以和同胞们一起在这座城市里闲逛、抱怨天气。

澳大利亚人对伦敦梦的演绎或许是最具享乐主义的。例如，在一个网站的探险栏目中，阿什（Ash）发表了一篇文章，题为"20 多岁时应该在伦敦生活 1 年的 10 大理由"，其中最后一个理由是——"因为你可以这么做"：

> 面对现实吧。有一天你可能会结婚、可能会有孩子、可能会有抵押贷款，或者可能因为工作原因必须待在某个地方。但现在呢？现在你绝对可以自私一点。现在的你可以坐上飞机去世界的另一边，来一场不可思议的冒险。你可以把所有的钱花在周末去希腊旅行上，花

在购买音乐会门票上，一两年之后再身无分文、内心充实地回到家里。

当生命走到尽头时，你也许不会因为缺少旅行而抱憾；但也有可能，你会由衷地希望自己能在年轻的时候多出去看看这个世界[488]。

艾丹完全同意这种观点。伴随着富有感染力的笑声，他告诉我，澳大利亚人"总是希望在星期三、星期四喝得酩酊大醉，然后整个周末都必须工作"。

然而，在澳大利亚人给这座城市编织的神话中，他们的伦敦梦既强大，又总是支离破碎。亚历克斯·斯坦霍普（Alex Stanhope）在 *Vice* 杂志撰文称《伦敦是地球上最糟糕的城市》：

> 对于澳大利亚人而言，伦敦是在 21 世纪初被"发明"出来的。那时候，英国向我们推出了一系列签证计划，于是大规模的移民开始了。那个时候我还听说过，伦敦有一种在废弃建筑里的"蹲式派对"，还听说过大明星奥兰多·布鲁姆（Orlando Bloom）特别接地气。我记得当时自己就在想，也许我可以去那儿看看，找一家制作公司实习。2010 年我大学毕业了，当时我有个梦想，想成为肥皂剧的编剧。是啊，我也不知道为什么想做这个。但那是我的梦想，而且伦敦是肥皂剧行业的热门场地。所以，我在 2011 年移民到了伦敦。
>
> ……我发现伦敦相当丑陋。我厌倦了在伦敦不停地

工作却挣不到钱。我憎恨这里的天空和凄凄惨惨的太阳。我厌倦了那种被所有人忽视的感觉；只有来自波兰的服务员和孟加拉国的清洁工是例外，他们也和我一样，梦想着比森斯伯瑞超市（Sainsbury's）里的廉价酒和霉菌更伟大的东西。我们都很失望[489]。

不过，艾丹并没有真的失望，他早就知道伦敦会是"灰蒙蒙、又脏又乱的"。他在"冷得要命"的一月来到伦敦，而当时的墨尔本是炎热的夏天；就算打足了预防针，这种经历还是令他大为震惊。尽管如此，他在刚刚抵达时，仍然有"一种奇怪的、既兴奋又恐惧的感觉"。也许，他有一种预想，希望伦敦帮他摆脱墨尔本的沉闷。

伦敦很有意思，为艾丹提供了一个"尽情释放的舞台"。在花光了路费、尽情享受过之后，艾丹意识到，该认真思考接下来的路了。他有市场营销专业的学位，并在墨尔本担任过5年的市场推广和传播经理。除了这些履历，艾丹也考虑过利用自己11年的酒店服务经验找工作。尽管有心理准备，但最初找工作时，被市场营销类职位拒之门外，还是让他颇感震惊。被拒绝的理由是"抱歉，你没有任何在伦敦工作的经验"。他们的口气听起来可一点都不"抱歉"。

尽管没有人在乎他的市场营销经验，但澳大利亚来的咖啡师却很受欢迎。正如艾丹后来了解到的那样：

在澳大利亚，大家都说，"是啊，英国人很喜欢澳大利亚人啊。"这话倒也没错，在酒吧和咖啡馆里的确如此……但在工作场所，他们仍然会说："哦，请问你有什么学位呢？"所以，只要场合正确，英国人肯定是喜欢澳大利亚人的。可要是场合错了，或者说在某种利害关系未知的场合，那就说不好了……

许多移民面临着同样的障碍。虽说伦敦为人们提供了一个面向世界、向上攀登的机会，但它往往让你在开始时反而得后退一步。因此，艾丹不得不求助于他认识的人，求助于愿意相信他的人，最终进入了创意经济的服务领域：制作平白咖啡。

他应聘了三家咖啡馆，试工过三次，整个城市的酒店业从业者都经历过这种事。当然，对于咖啡馆、酒吧和餐馆来说，这么做是为了考察应聘者是否胜任这个岗位，无可厚非[490]。如果有很多人在等候这份工作，那将不能胜任工作的风险从雇主身上转移到雇员身上，似乎也相当合乎逻辑。

这三个试工都是无偿的。其中有一个，之前说好只试工一个早上，结果延长到了一整天；原本承诺提供餐食和报酬，结果只提供了餐食。不过，他们还是给了艾丹这份工作，另外两家咖啡馆也录用了他。他最后决定去离他住处最近的那家。艾丹苦笑着抿了一口啤酒，对我说："他们完全没有提加班费之类的事，只是说'好了，这就是我们付给员工的薪水'。"

那份工作的报酬是 6.74 英镑 / 小时，没有任何讨论的余地。他接受了工作。

靠 6.74 英镑 / 小时的工作在伦敦无法生存。艾丹别无选择，只能竭尽全力，他每周工作 90 个小时：

> 我大概每两周休息一天，通常是周一或其他某个工作日休息。差不多就是这样。基本上，我会做一个上午班、一个晚班，或者连续做两个晚班，或者……我工作的那家咖啡馆还开了一家晚上营业的餐馆。于是，我的工作就是早上在咖啡馆，晚上在酒吧或餐馆。中间会花一个小时、一个半小时，或者一个小时四十五分钟回趟家，冲个澡，换身衣服，然后再回去接着干。每天就这么疲于奔命。

艾丹的情况并非个例。2017 年，伦敦的住宿和餐饮行业有 16.3 万从业者，其中 62% 的人工资低于伦敦的最低维生工资，这一比例迄今为止是所有行业中最高的[491]。总体而言，伦敦的打工者中有 20% 的人工资低于维生工资，这些人超过半数都在酒店或零售行业工作[492]。

艾丹在伦敦的这段时间，本来可以在网上完成硕士课程。但是，他没法为了拿到学位而减少工作时间，只好"放弃学业"。去申请有一定专业要求的工作同样很困难，因为艾丹必须要请半天假去面试。最后，咖啡馆和酒吧成了他主要的社交生活圈子。他在这里结交了许多非澳大利亚裔的朋友，彼此分享着对生活的无限热情。

尽管如此，工作环境依然艰苦，十分累人。这并不是他来伦敦的目的。艾丹的想法是，如果情况没有改善，他就回家。

但情况还是有所改善的。他总算把自己从服务行业中拉了出来，在平白经济的边缘地带找到了一份工作。这份工作的内容是为一家科技公司做电子邮件推广，每年收入 2 万英镑。他现在进入"新兴服务业工薪阶层"了。不过这总算是一个转机，能帮他积累营销工作经验；最重要的是，对艾丹而言，"这意味着我不必每周工作 90 个小时了。"

大概过了一年后，这家公司被卖，他被裁员了。这也许是一件好事。他在一份没有前途的工作上花的时间太久了，他笑着说，"说句公道话，这里留给我的大多是醉酒后的幻影……"至少，他曾经体验过一把澳大利亚版的伦敦梦。

艾丹回到澳大利亚待了不长一段时间，把他的青年流动计划签证换成了 5 年期的英国血统签证（Ancestry Visa），然后再次回到伦敦。他心里想的是："好吧，如果这就是我在伦敦所做的一切，我恐怕会很失望。"所以他回来了，应聘到一家科技公司担任营销主管。这是他希望从事的工作。在酷炫的公司、有趣的地点，做有趣的工作。他有一种感觉，"我终于实现了我的梦想……我的努力终于得到了回报，这一切都很值得。"

结果他被解雇了，确切地说他没有通过试用期。他厚着脸皮笑着告诉我："6 个月的试用期结束时，他们说，'好吧，听着，我们认为你的进步本来能更大一些。'我呢？我说，'是啊，我认为我本来能得到更多的培训。'"

不过，他仍然很乐观：

> 我仍然觉得浑身充满了力量。因为，虽然这份工作

的薪水没能长久地拿下去，但我想，好吧，我得远离这种不愉快的环境，这样就能快活起来。我踏踏实实过了个圣诞节，做了所有圣诞节该做的事，然后认真开始新的一年，积极面试，积极寻找机会……我觉得我在英国的日子就好像刚开始一样，或者说像重启一样。因为如今的形势较过去变得太多了。过去你只能在酒吧、咖啡馆工作，现在不一样了。

那个月下旬，他在一家国际教育机构开始了一份新的营销工作。艾丹的伦敦梦仍然鲜活。尽管他的伦敦梦可能是澳大利亚版本的，但许许多多怀揣伦敦梦的人也过着同样的生活。他们在咖啡馆、酒吧和餐馆之间来回轮班，尽管他们知道这并不是自己来伦敦的目的。然而，正如艾丹一样，这些服务类工作为他们提供了一个在这座城市生存的立足点，让他们有机会去申请其他更有创意、更有意义的工作。而且，就算世道艰难，他们也能立足，因为他们掌握了一项维持城市运转的技能。这种挣扎，这种阶层的挣扎，是伦敦梦不可分割的一部分。

为伦敦服务

正如理查德·佛罗里达在他那本多少带点反思性质的新作《新城市危机》中所说的那样，最具创意精神的城市往往也是最不平等的城市[493]。最能感受到这种不平等之苦的，就是被排挤到边缘的服务阶层。他在《卫报》上对建筑评论家奥利弗·温赖特这样说道："没错，很多艺术家和音乐家都在挣扎求生，但创意领域的从业者占领了城市中最好的就业空间，把服务业工作者推到了就业市场的边缘。"在佛罗里达看来，真正的问题是"服务阶层的贫困"[494]。他接着解释说，由于民粹主义的兴起：

> 迫使我不得不面对这种分裂。我意识到，我们很有必要关注并发展出一套新的叙事，城市的繁荣和发展不仅仅关乎创造力和创意人士的聚集和壮大，还关乎为这个城市作出贡献的每个人的认同感。服务阶层，这个我曾经忘记了的阶层，他们一直承受着巨大的压力，备受煎熬。[495]

佛罗里达在这件事上又说错了，他的错误不仅仅体现在他对创意经济不加批判的推广上。首先，正如我们所看到的那样，创意阶层之间的划分通常是流动的、变化的。像曼迪拉和艾丹这样胸怀理想的创意工作者，经常在服务行业从事"糊口型工作"。其次，问题并不在于服务阶层被排除在了伦敦的创意经济之外。相反，佛罗里达口中的服务阶层是伦敦的酷炫和创意经济得以再现的必要元素。他们的重要性，远不止我们需要咖啡师做咖啡、需要快递员运送包裹这么简单。更重要的是，服务阶层为创意阶层的酝酿和崛起提供了生存的港湾。像保罗、埃米莉和曼迪拉这样的人，即使他们从事着最卑微的工作，他们也从不把自己看成是服务行业的打工者。相反，他们把为伦敦提供服务看成是等待更大的机会出现，并避免失业的一种权宜之计。

如果说佛罗里达因宣扬创意资本主义的新逻辑而名声大噪，那么他如今关心的问题其实和资本主义及其阶级结构一样古老。接下来，我将要勾勒出一套隐藏在伦敦梦中的阶层斗争的理论框架。要做到这一点，我们需要借助马克思和记者弗朗西斯卡（Francesca）的帮助，以及伦敦众多文学梦想家们持续奋斗的故事。

第十四章
潦倒文人梦

弗朗西斯卡最初并不想做记者，但她从小就深受新闻行业的熏陶；用她自己的话来说，因为"我父亲就是一位记者"。她出生在意大利，两岁时搬到伦敦，住在巴尼特区，在那里接受教育。她在萨塞克斯大学获得法语和意大利语的学士学位后，开始给外国学生教授英语。

然而，她并不满足，她渴望突破。还有什么比远赴澳大利亚，在悉尼读一个传播学文凭更好的呢？这样的旅程堪称典型的英国梦。

从那时起，弗朗西斯卡开始在社区电台工作，这让她有了在荷兰广播电台（Radio Netherlands）报道新闻的机会。虽然进入新闻行业几乎是个偶然，但她后来竟"有些迷上了这一行"。

在荷兰广播电台工作期间，她"对电台的各种轮班制度和各种新鲜事都喜欢得不得了"。

然而，当她带着年幼的孩子回到英国后，就没法再承受广播新闻行业里所必需的轮班制度了。相反，她更喜欢自由职业和出版行业：一方面，符合自身需求；另一方面，伦敦也是适合从事自由职业的城市。而且，这也不只是为了家庭。"如果你想成为一名记者"，弗朗西斯卡实事求是地说，"就必须在伦敦发展"。全英国的记者中，有将近 2/3 在伦敦工作；相比之下，在其他行业的岗位中，在伦敦工作的这一比例平均仅为 29%[496]。

相比于澳大利亚的生活方式和电台工作，伦敦和新闻写作则是一个完全不同的世界。弗朗西斯卡发现，想在伦敦生活并不容易，同样，"在伦敦做记者也不容易"。但她钟爱：

> 伦敦所有的博物馆。我喜欢多样性，喜欢剧院，喜欢那些画廊，喜欢泰特现代美术馆和大英博物馆。还不止这些，太多了，真是数不胜数，它们都有意思极了。我喜欢这里的文化大融合。我是说，这里非常国际化。我想，如果我去了别的地方，我会想念这一点的。

她也喜欢从事旅行写作。但细细回想之后，弗朗西斯卡告诉我：

> 这可能不是一个很好的选择……六七年前，当我开始重新回到新闻行业时，我并没有意识到新闻行业正在

快速变化。随着数字媒体、各种手机应用以及……各种
事情的冲击，这个行业发展得实在太快了……所以我觉
得我有点像在爬山，不停地爬上爬下。

弗朗西斯卡进入新闻行业的时候，整个新闻行业的意义正
在发生根本性的变化。你可以把一大堆吸引眼球的文章整合一
番，攒出一篇新的吸引眼球的文章，这种做法比亲自开展调查
研究省事得多。旅游网站通常不愿意付钱让写手亲自去目的地
旅行。我记得我的一个学生在一家旅游网站实习，他们的一位
写手辞职不干后，网站要求她写一篇关于摩洛哥旅行经历的专
题文章。我这位学生从来没有去过摩洛哥，但这对她而言并不
是问题。她先在谷歌上一通搜索，再加上自己的才华，造就了
一篇优秀的旅行文章。她既没有获得署名权，也没有为此拿到
薪水，但她确实学到了宝贵的经验。

非广告的社论和宣传软文之间的界限也在消失，在旅游写
作领域更是如此。现在，"不是把自己写好的文章发给编辑来审
阅调整，而是由你自己或者写软文的人把文章发给客户，由客
户根据需求进行调整。"和原来不同，如今的新闻稿件直接从
公关部门就发布出来了[497]。难怪这么多记者改行做了公共关系；
当然还有个特别吸引人的缘故，正如弗朗西斯卡说的那样，"那
里才是赚钱的地方"。

世界各地的记者和读者都清楚这种变化背后的原因：数字
时代的兴起，让信息的消费者成了潜在的生产者，这种变化扰
乱了既定的收入来源。从前，新闻业是一个孤立的行业，有成

熟的发布渠道、稳定的生产者和可靠的消费者。然后一切都变了。如今，这种数字化的颠覆，意味着更多的发布渠道、更多的生产者、更容易分心的消费者，当然还有收入的下降。

在某些方面，思想和知识（或者干脆叫"内容"）的生产，以及出版方式的全面开放，为精英们带来了不少优势。新闻业长期以来都可谓是"老男孩俱乐部"。超过一半的英国记者曾就读于牛津大学和剑桥大学，此外，这一行业中过半的从业者毕业于私立学校[498]。英国的黑人记者所占比例严重不足[499]。数字时代破除了进入新闻业的社会和文化壁垒。例如，厄立特里亚裔的英国记者汉娜·普尔（Hannah Pool）曾声称：

现代科技中最棒的一点，就体现在它是如何通过数字工具一凿一斧、一砖一瓦地拆除这个"老男孩俱乐部"的。过去，只有你父母在这个行业里工作，你才有机会发表第一篇署名文章；如今，你大可直接建立自己的博客[500]。

不幸的是，数字消费和生产也催生了新的经济壁垒。新闻业的数字民主化导致写手的数量近乎无限，大家都在竞争日益减少的广告收入。此外，报社纷纷倒闭，它们的员工开始进入自由职业领域，又进一步增加了生计不稳定的记者数量。有趣的是，尽管有那么多警告显示文字工作者的职业前景堪忧，但从2012年至2018年，英国记者的数量增长了12%。不过，从事公关工作的人越来越多，这些人是否真的算是记者，仍是个有争议的问题[501]。

这些情况对新闻业从业者的薪酬产生了可怕的影响。英国新闻工作者联盟（National Union of Journalists）的报告显示，1/5 的记者年收入不足 2 万英镑[502]。然而，许多人，尤其是那些伦敦新闻机构里的记者却做得相当不错[503]。很显然，我们再次看到了一个二元化经济：拿到既得利益的内部人士越来越少，而大量的外部人士却在苦苦挣扎。能在网上找到工作和能从这个工作中获得报酬，完全是两码事。首相鲍里斯·约翰逊和我在网上发布作品的机会完全平等。不同的是，他发表个人随想，英国《每日电讯报》（The Daily Telegraph）会支付给他一年 27.5 万英镑的报酬。而我的文章虽然和他的一样语无伦次，但我能挣到几英镑就很幸运了。

自由记者是新闻行业中发展最快的分支，他们面临的问题是能不能获得平等的机会。自由记者被迫成为拥有多种技能的微型企业家，生活的自由和工作的动荡始终如影随形。据报道，英国有 3 万名完全在网上工作的自由记者，即使他们当中有不少与知名媒体机构有稳定的合作，但他们的收入仍然远低于那些专门在纸媒上发表文章的同行[504]。这一点并不令人意外。

来自专业人士和业余人士的双重竞争，导致收入不断下降；在这种情况下，人们经常要求像弗朗西斯卡这样的记者免费工作，但她拒绝这样做。然而，这并不能阻止其他人去妥协，年轻记者尤其如此。弗朗西斯卡的挫折感很明显。记者免费工作"让每个人都很难受，因为大家知道，总会有人免费撰稿，希望这么做能获得回报。但事实是，回报少之又少"。

除了个人要无偿出力之外，许多出版机构——通常是网络出版机构，但有时也有全国性的出版机构——则依靠一大批无薪的实习生供稿。在伦敦做一名无薪实习生，每个月要花费1100 英镑，即便实习机构能负担交通费，也只有家境优渥的人能长期坚持这样的职业路线[505]。过去，你也许能从收发室一步步爬上来；但现在，87% 的新晋记者至少经历过一次实习工作，其中 95% 都是无薪实习[506]。这些工作机会相当受欢迎；来伦敦实习如今已经成了追逐伦敦梦的踏脚石。

　　尽管如此艰难，写作仍然是一个令人向往的职业，伦敦更是一座适合从事写作的城市。在英国人的理想职业调查中，"作家"这个职业经常上榜，记者职业紧随其后，它们都排在学术研究之前[507]。而且，这还是在全职作家平均年收入只有 10437 英镑的情况下[508]。意料之中的是，只有 13% 的作家完全靠写作谋生，所有作家的年收入中位数只有 3000 英镑（从 2005 年到 2017 年下降了 49%）[509]。因此，就像许多处于创意阶层边缘的人一样，这些作家也打造出了多种从业方式的"组合职业路线"。

　　弗朗西斯卡还在这个行业里挣扎，但随着越来越多的杂志社倒闭，过去和她建立关系的那些编辑们陆续四处另谋生路：

　　　　大家一直在四处找工作。我现在做得越来越少了。如果合作方式如我所愿，而且题材也是我喜欢的，我就会去做；但当我陷入空虚，试图寻找答案时，我就做得越来越少了。因为这真的让人很泄气，而且很多时候你根本得不到答案。

如今，弗朗西斯卡并没有像那 27% 的记者 [510] 那样，为了和同行竞争，绝望地互相压价。相反，她开始从事一大堆可能更接近服务阶层的工作。她有时候做翻译、监考，并再次回到教育体系的边缘，从事学生辅导工作。这倒不是说弗朗西斯卡如今成了个可怜的穷记者，情况远非如此。只不过，大部分记者都很穷。

这都是伦敦故事的一部分，是推动伦敦前进的阶层斗争的一部分。故事里的这些伦敦人胸怀大志，他们别无选择，只能投身到这股经济大潮中。尽管伦敦的变化翻天覆地，但这种态势并未改变。伦敦就是一座不断变革的城市：新的居民、新的业务、新的事件、新的危机，工业经济、后工业经济，帝国的仓库、世界的文化中心。然而，关于这座城市，有一件事却始终隐藏在这些变化之下，从未改变。伦敦一直是乐土，一直是一个值得为之奋斗的地方。再没有什么比在这座城市中的文人所遭遇的困境，更能体现这种从未改变的二元化特点了。

格拉布街上的潦倒梦

在那些自命不凡的文人眼里，伦敦长期以来都有着神话般的地位。这种看法非常合理。杰瑞·怀特写道："作为精神食粮的生产中心，伦敦在英语世界里的重要性丝毫不亚于其作为世界金融之都的地位。" [511] 然而，说到挣不挣钱，对于我们这些梦想着靠纸和笔、靠指尖和键盘谋生的伦敦人而言，都算是一种耻辱。

和伦敦的大多数行业一样，从事文字生产的机构也喜欢聚集在一起。图书出版机构以圣保罗大教堂北部的帕特诺斯特街为中心，从 18 世纪初开始蓬勃发展。在记者们的眼里，舰队街才是乐土。然而，新闻行业天生不稳定，这类行业不可能长期盘踞在伦敦市中心。20 世纪 80 年代，在新闻国际公司（News International）搬离伦敦市中心后，其他新闻和出版机构也陆续跟进，直到 2016 年，最后一批记者搬离。尽管如此，舰队街仍然是英国媒体的代名词；而且正如我们看到的那样，伦敦仍然是伦敦文学圈的核心。

19 世纪，伦敦的报业迅速发展，这座城市凭借其作为大英帝国知识中心的声誉而闻名。伦敦同时也是各种通信技术的中心枢纽，从港口到铁路、到电报，这些确保了新闻从伦敦快速流出，同时，也确保了最新消息第一时间流入伦敦[512]。

各种角度的、为各方利益服务的出版物都相继问世；不过，由于税费太高，这些出版物往往无法流入伦敦工人阶级的手中，从而限制了工人阶级出版物和工人阶级意识的发展。这些"知识税"人为地抬高了获取知识的代价，这种情况一直持续到了 1861 年[513]。

如今，伦敦在英国知识文化中心的地位或许比维多利亚时代更突出。从学生移民的大潮，到伦敦创意经济的崛起，以及创意经济对文化生产的强势影响，所有这些都让我们看到，伦敦从全国各地吸引了人才。正如理查德·佛罗里达强调的那样，这种人才聚集是推动当代伦敦成功的关键。

除了其知识文化中心的地位，另一种在维多利亚时代兴起的风潮在 21 世纪的伦敦再次出现，令弗朗西斯卡深陷其中。这就是对伦敦文学生活的幻想，以及对这种生活的不稳定现实的幻想。维多利亚时代的伦敦也许是文学创作之都，但并不能保证个人的成功。相反，正如怀特所写的那样，"在伦敦靠写作谋生有多难，尽人皆知[514]。"

而且，如果说舰队街是文学魅力的发源地，那么格拉布街就是"捉刀人"（hack writer，hack 指的是拉车的老马；显然，捉刀人的工作其实像老马拉车一样吃力）的避难所。塞缪尔·约翰逊就曾住在这条位于穆尔盖特的街上。这里曾经是文学圈各种边缘人士的聚集地，后来更名为米尔顿街，被巴比肯吞并了一大半。在这里生活的人既穷困潦倒，又野心勃勃，带有一种典型的波希米亚风格的放荡不羁。

除了格拉布街的职业捉刀人，还有很多商人、小职员，以及其他从事服务类工作的人，他们被职业和传统牢牢束缚，写作也成了他们的追求。例如，对于像乔治·艾略特（George Eliot）①这样受过教育的女性而言，写作是一种摆脱时代束缚的方式。对那些被迫从事公务员工作的人而言，写作也提供了一种救赎[515]。

这些梦想家源源不断地出现，而且都苦苦忍受着不合理的投入产出比；结果就是竞争非常惨烈。怀特对维多利亚时代工作条件的深刻解读，放在今天也同样有共鸣：

① 乔治·艾略特（George Eliot，1819—1880），英国作家，19 世纪英语文学最有影响力的小说家之一。——译者注

至于伦敦的其他行业，报酬低的情况与低工资经济中劳动力供大于求的现实有关……这种职业吸引了一批中产阶级的后备劳动力，他们受过良好的教育，读写能力很强，他们以为这些优势能提供一条可以通过写作轻松赚钱（甚至出名）的途径。然而，尽管堆着书的书架无处不在，但等着出书的作家总是比能出版的书多。[516]

然而，正如怀特说的那样，"他们还是来了。"

这就是伦敦的故事，既与维多利亚时代的伦敦相关，也与当今的创意经济相关。关于伦敦梦引发的各种阶级斗争，没有人比马克思诠释得更准确。

关于创意阶层的剥削理论

如今，格拉布街的作家、弗朗西斯卡，以及文学梦想家，不会因为作品质量不佳而遭受侮辱。至少没这个必要。相反，写手的人数充足，就意味着编辑即使将稿费一再降低，仍然能继续收到高质量的稿件。如果有人愿意免费写作，那就没有多少回旋的余地了。可以肯定的是，写文章最能吸引人点击和阅读的顶级人才和明星大咖们，仍然会获得最高的收益。其他像我们这样的普通写手，只能为了一点残羹冷炙打得头破血流[517]。对马克思而言，无论我们谈论的是码头的工人、工厂的工人，还是码字的工人，都逃不开资本主义的基本逻辑。

马克思认为，工人之所以能够被剥削，是因为雇主与雇员、资本与劳动之间的关系不平等。这种关系是建立在绝大多数人如果不出卖劳动力就无法维持生活的现实基础上的[518]。说得更实际一些就是，只有一小部分伦敦人能够通过租金、利润和投资来生活。还有少数人依靠自有土地生活。其余的人必须通过工作来谋生。

在这里，"无产阶级"，或者马克思口中的"工人阶级"一词的起源为我们提供了一种理解当今状况的参照系。在古代社会，无产阶级是最底层的公民，他们不能为国家提供财产，只能通过抚养后代来为国家作出贡献；无产阶级实际上指的就是那些除了为国家贡献劳动力，一无所有的人[519]。在19世纪和21世纪的伦敦，工人们的情况也是如此，他们没有其他养活自己的手段，只能出卖自己的劳动力。

此外，没有其他生存手段的人不仅被迫工作，还被迫接受雇主提供的工作条件，因为等着这份工作的人比实际的工作岗位多。也就是说，资本主义的工资体系要想有效运作，就必须存在数量过剩的工人，确保失业的威胁始终存在；工人肯定"希望"被剥削，因为通常来讲，雇员从就业中得到的好处比雇主更多。

在维多利亚时代的伦敦，以及今天的某些发展中国家，失业工人面临着饥饿和丧命的风险，而他们的雇主却很容易就能找到可替代的工人[520]。在21世纪的伦敦，失业的后果可能没有那么严重，但逻辑仍然是一样的：只有最有才华的员工才是不可替代的。

正如杰克·伦敦在1902年讨论工作竞争和随之而来的工

资削减时，观察到的那样，"当就业市场僧多粥少时，难免会出现工资变低，无法糊口的现象，人们大量失业，无家可归和无处栖身的人也很多"[521]。因此，就会出现一种"自然淘汰"的过程，"绩效最差的人一定会落入底层废墟里，最后悲惨地消逝"[522]。杰克·伦敦还煞费苦心地说，"我们必须知道的是，工作效率并不是取决于劳动力本身，而是取决于劳动力的需求状况。"[523] 他恐怕还可以加上"也取决于劳动力的供给状况"。这就是伦敦梦的发生地，这就是全世界的移民深信能过上美好生活的地方。现在的伦敦梦和那时的情况一模一样。

这种逻辑在《纽约时报》（New York Times）的一篇文章中表现得更为明显。这篇文章介绍了代工苹果手机的企业富士康公司。公司的墙上挂着一条横幅，上面写道："今天工作不努力，明天努力找工作。"[524] 同时，在富士康工厂门外，众多热切的求职者排起了长龙[525]。这实际上说明了，人们会尽其所能地改善自己的生活，而唯利是图的雇主们也会尽其所能地利用这种弱点。

渴望离开农村，甘愿在城市里忍受身体和精神的折磨，这种愿望揭示了资本主义和伦敦经济的轴心：人们想要，或者说需要被剥削。在一个廉价劳动力看似用之不竭的世界里，总有人愿意忍受你无法忍受的条件。埃米莉发现，总是有其他工作不稳定的学术工作者在寻找教学工作的机会。曼迪拉在被迫干着糊口型工作时，还要和其他人争夺演出的机会。弗朗西斯卡也时不时与新写手竞争，被迫无偿写作。

马克思认为，这些等着替代别人工作的人形成了：

> 一支可供支配的产业后备军，它绝对地隶属于资本，就好像它是由资本出钱养大的一样。它不受人口实际增长的限制，为不断变化的资本增值需要创造出随时可供剥削的人力材料。[526]

用马克思的话来讲，这支产业后备军成了"资本主义积累的杠杆，甚至成为资本主义生产方式存在的一个条件"[527]。因此，马克思认为，劳动力的后备军是"……劳动供求规律的支点"[528]。

因此，那些没有在某一特定领域工作但仍在那里找工作的人，具有至关重要的经济作用。由于这些人被排除在行业之外，而又被视为潜在的劳动力，雇主们因此能迫使员工接受并忍受他们开出的条件。这就是艾丹最初在咖啡馆试工的经历。保罗和曼迪拉在找工作的时候，很少能有机会考虑工资是否合适，至少在他们渴望的创意类工作中是这样的。对弗朗西斯卡而言，是免费工作还是另谋高就，这样的情况越来越多。

此外，正如这些伦敦创意人士的经历所展现的那样，如今的后备劳动力大军并没有在就业中心排队。这些过剩的从业大军正在想方设法，希望以一种更有趣、更有利可图的方式被剥削。这些新时代的工人与咖啡馆、酒吧或酒店签订了零工时合同。他们为疲惫的专业人士和各种工作场所提供送餐服务，他们递送的餐食则是由没有最低工资负担的公司生产出来的。像汉娜和埃米莉一样，他们一边积极寻找文化产业的工作机会，一边应聘短期的行政岗位。即使在这样的情况下，起步工资高于伦敦最低维生工资的人也是幸运的。

因此，尽管伦敦就业人数比以往任何时候都多[529]，但在 2012 年至 2014 年间伦敦劳动力市场新增的 87.2 万个就业岗位中，95% 的岗位工资低于伦敦最低维生工资[530]。这就是伦敦的后备劳动力大军，他们一边从事着糊口型工作维持生计，一边怀揣希望，盼着有机会实现心中的梦想。

然而，他们还是来到了伦敦。他们奔赴的这座城市正在回归其维多利亚时代的面貌。

第四部分
为城市效力

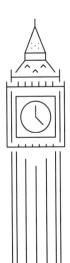

第十五章
为城市提供服务

每年，伦敦都要接待 1900 万余名外国游客[531]。如果你见过伦敦的立体地图模型，只需瞥一眼就会发现，游客们在地图上搜寻的城市地标，大多是维多利亚时代想象力的产物。

我们当然能在地图上的立体地标中看到更古老的建筑（威斯敏斯特教堂，年访问量 120 万人次[532]），或是新的建筑（伦敦眼，年访问量 350 万人次）；不过，伦敦的大多数标志性景点都是在维多利亚时代建造或改造的。

伦敦塔最初是征服者威廉在 1066 年为监视伦敦城而建造的，但每年吸引 270 万游客的伦敦塔其实是 19 世纪的修复版。威斯敏斯特宫始建于 11 世纪，但如今这座哥特复兴风格的宫殿是在1834 年大火后重建的。同样地，白金汉宫也在 1837 年由维多利

亚女王下令大力扩建，并正式投入使用。特拉法尔加广场于 1844
年向公众开放，著名的伦敦塔桥则是在 1886 年开始建设的。

所有这类立体地图的中心，就是被大家称为"大本钟"的
伊丽莎白塔，它于 1859 年完工。即使是 18 世纪面世的大英博
物馆，也在 19 世纪随着大英帝国的发展而得到了迅速扩张。

在维多利亚时代，当时伦敦的中心是南肯辛顿地区，也就
是大家熟知的"阿尔伯特城"。阿尔伯特城是用万国博览会的收
益启动创立的[533]，这里众多的文化机构无一不彰显出维多利亚
时代的精致和典雅。从自然历史博物馆、皇家阿尔伯特音乐厅、
帝国理工学院到皇家音乐学院，阿尔伯特城向我们展示了一个
志存高远、飞速进步的时代。

这一时代的价值观就实实在在地铭刻在维多利亚和阿尔伯特
博物馆外立面的一座座壁龛中，众多启发灵感、崇尚知识的人物
塑像陈列其中。1852 年，伦敦打算兴建一座展现制造业的博物馆；
1899 年，维多利亚女王在如今的南肯辛顿区放下了第一块奠基
石，维多利亚和阿尔伯特博物馆就此诞生。这里也是维多利亚女
王最后一次公开露面的地方，她通过这座博物馆阐明了自己执政
时期的理念："我相信，它将永远是一座独具慧眼的自由丰碑，是
社会不断完善和进步的源泉。[534]"

和许多伦敦人一样，我在伦敦生活的基本架构也是维多利
亚式的，只不过它算不上精致，也并不总让我感到在快速进步。
和所有的伦敦人一样，我的生活越来越被维多利亚时代和第一
代资本主义大都市所激发出的城市活力所俘获。从密集的基础
设施项目，到财富和苦难的大量积累，维多利亚时代和 21 世纪

的伦敦，都牢牢抓住了那些渴望拥有更好生活的人的想象力，并将这种美好的想象掷向那些已经在伦敦勉力维生的人。

我住在伊灵区，这里被誉为维多利亚时代的"郊区女王"。伊灵区的建设要归功于 1838 年大西部铁路的开通，这条铁路一直通到了该地区的乡村边缘。像伊灵区这样的郊区逐渐兴起，让一批新的中产阶级得以摆脱城市带来的焦虑。但这种情况并不会持续太久。当伦敦的人口从 1801 年的 100 万增长到 19 世纪末的近 600 万时，伦敦变成了如今我们所知的、以众多郊区关联聚集为特征的巨型城市。这些郊区依靠那个时代的一大发明聚集、关联在一起：铁路。

事实上，我之所以搬到这个郊区村落，是因为我能从这里赶上通往布鲁内尔大学的大西部铁路列车。这所大学正是以维多利亚时代的伟大发明家伊桑巴德·金德姆·布鲁内尔（Isambard Kingdom Brunel）的名字命名的，但学校的水平恐怕配不上他的英名。当时我的生活发生了转机，还在霍尔本区另外找了一份工作，我可以搭乘拥挤的三区地铁来往于这些地方。

说到伦敦的地铁，它于 1863 年开通，是世界上第一套地铁系统，也是维多利亚时代想象力的产物。和许多这一时期的其他产物一样，它试图在这种混乱的、新形式的人类生存格局中构建秩序，并以一种前所未有的强度和不平等程度，将伦敦人联系到一起。这些人之间的差距经过压缩，重现在维多利亚时代伦敦的郊区住宅中。

我住在一栋维多利亚式豪宅的佣人区，这里被称为"花园公寓"，听起来既有远大抱负的豪情，又有绝望挣扎的苦涩 535。

在乔治王时期和维多利亚时期，这种专门设置佣人居住区域的住房非常普遍，这么做能保证上层和中产阶级家庭中的佣人随时候命，也能确保佣人们有安身之所，更方便他们各司其职。我工作的大学办公楼是一栋位于布卢姆茨伯里的乔治王时代的建筑，我的办公桌被安置在了办公楼阁楼上原本是佣人宿舍的地方，对此我尽量不去抱怨 536。

对家政佣人的需求促使年轻女性涌入城市寻求更好的前途，她们反过来也促成了雇用家政佣人的风尚。雇佣人是社会流动的标志，也是中产阶级人群增多的证据 537；这成了一种彰显特权的方式，和如今正在崛起的某些发展中国家的一些风尚类似 538。年轻女性为了寻求更好的前途，纷纷涌入城市；在早期现代的伦敦，3/4 的年轻女性是新移民 539。20 世纪 20 年代末的"青少年迁移计划"（Juvenile Transference Schemes）鼓励男孩子、女孩子从经济萧条的省份搬到别处去找工作，这让许多年轻妇女成为家政佣人，因此有人称这个计划为"白人奴隶贸易" 540。如今，许多菲律宾女孩在伦敦也有类似的经历。

据资料统计，1796 年的伦敦有 20 万佣人 541。伦敦人口的1/5 从事服务业，这在很大程度上向我们展现出早期现代城市里劳动力市场的繁荣、城市生活的巨大魅力，以及有偿劳动产业的快速发展。

然而，就像维多利亚时代的许多社会驱动力在当今重现一样，家政服务也重归伦敦生活，并占据了重要位置。与其他早期现代大都市一样，这种变革是由移民带来的人口激增和日益加剧的工资不平等所导致的。家政领域的从业者主要是年轻女性，她们仍然格外容易受到剥削。

然而，这一次，这些年轻女性的籍贯并不局限于英格兰中部。如今，家政行业的潜在劳动力来自东欧、拉丁美洲（通过南欧进入英国）和东南亚。自从 2004 年欧盟扩大，新加入了 10 个国家以来，伦敦"个人服务类职业"的就业人数增加了一倍以上 [542]。

他们当中有许多人住在位于骑士桥或梅费尔区的伦敦新精英住宅区的家政宿舍里，那里的家政人员比 1790 年的还要多 [543]。这些家政人员通常来自菲律宾、印度或印度尼西亚，他们当中有些人处于半奴隶状态，完全依附于富裕家庭；这些富裕家庭没收了他们的护照，并确保他们没有其他谋生手段，把他们牢牢地困在如孤岛冰山般的住宅中 [544]。

不过，住家清洁工的数量相对较少，特别是伦敦家庭的平均规模已从 1842 年的 5.8 人降至 2013 年的 1.9 人，这种清洁工就更不多见了 [545]。相反，各种不同形式的剥削性的服务工作出现了。伦敦各地的机构都将办公室的清洁业务外包给了私人公司，以避免按照制度规定为专职清洁工提供福利保障 [546]。许多家政工人的安全保障甚至更低；而且，无论是作为个体承接工作，还是通过代理找工作，他们都位于伦敦零工经济的最底层。他们仍然在中产阶级位于郊区的住宅里和伦敦的办公室里工作，但他们每次的工作时间只有几个小时。而且，由于语言不通，还要和其他地方来的女孩抢工作，这些家政工人被迫每天奔忙在一个个工作地点之间，收入远低于伦敦的最低维生工资，甚至远低于国家最低工资 [547]。

这些清洁工都是工作性质不稳定的劳动力，之所以会这样，只是因为他们的数量太多了。伦敦的中产阶级可能攒钱买房比较困难，但雇一个清洁工（通常是非正式的雇佣）每周来做一次保洁，是伦敦年轻人的常见做法。这种情况在合租房更为常见[548]。推着吸尘器清洁租来的地毯，可不是千禧一代对伦敦生活的幻想；同样，他们也不想说着不同的语言，争论谁最后打扫厕所。卑微的劳动还是让别人来做吧，至少在家里可以这样。或者说，这种劳动本该是过去的事情。然而，这种过去的事情如今却屡见不鲜。

当代人在想象维多利亚时代的伦敦时，并没有回避那个时代的苦难。正如伦敦的地铁和博物馆一样，查尔斯·狄更斯和开膛手杰克都是维多利亚时代伦敦的一部分。然而，这样的故事如今却被设定了一个框架，用来证明伦敦在不断进步。伦敦曾经是一个遍布贫民窟和儿童乞丐的城市，但这种事只会发生在那个时代的伦敦。

人们当然很容易点头称是。维多利亚时代伦敦上演的那些最恶劣的暴行，无论是疾病、血腥的猎杀、童工还是济贫院，都不再是当今伦敦生活的特征。然而，在 21 世纪的伦敦，人口兴旺、财富暴增，却使得维多利亚时代的不平等现象重新浮出了水面[549]。

维多利亚时代的人肯定无法想象，竟然可以通过手机应用程序来雇用清洁工。中产阶级相信，雇用移民清洁工来代替自己做家务，是一种负担得起的生活方式。这是一种非常具有维多利亚时代特色的推动社会发展的动力。

这些移民家政工人是新兴工人阶级的一部分。这个阶层的人口结构可能发生了变化，但他们的角色并没有改变。为了让酷炫版的资本主义能像它粗俗的工业迭代版一样运转流畅，让工人阶级保持脆弱性就很有必要了。文明和苦难再次出双入对。

事实上，它们从未真正分开过。

这就是关于伦敦梦的故事。不屈不挠的丹尼尔（Daniel）就是这类人的代表。

"我听说伦敦是个充满机遇的地方"

第一次约好采访时，丹尼尔没有出现。那天上午晚些时候，我收到了一封道歉的邮件；前一天晚上，他在布里克斯顿遭到三个人抢劫，没能及时联系上我。但他现在正在上班。他问我：还想继续采访他吗？

没人能阻止丹尼尔奋斗的脚步。

那周晚些时候，我们约好在沃伦街车站外见面。像往常一样，我因为对采访的期待而到得比较早；我的四周一片嘈杂，挤满了伦敦的早间通勤者。一个衣衫不整的流浪汉，身上散发着宿醉的酒气，接连五次向我讨要零钱，而我 10 分钟前刚刚给过他。正在这时，丹尼尔步履轻快地朝我走来。他穿着翻领衬衫，外表完美，和我想象中的办公室清洁工完全不一样。

丹尼尔来自厄瓜多尔。他们一家在他 5 岁的时候搬到了西班牙。2009 年他高中毕业，当时正值金融风暴最严重的时期，西班牙的青年失业率高达 40%，而且还在不断上升 [550]。他很想当个电工，但愿望落了空。

伦敦为他提供了解决方案：他有一个好朋友在这里，愿意为他提供一个睡沙发的地方。他那位朋友在伦敦庞大的清洁行业工作，刚好回西班牙过圣诞节。这让他坚信：摆脱这种处境的唯一办法就是搬到伦敦去。一个星期之后，丹尼尔出发了。当他 2010 年抵达伦敦时，据统计伦敦有 2.5 万西班牙人。到了 2016 年，这一数字变成了 7.9 万 [551]。许多人都有着和丹尼尔类似的艰难历程，先是在家乡遭遇排斥和失业，后是在伦敦忍受被边缘化和被剥削——从绝望到一点一点耗尽希望。

丹尼尔的英语仅限于基本用语，比如"你好、再见"，还有数字。很快，他就睡在了另一个朋友家的沙发上。不过，他仍然心怀希望。通过他作为南美裔的人脉关系，他在一家清洁公司找到了一份工作，用他的话来说，"南美人都扎堆（在伦敦）干清洁工作。"在某种程度上，他这话说得一点不错 [552]。伦敦清洁行业的从业者一般分为非洲人、东欧人和南美人，这些人通常从欧盟国家进入英国。每个国家的从业群体都有自己的同胞圈子和人脉网，他们通过这些人脉网络交换工作机会，这就形成了一种现象：一个清洁"团队"里往往都是相同国籍的人 [553]。这也许算得上另一种类型的社会资本，毫无疑问，社会资本在服务阶层和在创意阶层一样重要。事实上，当你在正规工作机会的边缘徘徊时，人脉关系就是一切。

丹尼尔的同胞人脉给了他一个起步的机会，但那只是一份在星期五、星期六和星期日晚上干两个小时的工作，他能得到这份工作是因为其他人都不想干。更有可能的原因是他的雇主只肯支付 3.5 英镑每小时的薪水，而丹尼尔当时不满 21 岁①。

---

① 在英国，雇主向成年打工者支付的薪水低于法定最低工资是违法的。——译者注

和许多移民到伦敦的人一样，他处在食物链的最底层。但这只会更加激励他：

> ……它多少给了我一些能量。我心里想，好吧，这种情况并不会永远这么下去。我想住在伦敦，要想生活在这里就得这样。所以，我不能……总之，我完全没有怨言，因为人得先活命。我必须得这样，什么活都干。

他的确什么都干，就在这个不稳定的行业中四处奔波，同时做两份、三份，甚至四份工作，每份工作只干几个小时。丹尼尔实事求是地说，要成为伦敦 9.1 万名清洁工[554]中的一员，"只要不停地跑就行了"。每完成一份工作，"我就会跑去接着干另一份工作……从城市这一头跑到另一头。干完了就回家睡一会儿，然后一大早醒来接着干。"

每一份工作对雇主和雇员来说都是临时的。丹尼尔不仅准备好忍受这种不停的变动，而且还准备好利用它为自己谋利。他带着洞悉一切的决心告诉我："……在这个城市，在这个行业，你不可能保持不变。如果有更好的雇主，他愿意多付给你 5 便士、10 便士，很好，立刻去……这种情况很多。所以，我总归是一点一点过得比以前好了。"

什么是不稳定的工作？这就是。零工时合同靠的是与经理保持良好的关系。在这种生活中，你总觉得干完这一次不见得有下一次。在这种生活中，你完全是即用即弃的，"即使有一天你病了，打电话说想请假，对方会说别人也病了，但他们还是来工作了。"

这种生活就是一场战斗。

如果你和经理关系好，就能确保你的假期是带薪的，每个小时的工作都是有记录的。

如果你要在伦敦城里四处打工，你就要在打每份工的间隙找个地方休息，找个可以称之为家的地方。如果能和其他清洁工一起抱团打工，工作就更有保障。当我问他，清洁工是否彼此竞争时，他探过身子告诉我说：

> 如果把它当成全职工作，是的，竞争总是有的。你必须要找到关键的人；不过，总有人知道哪里有工作。所以呢，作为全职干这个的，竞争总是有的，不好的感觉也是有的。总有人会嫉妒你，试图破坏（你的清洁工作）。

不过，3.5 英镑 / 小时的工资终于变成了 5.9 英镑 / 小时。虽然他仍然是伦敦 76% 收入低于最低维生工资的清洁工大军[555] 的一员，但他再也不用从事零散的清洁工作了。丹尼尔的雇主对他的敬业态度非常满意，他先是被晋升为主管，然后又成了经理。很快，他就管理了 55 个站点。

不过，事情总是这样，物极必反。伦敦更是变幻莫测。他叹息道：

> 那份工作我只做了一年就不做了，因为来自客户的压力、老板的压力，还有来自总部的压力，这些压力对

我而言太大了。我不得不东跑西奔、最后放弃……如果
某个清洁工不想干，我还得出面和他们谈，为他们解决
问题。如果他们做得不好，我就会接到客户的电话，然
后再接到运营经理的电话。我试图弄明白问题出在哪
儿。他们说工作时间是从星期一到星期五，可我一直是
从星期一干到星期日啊。所以，真是太难、太难了。大
家会认为，因为你穿着西装，所以你干的就是一份不错
的工作，其实不然。说实话，当我辞职的时候，我问过
之前的经理，能不能让我干清洁工作，任何工作都行，
我不想承担什么责任——我的压力太大了，我只能说
不，够了，真是够了。我可不想太累。

尽管如此，他的未来依旧光明。他仍然是一个站点的经理，
仍然在不断往前奔，下个学期还要开始修一门管理专业的课程。
此刻，坐在这家格调统一的连锁咖啡店里，他看上去打扮入时，
跃跃欲试，完全就是伦敦人的模样。
那他觉得自己像个伦敦人吗？

是的，我觉得我像个伦敦人。当我环游世界时，我
在其他任何国家都没有过这种感觉。我去过非洲，去
过北美、南美、欧洲，很多地方和伦敦一样，都非常开
放。你是谁、来自哪里，并不重要。所以，我在这个城
市感觉很自在。我来这里只是为了工作。我现在还不想
回西班牙，将来也许想回吧。

因为梦想着另外一种生活，丹尼尔的辛苦也就变得可以忍受了。在伦敦，无论是东奔西跑，还是衣食无着，都比回家乡生活好。正是这样的梦想，这样一个特别的伦敦梦，几个世纪以来一直激励着一代代伦敦人。为了过上更美好的生活而努力奋斗，这种愿望和奋斗也为城市里的雇主们提供了充足的、可供剥削的人力资源。

　　这就是我坚持和丹尼尔见面的原因。他在逆境中不屈不挠的奋斗终于慢慢地开花结果，然而，他的奋斗在很久以前就已经让他的雇主们获利了。

　　丹尼尔之所以遭受这样的剥削，是因为有许许多多像他一样的人，有意愿、也随时准备加入"各种辛苦劳作和你争我夺中，只为了糊口"[556]。在这座城市的劳动力大军中，这一个个胸怀大志、挥汗如雨的人，既是点燃资本之火的燃料，也是挫败无数城市居民远大梦想的沉重负荷。

　　这既不是丹尼尔的过错，也不是他的愚蠢。如果要追究责任，责任并不在像他这样来到富裕经济体寻求更好生活的移民身上，从来都不在。实际上，这正是资本主义的本质。这种矛盾恰恰推动着伦敦的经济发展：一方面，伦敦越来越富裕，消费体验越来越丰富、越来越多样化；另一方面，制造上述繁荣的伦敦人的苦难始终存在。如果说伦敦梦发生在一座充满了无限可能，可以尽情去探险、去体验文化和快乐的城市，那么这些可能和体验都是由那些追求着同样的梦想，却生活在伦敦噩梦中的人提供的。

　　我们不光能在清洁行业遇到这类交织着希望和剥削的故事，

这种维多利亚时代的劳工逻辑，在伦敦的服务业中随处可见。尽管阿贝奥（Abeo）的保安工作远不像丹尼尔那样要四处奔波，但他们无疑会在工作代理机构方面找到不少共同话题。

保安和他们的抗争

办公室的气氛变得很紧张。阿贝奥盯着我，我的问题在空气中回荡。他的目光重新看向我，先前勉强挤出的笑容消失不见。

抗争。对，这是抗争。

阿贝奥出生于尼日利亚，但在伦敦南部长大。如果说生活是一场战争，那他无疑是一名经验丰富的战士。

他一周工作 35 个小时，每一班，他都得在布卢姆茨伯里这所大学办公楼的某张椅子上一连坐上几个小时。他剃着光头，坚忍的眼神中有种稍纵即逝的骄傲。他以这座城市为傲，这座城市对他的处境漠不关心，却依赖于他这种人的存在。

伦敦各地的这类办公室，根本离不开阿贝奥这样的保安。白天，他们在办公区里，人们会感到安全，晚上也不用担心没人关灯。不过，那些忙着上楼、下楼的打工者和学生，很少有人会回应他匆匆的问候。

这是我第一次和阿贝奥谈论除了足球和办公室空调以外的话题，我对足球一无所知，对空调的了解就更少了。我倒是和一位叫伊姆兰（Imran）的巴基斯坦保安挺熟络，因为我们都喜欢板球——其实我也一直想知道伊姆兰的故事。

阿贝奥在我同事们的眼中就像个隐形人。这没什么奇怪的，也不能因此说我的同事们麻木不仁；只不过，我们不算是他真正意义上的同事而已。阿贝奥受雇于一家服务承包商，后者以灵活雇佣的方式招工，然后再将员工派到伦敦各地的办公机构中，这种灵活雇佣在阿贝奥这里就变成了灵活就业。和其他11.8万名伦敦人一样 [557]，他签的零工时合同，意味着该代理机构没有义务保障他的工作，那些无名的员工们也没有任何看起来理所当然的权利。

如果有一天没到岗，或者做了一个坏决定，阿贝奥的饭碗就没了。

如果请一天病假，阿贝奥的工资就没了。

他思考时眯起了眼睛，一簇簇新长出的胡须微微颤抖。显然，他有些紧张。

> 这是剥削。这就是剥削。这给了他们随时摆脱你的权力。你不能请病假，也不能休假。这就是对员工的剥削……他们都是剥削者。他们和这些机构签的合同，与他们和个人签的不一样……有的代理机构谈的合同明明是每个员工每小时 20 英镑，但他们实际只给你 8 英镑。

门口传来嘈杂声。阿贝奥凝视着我，俯身按下了进入大楼的按钮。他想辞职的话，不费吹灰之力。

　　你简直像是一个被设定了程序的机器人……工作，工作，工作，没完没了。因为在伦敦，生活成本太高了。

　　他的雇主是欣欣向荣、年营业额高达 90 亿英镑的英国安保行业的一员 558。这个行业之所以兴旺发达，一是凭借刮遍全球的恐惧感，二是依赖浩如烟海的无技术特长的从业大军。后者的存在让英国最大的安保服务机构 G4S 备受欢迎，这家机构2016 年的营业额高达 75.9 亿英镑 559；看起来，一系列引人注目的丑闻丝毫没有影响它赚得盆满钵满 560。对于它名下那些签署零工时合同的从业大军而言，该公司令人难以置信的盈利能力所带来的成果，可能并不那么惊天动地。这就像富时 100 指数（FTSE 100）在 2017 年达到创纪录的高点 561 能带来的好处一样，对于收入低于最低维生工资的 20% 的伦敦上班族而言，这种好处无疑就像天书一样陌生 562。

　　这就是阿贝奥面临的战争。然而，他并不想站在被迫抗争的这一边。

　　他梦想着过上另一种生活，这使他甘愿忍受辛苦的劳动。正是这个梦想，这个特别的伦敦梦，几个世纪以来一直激励着一代代伦敦人——无论是新来的还是之前来的——努力奋斗。为了过上更美好的生活，这种愿望和奋斗，也为城市里的雇主们提供了充足的、可供剥削的人力资源。

　　如今，阿贝奥做着全职前台工作。他的办公桌上除了有待办事项清单和家庭照片，还有自己的旧课本。他正在攻读运营管理专业的全日制学位。他激动地告诉我：

没有教育背景的人什么都不是。如果你想经商，你就要有文凭。我很想经商……如果你是自己单干，你就有权力做你喜欢做的事。

　　这种权力，正是阿贝奥的生活中所缺乏的。就像在他之前的许多人一样，阿贝奥只能任由这座城市、雇主、房东摆布，只能任由那些在看似由他守卫的土地上却对他漠不关心的人摆布。
　　他会去别的地方生活吗？

　　不，不，不行。我只能在这座城市里生活……

　　当我在本子上记录完我们的这次访谈时，前台的接待椅上已经坐了另一个人。阿贝奥的离开没有引起任何人的注意。
　　像大多数抗争的故事一样，丹尼尔和阿贝奥的故事既是他们自己的故事，也是芸芸众生的故事。分布在伦敦各处的移民辛苦地从事着一些行业，而这些行业是那些处于更酷炫的经济环境中的人很少看到的。那些为伦敦提供服务的人的故事，就像在公关传媒或电影中的故事一样，也是这座城市的一部分。他们梦想着过上更好的生活，却发现自己在努力为另一些人提供服务和保障，以便让那些人去追逐他们的伦敦梦。
　　然而，他们还是来了。在伦敦被剥削，总比没机会被剥削或者没机会在伦敦要好。当然，如果有哪个打零工的人质疑这句智慧之语，也是完全可以体谅的。

第十六章
伦敦的新赤贫群体

00:13——我们叫了一辆优步，从卡姆登区的圆屋到我们位于伦敦东区的目的地，费用 17 英镑，挺划算的。只需要在手机应用上点几下，不出 3 分钟，司机就到了。周围有 4 辆出租车在转着圈找活儿；那个优步司机接到我们时似乎挺开心的，是个全五星好评的司机。如今还有 40 岁以下的人会乘坐伦敦的黑色出租车吗？也许银行家和游客会吧。

10:17——个开着白色货车的人送来了亚马逊的包裹，放下包裹转身就走了。包裹里是一个我急需的手机充电器。万幸我是亚马逊的 Prime 会员。

13:30——拖着步子前往维多利亚公园爵士音乐节。这就是我喜欢伦敦的地方；即使你什么都不想做，也总有事情可做。

音乐节上挤满了人，到处都是穿白衬衫做品牌宣传的员工。卖红酒的人把红酒装在塑料杯子里卖给客人，6英镑一杯。

15:42——ASOS服装网的订单到了。3件都是热卖的，但没有一件合适，都得退货。

19:05——在户户送（Deliveroo）[1]上点了外卖。老样子：泰式甜咖喱和泰式炒河粉。花上3.29英镑的送餐费就可以足不出户吃上饭，相当划算。对于星期天晚上而言，等候30分钟也不算什么。

21:29——又一个快递。送的是什么？谁能在晚上这个时候送来快递呢？

我好像生活在梦中。可以暂时不去想星期一去牛津广场的地铁和那两个嗡嗡作响的监视器了。

* * *

00:10——又有叫车派单了。至少这次他们要去的地方不算近。前面4个单子都不到10英镑，不管怎么说，都得先接下来再说，不然就更不可能接到好单子。虽说伦敦交通局禁止优步在伦敦运营，让优步的生意疲软了许多，但竞争还是很激烈。

这一单看起来挺轻松，他们看起来不像是会晕车的样子。上次发生这种事，费了很大的劲才让优步负担了费用。那还是因为托了人。

---

[1]　英国外卖送餐平台。——译者注

当我开着丰田普锐斯离开时，黑色出租车的司机看起来很生气。为什么？他们应该也会用 The Knowledge 这种应用程序啊，Waze[①] 上的约车信息同样也挺多的，不用很长时间就能学会操作。但话说回来，我虽然有工程学的学位，但没人愿意雇我。而当优步司机的话，我只需要通过几个最基本的测试，就能获得商用驾照，然后租一辆车就能开始工作。我可以按自己的时间安排来工作。只不过，和我竞争同一份工作的人太多了。大多数时候，挣一份糊口的工资堪称一场战斗。有时候我一周要工作 7 天才能勉强维生。而且优步随时都可以停止我的业务。我真想换别的平台，可是，没有一家私人租车公司能竞争得过优步。

回家后要是再多熬一个小时，就能给孩子们做早餐了。

10:16——这房子在哪儿？敲三下门，在这里签字。又挣了 69 便士。还有 50 个包裹要送。

13:31——谁愿意花 6 英镑买一杯用塑料杯子装的红酒啊？我一小时能挣 7.83 英镑，不多不少。至少这份工作来得比较容易。我刚在手机应用程序上注册成功，证明我可以在这个国家工作，接下来就是选择我想干的零工了。我得早点来，这样就能保证他们不会把我打发走。如果清理的工作不太麻烦的话，再干 7 个小时就可以了。然后，转两趟公交车，我就能回家了。

如果我下周能找到干 6 天的工作，就能省下一点钱。那样的

---

① The Knowledge 和 Waze 都是网约车平台的手机应用程序。——译者注

话，我也许能回家，好好陪陪家里人——除非他们都不要我了。

15:42——我以前肯定来过这里。敲了好久，才有人来应门。我差点就把包裹放在门口走人了。他们难道不知道我还有一大堆工作要做吗？

18:45——泰国餐馆。星期天晚上的单子总是很多。我们有5个人在这里，都是熟悉的面孔、熟悉的头盔。清一色的骑手制服，清一色的伙计打扮，好像一群街头海盗。在这几个人中，竟然有个家伙连个像样的保温袋都没有，他肯定会被投诉的。

等候的时间真磨人。没法子，我只能等。每一单我能拿到的送餐费大约是4.5英镑，这可是收入最高的时段，但等候的时间一分钱都挣不到。终于拿到了脆弱的打包袋，我急匆匆地穿街走巷，只为了能尽快抵达，结果却发现怎么都找不到那座公寓。为什么伦敦的房子都没有清晰的门牌号呢？在黑暗中根本找不到。还好，找到了，他们见到我似乎挺开心的。他们的眼睛盯着快递袋子，根本没看我的眼睛。没有小费。我匆匆蹬上自行车返回。再过几个小时就没有单子了。明天我得回咖啡馆上班，那一班是从7点到11点。

21:30——订单刚好及时送到。干了12个小时后，我累极了。但我今天真的不能收工回家。我妻子病了，照顾孩子很辛苦。可是，如果我打电话请病假，他们就会把我这条线路给别人干，很可能永远也不让我干了。自由职业就是这种情况。肯定有比这更好的出路吧。

这只是关于伦敦梦的又一个星期天的故事。它们其实就是维多利亚时代的伦敦梦在21世纪的翻版。

需要救济的新赤贫群体

2016 年，时任工党议员弗兰克·菲尔德（Frank Field）和他的高级研究员安德鲁·福西（Andrew Forsey）发表了一份关于优步和零工经济的报告，他们措辞严厉，毫不委婉。在这篇名为《血汗劳工：优步和零工经济》（*Sweated Labour: Uber and the Gig Economy*）[563] 的报告中，作者指出：

> "零工经济"是人类的一道伤疤，有相当一部分人背负着这种创伤。他们是一支藏在城市阴影里的大军。尽管被归为自雇人士，但他们的工作时间很长，通常在某家公司旗下工作，只为换取一份看不到前途的低薪工作。此外，他们没有带薪休假的权利，没有要求国家最低维生工资的权利，也没有对抗无理由解雇的权利，这些都是给正式员工的保护。

他们认为，这些工作条件"与维多利亚时代所谓的'血汗劳工'非常类似"。1890 年，上议院特别委员会将"血汗劳工"定义为：

> 收入仅够维持生存；长时间的劳动让工人几乎活在无休止的劳动中；工作条件不光对工人的健康有害，对公众也有危险[564]。

这样的描述不仅适用于维多利亚时代的码头工人和纺织工人，也适用于 21 世纪的优步司机和户户送骑手。这是 21 世纪零工经济的逻辑，在这种经济中，企业可以以业务为单位，临时地、短期地聘用员工。不出所料，伦敦的企业从这样的经济体系中获得的好处，远大于他们的聘用对象获得的收益，然而这些受雇者对企业的需要远大于企业对他们的需要。

菲尔德和福西的报告显示，在伦敦，有的优步司机每小时的收入只有 2 英镑。即便如此，这些司机仍然发现，挣车费越来越难，因此他们不得不工作更长的时间。一名司机解释了发生这种情况的原因：

> 为了糊口，绝望的司机不得不靠降低费率来谋生。低廉的车费、过多的司机，这意味着司机们不得不工作更长的时间。这么做无论是对司机还是对乘客来说都不安全。（优步平台上）现在涌入了太多的司机。过去两年间，我的收入减少了一半。

这并不是在说，优步平台是糟糕的雇主。理论上讲，优步并没有雇用这些司机。与许多零工经济公司一样，他们将这些打工者归为自雇人士，因此不必支付最低工资，也不必提供基本的就业权利保障。

这其实就是维多利亚时代的工作情况。在维多利亚时代的伦敦，穷人面对的不是正式的雇佣合同和国家强制保护的工作权利。事实上，"雇佣"这个概念直到 19 世纪才开始投入使用[565]。

许多劳工没有签订正式的雇佣合同，他们其实是临时工，被雇几天或几个小时。这些人的权利最小，不安全感最强。

例如，在 1901 年人口普查统计的 2.2 万名码头工人中，只有 8500 人是固定工人[566]，其余都是临时工，他们的平均受雇时间为半年，通过一套叫作"吆喝"的系统获得临时工作。想要工作的人一大早赶来，一直等到"点名工头"摇起吆喝铃，这样的情况一天会有两次。工人们通常是成群结队地挤在栅栏后面等待被选中，被选中的人会听到工头"吆喝"他们的名字。如果有工作，就有饭吃。如果没工作，他们第二天就得加倍努力去找一份零工，否则就可能会被送进可怕的济贫院。看着那么多剩余劳动力挤在栅栏后面，被吆喝选中的幸运儿肯定不敢懈怠，更不敢挑三拣四。

放在今天，这样的制度会被视为缺乏人性、太过野蛮。吆喝的铃铛已被电话通知的铃声所取代，吵吵嚷嚷的群众被各种应用程序和算法所监管。当我们想搭乘优步出行、看到一群优步司机可供选择时，当我们从伦敦市中心走过、看到一大群户户送骑手在摩托车停车区等待工作时，我们其实都在见证维多利亚时代的那一套码头运作逻辑在今天重现。

不过，这里还是存在一个主要的区别。尽管 21 世纪的血汗劳工变得更干净了，但没有哪个维多利亚时代的雇主会四处兜售无保障工作的好处。而伦敦的零工经济公司可不觉得这有什么可羞耻的，相反，它们不停地宣扬工作灵活、时间自由和操控简单的好处。例如，优步在邀请你加入的时候会说，"想不想开车由你说了算。没有办公室，没有老板。就是说，你永远可以按照自己的时间习惯上下班——因为在优步，你就是老板。"[567]

零工经济中靠接单谋生的打工者大多会谈到压力和不安全感；有时还会有一点羞愧。一位优步司机告诉菲尔德和福西：

> 我们被迫每周工作更多的时间，（因为）没法赚到足够糊口的钱。一周干 60 个小时，减去各项成本费用后，口袋里剩下的还不到 150 英镑，远低于最低工资标准。我的生计全靠这份工作。我们全家要靠我这份工作维持生计。优步创造了一种让人无法生存的工作环境[568]。

菲尔德和福西问："面对这样的事实，司机们为什么不选择与另一家公司合作来寻求更高的收入呢？"答案是，司机几乎没有其他选择；特别是当优步通过降低车费击败竞争对手后，情况更是如此。

我在 2019 年 4 月开始进入优步出行的世界。在此之前，除了几次深夜与朋友们乘坐优步回家，我一直小心翼翼地避免使用优步。然而，4 月份，我的双胞胎儿子出生了，我必须经常往返于伦敦西郊的医院。凌晨 3 点，医院外面根本没有黑色出租车。在星期二的凌晨也坐不到地铁。对于一个睡眠不足、初为人父的人而言，带着全家的衣服和各种装备，转两趟公交车回家也不现实。

就这样，一个个深夜、一个个清晨，在我妻子和两个家庭新成员健康、顺利出院前，搭乘优步成了我的选择。在这些旅程中，我和这些怀揣伦敦梦的优步司机有了不少近距离的接触。

司机们向我讲述了他们的家庭、他们的希望，还有他们对优步的失望。有一位司机说，他星期天早上 6 点就要出来，得挣够 60 英镑才能回去和家人团聚。另一位深夜 2 点还在开车的司机十分痛恨市长萨迪克·汗。还有一个中午接我的司机递给我一张他的名片；他是个网页设计师，生意清淡时出来开网约车。

这些司机们会集会抵制黑色出租车，抵制任何试图监管他们工作的行为。伦敦新出台了拥堵费征收政策，那些"拥有伦敦出租车和私人出租执照"的人不在被征收之列[569]，这让他们倍感沮丧。一位司机告诉我，当他发现某一单要经过伦敦市中心时，哪怕会被优步处罚，也会拒绝接单。然而，这些司机都忍不住告诉我，他们对未来的计划，还有他们利用优步在伦敦谋发展的经历。这些司机都在追逐自己的伦敦梦。然而，虽然他们愿意忍受优步越来越苛刻的条件，并不代表他们对公司的做法表示认可。相反，这只能说明，在这座城市，谋生的人没什么选择。

当然，这些司机可以去找别的工作。但这么多人选择当优步司机，主要是因为他们在进入正规劳动力市场时，面临很大的障碍。只有 6% 的优步司机是英国白人[570]（相比之下，开黑色出租车的司机中有 2/3 是英国白人）；这些司机通常是新移民，申请正式工作时总是困难重重。在这些最脆弱的伦敦人中，有不少人还需要照顾他人，工作时间更是大受限制。对他们而言，优步提供了掌控自己命运、追逐伦敦梦的机会。

一直以来，那些没有多少选择的伦敦人通常会干司机这一行。伦敦面积巨大，且缺少统一的城市规划，向来依靠一套成熟的运输产业来运送港口的货物，以及往来于城市各处的乘客。1901 年，伦敦有 12 万公路运输工人，其中 6.8 万人是货运工人[571]。他们的生活并不轻松。正如杰瑞·怀特所说的那样，"工作时间很长——每周工作 96 小时的情况并不罕见，工资也很低[572]"。在 1890 年的《伦敦人民的生活与劳动》（*Life and Labour of the People in London*）一书中，查尔斯·布斯写道："也许没有哪个职业能像这样，每小时的工作回报如此之少。""在伦敦，这个阶层总是有剩余的劳动力。"[573] 这种情形在今天也是如此。自雇人士一直是伦敦交通运输行业的主要从业人员。无论是审查相对严格的优步［以及优步旗下的优食（Uber Eats）］、户户送、爱马仕快递（Hermes）等大型运输应用平台，还是无数审查宽松的小公司，对那些等着找工作的剩余劳动力而言，这些平台给他们提供了工作机会。

伦敦对过剩劳动力的依赖，在 2017 年伦敦交通局拒绝向优步颁发伦敦市区运营牌照一事上体现得十分明显。由于市长支持这一决策，黑色出租车司机们欢呼雀跃。但消费者却大为恼火。推特上对这项禁令的反应十分强烈，各种评论诸如："伦敦的生活成本更高了。""好嘛，我们再次回到了黑色出租车恶意垄断的时代；优步，不管别人怎么想，反正我会想念你！""为那么几辆挡住了时代发展的黑色出租车而禁止优步入市，真是蠢透了。黑色出租车实在太贵了。"[574]

当我睡眼惺忪地坐在网约车里穿过伦敦西区时，我发现，最感到绝望的是这些司机们，他们忍受着恶劣的工作环境。英国独立工人联盟（IWGB）的私人司机联合分会主席詹姆斯·法勒（James Farrar）说，"该政策对 3 万名伦敦人来说是毁灭性的打击，他们现在面临失业，背负着难以偿还的和汽车相关的债务。"[575] 当一位伦敦司机从乘客口中得知优步的运营禁令时，他"送完客人后，把车停在路边哭了"。那位叫扎哈拉·巴卡利（Zahra Bakkali）的司机于 1997 年从摩洛哥来到了伦敦，他对《标准晚报》的记者说，"我为自己能在伦敦开车感到骄傲；我能穿我喜欢的衣服；赚足够的钱，还能空出时间来养活我的孩子们[576]。"

优步拒绝认命，于 2018 年上诉，推翻了伦敦交通局的禁令[577]。此外，尽管法院两次宣布，优步必须逐步和司机形成正式的雇佣关系，但该公司在不断上诉[578]。零工经济并不会悄无声息地衰落。当然，不只是优步有过错。伦敦的快递员、送餐员感受到了自谋职业的痛苦；然而，他们同样是传播伦敦梦的核心力量。

快递送货

伦敦平白经济的核心推动力之一就是网上购物。新技术和创造力结合在一起，不断吸引我们在网上购物，并简化消费流程。不过，至少在亚马逊的无人机技术臻于完美之前，运送这些产品仍然依靠"脚夫"大军，他们的生活可并不那么光鲜亮丽。

伦敦也许可以被称为乐土，也许的确是一个总有事情可做的地方，但当世界在我们面前展开时，我们往往发现，"总有事情可做"其实意味着总能待在家里。不过，一部分消费体验取决于你是否能马上得到想要的东西。要等上几天，甚至几个星期才能收到货物，那可不行。我们的包裹必须马上送到，而且送货费越低越好。还有，要挑我们在家的时候送到。

这是由消费者的需求催生的就业大军。不过，包裹的运送方式与我们无关。实际上，这甚至不是你购买产品的那家公司要处理的业务。相反，这些运送包裹的"脚夫"大军受雇于爱马仕快递这样的分包商。这正是菲尔德和福西另一份报告的主题：《蛮荒西部般的职场》（ *Wild West Workplace* ）[579]。

菲尔德和福西在爱马仕快递的1.05万名快递司机中采访了78个人，记录了他们动荡的生活、在食物银行寻求救助，以及生起各种自杀念头的故事。尽管爱马仕快递声称，他们的快递员能获得相当于每小时9.8英镑的收入，但不少快递员却表示，辛苦了一天之后，生活反而变得更糟了。菲尔德和福西列举了这些快递员们关心的问题，并强调说：

> 不少快递员都是母亲，她们希望一边工作，一边能照顾孩子。还有些是老年人，他们试图贴补自己微薄的养老金，以维持生计。许多快递员都是既脆弱又绝望的群体，他们渴望工作，不想依靠公共资金的救助。然而，一些快递员的工资和待遇很低，为了养活家人，他们经常只能去食物银行想办法。我生活在贫困线以下，因为我的工资太低了。我必须两个小时送完一圈货。哪里有自由可言？我觉得自己身处一个黑暗的角落，根本爬不出来。

这些快递司机们被告知，他们什么时候工作都可以，只是不要请太长时间的假。正如一位司机所说的那样：

> 昨天，当我说我想休息一个星期时，有人告诉我，最好不要休太长的假，因为"他们那里有一大堆波兰人等着要这份工作"。

爱马仕快递的营业额从 2011—2012 年度的 2.61 亿英镑，增长到了 2014—2015 年度的 4.42 亿英镑。

对于送餐员而言，虽然他们的工作挣得更多一些，却并不轻松。诸如户户送这类送餐公司的骑手都把自己看成是"公路海盗"、一群叛逆的"伙计"，在伦敦穿街走巷地送各种特派快递[580]。骑手论坛上满是拿着大单子、收到高额小费的手机截屏图片[581]，还有各种对户户送超级智能算法的抱怨，因为这个叫弗兰克（Frank）的人工智能算法会决定给哪个骑手派哪个订单[582]。

户户送是 2013 年 2 月在伦敦正式上线的，其创始人许子祥（Will Shu）发现外卖餐食很难达到餐厅堂食的质量水平，于是"确立了个人的发展使命：让一流的餐厅美食走进千家万户"。户户送声称"客户是我们一切工作的核心"[583]。很显然，那些送餐骑手并不是核心，尽管他们声称户户送的"工作时间灵活，收入有竞争力"。

2016 年 8 月，送餐骑手们为反对一项新的费用支付计划，举行了为期一天的罢工，有些骑手举着写有"户户送、日日奴"的旗帜。与此同时，政府通知户户送公司，他们必须为骑手支付最低工资，除非他们能证明平台上的骑手都是自雇人士。户户送真的拿出了证明，至少在法律上拿出了证明 584。

如今，平台上 90% 的骑手收入都是按单结算的。只有 15% 的骑手全职为户户送工作 585，一方面是因为送餐工作仅限于用餐高峰期，另一方面是因为送餐收入不足以补贴家用 586。虽然户户送已经开始限制某些地区的骑手数量，但在伦敦，骑手们成群结队地等候送餐的景象已是家常便饭。伦敦最贫穷的人往往是最具创业精神的人。例如，在维多利亚时代的伦敦街头，正如怀特记录的那样，"……伦敦的生活就是一场大混战。在这里，光有一身蛮力可不行，必须头脑机智、思维敏捷、手脚麻利、口齿伶俐、目光敏锐。" 587

这些骑手也遭受到某些最恶毒的、有着维多利亚时期特色的摩托车帮派团伙的欺压。2017 年，户户送骑手拒绝在伦敦的某些地区送餐，原因是他们在那里遭到了硫酸袭击。这些袭击者骑着摩托车进行团伙作案，他们就是现代版的维多利亚时代的扒手，会从毫无戒心的伦敦人那里偷走手机。虽然马克思没有预见这种悲惨境遇的具体形态，但毫无疑问他不会对这种悲惨境遇感到惊讶。

伦敦的深渊底部

马克思曾指出，资本主义会迫使越来越多的人从个体经营户和小企业雇主沦为靠工资谋生的劳工。如今，这些新的工人阶级变得越来越贫困，不是因为他们找不到工作，而是因为他们再次成了微型企业家，但一个人的工作时间从理论上讲是有限的。那些经常处于失业状态的自雇人士的现状，解释了伦敦和许多发达国家在 21 世纪第 1 个 10 年中出现的悖论：如果失业率在下降，为什么贫困反而变得更加根深蒂固？菲尔德和福西报告称，从 2010 年到 2016 年，在找到新工作的人中，有 1/3 都是承接零散工作的自雇人士[588]。

这些摆脱了工人角色的打工者是资本主义经济的标准特征。正如杰克·伦敦对他 1902 年在伦敦东区的旅程所描述的那样，他想要表达的同情远比字里行间的暗示要深得多：

> 他们就像那种建筑工拒绝使用的石材。在现有的社会结构中，没有他们的容身之处，而社会上的各种力量还会排斥他们，让他们向下沉沦，直到消逝。位居深渊底部的他们，柔弱、昏沉而愚昧[589]。

近年来，随着发展中国家城市的贫困现象不断出现，英国社会学家齐格蒙特·鲍曼（Zygmunt Bauman）将这些不幸的人视为全球资本主义中"废弃的生命"（Wasted Lives）[590]。美国文化历史学家迈克尔·丹宁（Michael Denning）又进行了进一步的分析阐述，使用了"无薪生活"（Wageless Life）一词，来描述那些在正式就业结构之外东拼西凑糊口的人[591]，通常是那些从事街头贩卖和垃圾处理活计的人。

这些人被当今那些同情他们的发展理论家们称为"微型企业家"[592]。就像去欧洲城市旅游的游客，经常会遇到的卖各种小饰品、雨伞以及奢侈品牌山寨货的移民一样[593]，在维多利亚时代的伦敦也有大量沿街叫卖的小商小贩，还有众多没有工资可挣，只能做些小本买卖的各色"便士资本家"[594]。如今，经常在网站上（如 jobtoday.com）搜索工作机会的伦敦人，对这种生存的压力再熟悉不过了。

当然，如今的工作环境要干净得多。然而，人们幻想中的这种发生在小硅谷的干净、酷炫、充满创意的剥削方式，说到底仍然是剥削，仍然毫无安全感可言。因此，在伦敦这个有着酷炫消费的时尚大都市里，同样如马克思所说，"在一极是财富的积累，同时在另一极，是贫困、劳动折磨、受奴役、无知、粗野和道德堕落的积累"[595]。

这，就是伦敦梦。

酷炫资本主义的悖论？抑或伦敦梦？

伦敦向世人展示的是一座神话般的城市，一座总有事情可做的城市。演唱会、游戏、展览、大型演出、屋顶快闪店，以及其他各种新奇消费：在伦敦没有办不到的，只有你想不到的。这些都是推动城市生活幻想的酷炫体验。然而，总得有人负责生产和制造。

不难看出，伦敦创意阶层的梦想离不开那些从事卑微工作的人提供的服务，是他们随时准备着、等待着，去清洁和看护这座城市。他们的梦想更离不开手机应用程序上的一个个派单，这些派单将服务者们送往伦敦的大街小巷，运送餐食、包裹和乘客，挣来几英镑的费用。对消费者而言，优步、户户送，以及在城市中呼啸而过的快递骑手们写就了伦敦生活的美妙篇章。

这就是酷炫伦敦的矛盾之处：如果你希望乘坐的出租车价格公道，希望随时能买到和堂食品质一样的外卖，就必须有人准备好既要让你负担得起，还要让自己有利润可赚。而且，即便有人面对上述这些颠沛流离之苦，仍然义无反顾地承担这些工作时，这座城市还必须保证有人随时愿意取代这些人。每一天，对于每一名表示干不下去的优步司机，都有更多的人等着接手他们的工作。零工经济中的打工者常常来了又走，更新迭代的速度惊人；但人手供应并不短缺，因此企业并不需要被迫改善工作条件以吸引更多的申请者。

然而，那些服务员和快递骑手们心中的梦想，与伦敦那些趾高气扬的创意人士的梦想一样强烈。前者和我们所有的伦敦人一样，将这座城市视为乐土，深信只要在这里，就能梦想成真，就能有无数的兴奋之事、无数的机会、无数的财富等着他们。

因此，在伦敦的消费者和服务提供者之间，在最酷炫的和最悲惨的伦敦人之间有着很多共同点：不仅都心怀梦想，也都受雇主的摆布。这些伦敦的雇主们利用人们为了改变生活而吃苦耐劳的意愿；只要你跟不上节奏，就总有人愿意取代你。广告设计师和 PeoplePerHour 网站上的自由职业者、学术工作者和兼职讲师、电影制作人和咖啡馆员工，他们其实和快递骑手，和站在街角徒劳地发放 *Time Out* 杂志的人一样，都面临着同样的困境。

因此，如果有伦敦人不堪重负，说受够了，这一点也不奇怪。有些人离开了伦敦，在布莱顿、布里斯托尔，甚至在柏林建立一个个"小伦敦"。还有不少人，发现在伦敦根本找不到立足之地，只得返回英国各郡。还有一些人，觉得在这里不受欢迎，回到了非洲大陆。还有一些最颠沛流离的人，带着拉丁美洲的大冒险精神，依旧在这座城市里稳扎稳打、努力奋斗。

抗争以及结论

鼓声震天，彩旗飘扬，扩音器里传出一串串西班牙语。号角声充斥着每一个角落，伦敦大学议事大楼门外的街道上开起了迷你嘉年华。在伦敦的大学之外，抗议活动通常不是这样的。领导那些抗议活动的都是最不爱出风头的人。当然，这里有团结一心、幽默诙谐的人，他们定期高唱押韵的歌曲；但对于这一类活动，即使是我们当中最具学术色彩的人，也不会冒失地称它们为"派对"。

英国独立工人联盟的抗议则别有风味，这一点都不奇怪。独立工人联盟代表了伦敦某些最不稳定的打工群体，他们大多是移民，通常来自拉丁美洲（通过南欧进入）或非洲。该联盟成立于 2012 年 8 月，如今由一系列半自治的分支机构组成，代表的打工群体包括快递员、送货司机、私人出租车司机、看护人员、清洁工、保安、游戏领域从业者、电工，以及伦敦大学内的工作人员。

英国独立工人联盟代表的都是伦敦需要救济的新赤贫群体，都是伦敦工人阶级中生存状态最不稳定的人。他们是你经常看到的那些长期在公交车后面露宿，或者脸贴着地铁玻璃窗打盹的伦敦人。他们是那些在每一段零工间隙只能窝在麦当劳餐厅楼上的座位上休息的人。马克思在他的《资本论》中，称他们为"相对过剩人口的最底层"。马克思写道：

> 需要救济的赤贫形成现役劳动军的残废院，形成产业后备军的死荷重。它的生产包含在相对过剩人口的生产中，它的必然性包含在相对过剩人口的必然性中，它和相对过剩人口一起，形成资本主义生产和财富积累的一个必要条件。[596]

在伦敦的资本主义经济中，他们也许是一支即用即弃的剩余劳动力大军，在有需要时雇他们工作或让他们自谋职业，在经济困难时又把他们扫地出门。然而，从没有人对这些打工者的价值以及他们梦想的力量作出过评论。正是因为他们热切地渴望过上更好的生活，正是因为那些看似善意的机构将他们盘剥至一贫如洗，他们才会如此积极地为争取自己的权利而斗争。如果说这本书将服务行业的打工者所受的剥削与酷炫伦敦的重现之间的联系进行了分类，那么，这些独立工人联盟的成员们做出的反击，就是将这种矛盾赤裸裸地暴露在伦敦的街头。

英国独立工人联盟之所以出现，是因为现代伦敦普遍存在排斥和剥削。伦敦的清洁工很少有人会说英语。事实上，对于那些没有基本英语会话能力的人而言，清洁工作和那些食宿行业的幕后工作，是他们能从事的为数不多的（合法）工作。杰森·莫耶尔－李（Jason Moyer-Lee）是一个会说西班牙语的美国人，他在伦敦大学亚非学院攻读博士学位的时候，接触过清洁工和搬运工。起初，莫耶尔－李的志愿工作主要是为拉美裔打工者做翻译、教他们英语，后来他加入了英国公共服务业总工会（Unison）位于伦敦大学议事大楼的分会[597]。这可能是伦敦最具活力的工会；他现在是这里的秘书长。

起初，英国独立工人联盟的成员很少，但他们的领导方式、媒体曝光程度，以及工作成果让他们的会员数量迅速增长。对许多伦敦人而言，联盟为他们提供了第一次发声的机会。独立工人联盟如今代表着 2500 多名最脆弱的伦敦人。他们为了争取更好的工资和工作条件，锲而不舍地艰苦斗争着。有时，他们的抗争只是为了确保会员能得到应得的报酬。但最重要的是，对那些根本不敢考虑自身权利的、最脆弱的伦敦人而言，联盟将他们团结到了一起。难怪，独立工人联盟的抗议活动会如此充满活力和激情。

此外，在每次活动中，独立工人联盟的主席亨利·昌戈·洛佩斯（Henry Chango Lopez）通常都带头冲在最前面。

夺回最基本的权利

英国独立工人联盟近期的抗议活动就在伦敦大学议事大楼

外举行。我们距离大楼门口只有几百米远，这里的气氛却截然不同。我和亨利在议事大楼外见了面，他在大楼里做搬运工。我们一起去了教育学院学生会的食堂。这里的座位是那种公立学校的典型风格，我想请亨利喝咖啡，但他拒绝了。他也拒绝匿名采访，因为他"现在太出名了"。

这和亨利19年前从厄瓜多尔来到伦敦时的期望完全不一样。当时，他对工会和劳工法一无所知，直到2009年才有了正式的身份。他从事餐饮工作，所有无证移民的打工经历他都深有体会：他被解雇过，被人歧视过，还被人克扣过工钱。他告诉我，那时候"毫无还手之力，我根本不知道这套系统是如何运作的"。

亨利回到故乡待了很长一段时间，再次返回伦敦后，他决定找一份新工作，过上更好的生活。他努力获得了正式身份，并在议事大楼（这里是伦敦大学的一部分）找到了一份搬运工的工作。他父亲以前在那里工作过，告诉他那里招人。那份工作是兼职，一天干4个小时，还算不错。正如我们在本书前面采访那位有志向的清洁工丹尼尔时所发现的那样，要想在伦敦服务行业的底层找工作，关键在于找到自己的同胞人脉圈子。如果你的英语水平不行，很难按照常规方式申请工作的话，这一点就更重要了。然而，当你不得不维护自己的权利时，困难就来了。正是为了学习如何保护自己的正当权利，亨利一步一步踏上了成为英国独立工人联盟主席的道路。

亨利告诉我，他刚开始在议事大楼工作时，并没有工会，只有一个年长的家伙在四处游说移民清洁工、搬运工和保安们加入工会。"根本没人理他。"亨利认为，那时候大家都是这么想的。不久，亨利自己遇到了问题：他的经理试图克扣他的加班费。

　　　　只要某一天发工资的时候，我发现钱少了，就得和
　　　经理据理力争。我知道这个女人很腐败，因为她以前也
　　　对其他工人这么干过。

　　是时候做点什么了。他开始学习英语，只有少数独立工人联盟的成员会说英语；但亨利说："我认为这么做更……我讨厌不公，看到有人不把一碗水端平，看到这个女人对我、对其他员工不公时，我很生气。"问题是，他们应该对谁采取行动？

　　在伦敦大学工作时，他们的工作被外包给了一家名为 OCS 的公司，后来又被外包给了鲍佛贝蒂公司（Balfour Beatty）。后者接管了这些工作后，"完全搞乱了工人的工资。工人们一个月都没拿到工资，有些人甚至两个月都没有工资"。伦敦的清洁工、保安和搬运工根本承担不起长时间没有工资的日子。他们决定，是时候"适可而止"了。

　　另一个难题摆在了面前：谁来帮助他们？当时，许多人加入了公共服务业总工会，并试图通过与工会官员对话而组织起来。但亨利和他的同事们厌倦了工会里变幻莫测的政治和行事方法。终于有一天，他们冒着可能被解雇的风险，离开工作岗位，集体示威。

　　在伦敦大学亚非学院的学生和一群志同道合的积极分子的

帮助下，他们找来了几个鼓，开始在议事大楼的停车场走来走去。他们的热情吸引了其他人，"又有员工从其他工作场地过来，因为他们和公司之间也存在问题。我们聚在了一起。所有工人第一次愤怒地站了出来"。虽然他们当时是公共服务业总工会的成员，却有着一种属于独立工人联盟的活力。那天，他们要回了拖欠的 6000 英镑工资。亨利讲述这些时，那种含蓄的骄傲不言自明。

因为会说英语，亨利的朋友们推荐他代表大家洽谈工会事宜。不久之后，他在回家的公交车上阅读《标准晚报》，看到一篇文章介绍伦敦大学学院的工人组织抗议活动，争取最低维生工资。那些在伦敦大学学院的工人工资是 8 英镑 / 小时。亨利和朋友们的工资是 6 英镑 / 小时，更不用说什么维生工资了。亨利不禁暗想，明明在同一所大学里工作，为什么待遇还不一样呢？毕竟，在伦敦大学亚非学院的工人早就拿着最低维生工资了。

他把报纸拿给工会里的那位老同事看——就是那位一直劝说他们加入工会的老同事。然而，对方的响应不甚热情。不过，他的朋友们也听到了风声，大家也纷纷寻思，他们为什么不抗议呢？于是，他们也开始组织抗议活动，争取最低维生工资，矛头尤其指向伦敦大学。说到底，他们的工资不都是来自这所大学吗？而且，大学也会比像鲍佛贝蒂公司这样的外包机构更顾脸面，更容易感到羞愧。因此，他们在传单和社交媒体素材上着重强调了学校的声望，以及它在教育学生对抗不平等和不公正时的自豪感。

他们在社交媒体上发起了声势浩大的运动，组织了各种充满活力、令人印象深刻的示威活动，再加上有学生们的支持，这场运动越发引人注目。这场历经 9 个月的运动最终取得了胜利！他们将获得最低维生工资。

但是，这还不够，也不应该足够。那些议事大楼里被鲍佛贝蒂公司雇用的工人们和大学直接聘用的职工的工作条件也不一样。这些工人也想有病假津贴、有带薪假期、有养老金。他们又发起了另一场运动，并要求公共服务业总工会出面领导。工会同意了他们的提议，开始与大学谈判。但是，亨利觉得出面谈判的这些人大多是工会的官员，他们并没有真正理解工人们的需求。于是，"我们终于下定决心：'好吧，我们不再等了，就算他们不想支持我们——我们自己发起运动吧。'既然他们迟迟没有动作，那我们就自己来发起运动吧。"

这场运动被称为"3Cosas"，翻译过来就是"三件事：有病假津贴、有带薪假期、有养老金"。亨利告诉我，公共服务业总工会对此并不高兴，他们贴出海报说不支持抗议活动。亨利和他的朋友们很生气。他们决定向工会的分会发起动议，并在下次工会会议上提出抗议。亨利说会上自然是挤满了人，因为"那帮官员带来了更多人，以确保不会让我们如愿，不会给我们支持"。

他们输掉了那场战役，但决定还是要继续推进运动。他们的下一步行动是试图接管伦敦大学议事大楼的公共服务业总工会分会，以便让这里更好地反映其成员——其中大部分是清洁工、保安和餐饮人员——的情况。另一个障碍出现了。公共服务业总工会决定通过无记名投票的方式进行选举，而不是通常的举手表决。许多工人的地址都变了——在生活不稳定时这种情况很常见——但工会不肯在系统中变更工人的地址。

这是一个工会在对抗另一个工会，新的移民工人阶级在对抗老的英国卫士。此外，亨利怀疑，"（公共服务业总工会）与伦敦大学有某种密切联系"，并试图保持友好关系。这些被外包的工人们可不想这样。他们只想要基本的权利。然后，亨利说，致命的一击来了：

> 公共服务业总工会推迟公布投票结果，并最终取消了选举。之后，我们完全不知道该怎么办了。他们的行为太侮辱人了。我们敲着鼓去了公共服务业总工会总部，说道："既然我们也是工人，为什么你们不在公共服务业总工会总部击鼓举标语来支持我们呢？你们本该把我们当作工会一分子来支持，但你们想要我们的钱，而不是我们的选票。"
>
> 是啊。然后他们就报了警，把我们轰走了。

他们四处寻找突破口，却毫无进展。不过，有一个小型的独立联盟经常支持他们的抗议活动，这就是英国独立工人联盟。它也来自另一个巨型工会——英国联合工会（Unite）；这个联盟将伦敦各地的清洁工组织了起来。在公共服务业总工会的下一次分会会议上，亨利和他的同事们在做了最后一次尝试却无果后，一起离开了工会，组建了独立工人联盟的分会。

亨利成为伦敦大学独立工人联盟的主席，"3Cosas"运动愈演愈烈。然而，公共服务业总工会在和他们对抗。而且，尽管伦敦大学的绝大多数非学术工作者加入了独立工人联盟，但伦敦大学拒绝承认他们的身份。他们甚至不能代表其成员进行谈判，只能组织运动。亨利哀叹道，他们都是新手，"我们对好多事情都不太了解，比如该如何代表工人，我都不知道作为代表意味着什么"。但他们非常敬业，在众人的帮助下，他们站了出来，为那些觉得自己没有发言权的人发声，最终赢得了大家的尊重。

然而，独立工人联盟的成员需要做的不仅仅是打赢几场小战役。他们决定举行罢工，这将是第一次在伦敦大学所有机构举行的罢工。通过社交媒体和视频活动，独立工人联盟建立了一项基金，用来支持那些可能因长期罢工而难以生存的工人。这是一次"非常大的胜利"。他们获得了"最长 6 个月的全薪病假"和 5 个星期的年假。他们的努力正在取得进展。

过去，他们被经理们当众吆喝，说解雇就解雇，毫无章程可依；如今，他们受到了尊重。独立工人联盟拥有一个庞大且逐渐强大的会员群体，并开始代表伦敦大学其他分支机构的工作人员组织运动，帮他们维权。还有其他没有代表，但同样生活不稳定的打工者，比如看护人员和送货司机，也开始向他们寻求帮助，并开设了自己的独立工人联盟分会。亨利说，联盟传达的信息很简单：

> 我们的工作方式就是，任何时候，只要有人想发起运动，我们就会告诉这些打工者，我们可以在技巧和知

识方面提供协助，但你们必须做得更多。如果你们不亲
自参与，那我们就什么都不做。我们宁愿不发起运动。

但战斗远未结束。虽然他们在伦敦大学内工作，但他们仍
然没有被伦敦大学直接雇用。他们当然不会放弃。

文明与奴役

伦敦大学的网站上"关于我们"那一页这样自夸道："近
200 年来，我们通过独特的教育方法改善了世界各地数百万人的
生活，查尔斯·狄更斯因此称我们为'人民的大学'。"[598]

2018 年 12 月，独立工人联盟发起了对议事大楼的抵制行
动。他们要求大家承诺：

> 不参加或组织任何在伦敦大学中央行政部门举行的
> 活动（包括议事大楼、斯图尔特大楼、瓦尔堡学院、历
> 史研究所、高级法律研究所 / 查尔斯·克罗尔大楼，以
> 及学生中心），直到所有的外包工人（包括清洁工、接待
> 员、保安人员、餐饮人员、搬运工、多媒体视听操作员、
> 园丁和维修工人）成为伦敦大学直接聘用的雇员，并享
> 有与其他直接聘用的雇员同等的待遇及工作条件[599]。

独立工人联盟声称，这些外包工人的工资更低，工作条件
更差，晋升机会更少，而且经常受到欺凌[600]。伦敦各地通过代

理机构务工的打工者，以及户户送、爱马仕快递和优步平台上的自雇人士，都会同意这一点。伦敦大学起初承诺停止外包，但一再推迟招标日期，说是在考虑进行"内部"招标，不过最后，还是开始了一轮招标过程。

截至 2019 年 4 月，已有 400 多名学术工作者签字同意上述承诺，这导致 33 场研讨会和 170 场活动被迫改到其他场地。像约翰·麦克唐纳（John McDonnell）、卡罗琳·卢卡斯（Caroline Lucas）和弗兰克·菲尔德这样的议员已经签字声援这一号召，评论员欧文·琼斯（Owen Jones）也签了字。不过，并不是每个人都能理解，那些保守人士更是如此。英国历史学家理查德·J. 埃文斯（Richard J. Evans）刚刚完成了一本关于马克思主义者艾瑞克·霍布斯鲍姆（Eric Hobsbawm）的书；他拒绝取消原定在伦敦大学举行的新书发布会，声称霍布斯鲍姆不会同意这场抵制活动，因为"这算不上是工会正式设立的红线"，"独立工人联盟竟然从公共服务业总工会以及联合工会中分离出来独自行动，这种事无疑会让霍布斯鲍姆大感震惊，因为这么做是在破坏工会的联合行动"[601]。在我看来，如果霍布斯鲍姆能有机会与亨利以及独立工人联盟的其他成员坐下来好好谈谈，大概会有不同的看法。

伦敦大学并不打算轻易放手。据报道，2018 年 6 月，在抗议外包运动期间，伦敦大学额外投入的安保费用已经高达 415134 英镑[602]。大部分钱都花在了安保代理机构上，打造出了一个被记者西蒙·蔡尔兹戏称为"保安剧院"（Theatre of Security）的地方，所有进入议事大楼的访客都必须出示身份证件[603]。

伦敦大学将自己描述为一个"尽责的雇主"，"非常重视公共部门的平等责任"[604]。他们声称"对各种不准确的、带有误导性的说法感到沮丧"。此外，该大学还坚称他们"并没有参与其外包供应商与所雇员工之间的合同安排"，这也是问题的关键所在。他们还说：

> 伦敦大学认为，这些受雇于大型服务承包商的个人因弹性工作时间而受益。对许多人（也许不是所有人）而言，他们喜欢这种灵活性，让他们能够兼顾为其他雇主工作的机会。这样的灵活性很难复制到对直接聘用的员工的管理上[605]。

零工经济体系下的公司经常会用这一点做挡箭牌。优步在针对其平台从业者就业状态的上诉失败后，其发言人声称："如果这些司机被归为正式工人，那他们会不可避免地失去自己当老板时所拥有的某些自由度和灵活性。"[606]

同样，户户送在打赢了一起关于将他们的骑手定位为自雇人士的官司后，声称这"对于那些一直希望由自己选择什么时候工作、在哪里工作的骑手而言，是一场胜利。骑手们能够自主管理、灵活就业，这就是他们愿意和户户送合作的首要原因"[607]。

2019年2月，"议事大楼抵制运动"的推特账户发布了一封由50名伦敦大学清洁工签名的信件[608]。他们没有谈到灵活性有什么好处，也没有谈到能同时从事多份工作有什么乐趣。他们感谢那些"支持我们并加入这次抗争运动中"的人，并描述了自己的工作境遇，"我们的合同保证我们每天只有2个小时到3

个小时的工作，但我们实际的工作时间要长得多。"因此，信中说，在工作了这么长时间后，他们还必须去追讨加班费。而且，他们的假期工资只基于合同规定的工作时间。这些清洁工还提醒我们，"外包导致了经济和社会层面的排斥现象，我们这些移民工人受到了剥削。相比之下，大学直接聘用的学术工作者和管理人员主要是白人，这种情况在他们身上是不可能发生的。"

这些清洁工明确表示，这所大学"以'公平对待每个人'为荣"，倡导"人人机会平等""支持多元化的社会包容"，确保每一位员工在工作中受到"有尊严的对待"，他们为在这样一所知名大学工作而感到自豪。接着，他们又说，"我们要求伦敦大学践行它所宣扬的原则，并确保其落实到位。"这些生活在阴影里的移民工人一直在确保伦敦的顺畅运转，这就是他们的生活。

后来，出于对我只会一种语言的同情，亨利好心地帮我向他的会员做了一些调查。他们大多来自拉丁美洲，最初抵达的是西班牙或葡萄牙；自从经济大萧条冲击南欧，导致青年失业率分别达到 40% 和 50% 以来，这些人又辗转来到了伦敦[609]。对移民而言，那里不是找工作的好地方，也没有找工作的好时机。他们来到伦敦，因为伦敦是"世界上最著名的城市之一"，有"工作和机会"，有"多样性和多元化的群体"。然而，虽然对很多人而言，他们在伦敦自在得就像在家里一样，但在伦敦的生活十分艰难。他们写道，在伦敦，"你只能拼命挣扎求生存"，因为——其中有几个人说——工资太低，而住房成本太高。他们还谈到了长时间的工作以及工人之间的不平等。其中一个写道：

如果你想在伦敦活下去，就必须非常努力地工作。我每天早上5点左右离开家去工作，到我上班的地方乘火车要1个小时……我是一名保安办公室接待员，每天工作12小时。就是说，我每天花在工作上的时间超过14个小时。

　　这就是伦敦，文明、奴役和希望并存于同一座建筑中。而这一切，都源于伦敦梦。

　　至于亨利，他会继续这场精彩的战斗。他在伦敦大学伯贝克学院获得了社会科学学位，独立工人联盟的规模还在不断扩大。在我们那次谈话之后，他如今已经成为独立工人联盟的全职主席。尽管他眼中的伦敦和我们在本书中邂逅的其他人眼中的伦敦很不一样，但他无疑也是一个伦敦人。他告诉我：

　　　　我当然非常喜欢伦敦。我大部分时间都生活在伦敦，是的，这里是一个适合居住的地方。对此我从来没有怀疑过。你只要能说他们的语言，就会很容易与周围的人交往。事实上，我参与了工会运动，认识了很多人，这也让我的生活变得更积极、更轻松了。

觉醒了吗？

　　独立工人联盟和他们代表工人展开的斗争，对伦敦人而言应该成为一种激励，对我们当中最脆弱的群体而言更是如此。

他们愿意为自己的权利和伦敦梦而战。此外，他们针对伦敦大学发起的抵制运动让公众注意到，大学的文明使命与它似乎离不开的剥削行为之间，存在着一种令人不安的紧张关系。

然而，有一件事我却无法回避。即使独立工人联盟取得了胜利，即使这些抗争往往需要多年的投入和牺牲，他们也只是夺回了最基本的权利——甚至只是有了"要求获得权利"的权利。如果说阶级斗争是打碎伦敦梦的基础，那么资本正在占得先机。

尽管如此，虽然被迫面对工作等诸多方面的艰苦条件，但在亨利所代表的移民打工者中，很少有人会选择回老家。即使在最不堪的境遇下，伦敦也能点燃人们心中的希望。即使是那些为生存而拼命挣扎的人，也认为自己有可能在这座城市里出人头地。

这就是伦敦的现实，如果你想成功，伦敦仍然是最佳选择。而且，也并不是每个人都过着悲惨、动荡的生活。最近的研究表明，英国的高收入人群有 2/3 居住在伦敦以及伦敦周边的通勤市镇[610]。伦敦的经济在持续增长，似乎并没有被英国脱欧的阴影笼罩[611]。2019 年，伦敦有 76 座 20 层以上的建筑即将完工，另外还有 541 座建筑正在建设中[612]。

那些希望在艺术、科技或介于二者之间的领域有所成就的人，选择来伦敦寻找工作、建立人脉、体验酷炫，他们的选择完全正确。那些没有那么幸运、希望在服务业工作的移民也并没有被愚弄。原因很简单：伦敦提供了找到工作的最好机会，避免了公然的歧视，让人们设法在这世上安身立命。即便逐梦的后果往往残酷，但梦想总在那里。

由于高出生率以及源源不断的国际移民涌入，伦敦的人口正在迅速增长。尽管每年有 20 多万人从英国各地来到伦敦[613]，但每年也有超过 5 万人从伦敦流出到英国其他地区[614]。贫困儿童的数量在持续增加[615]，2018 年，伦敦露宿街头的儿童数量增加了 20%[616]。多份国际调查显示，伦敦的生活质量在英国所有城市中排名几乎垫底，排在它后面的只有格拉斯哥[617]。但还有一份报告称，伦敦因其大学、奢侈品商店和餐馆，而成为 2019 年度全球最佳城市[618]。造访伦敦的游客人数更是持续创下新高[619]。

彼得·阿克罗伊德表示，在维多利亚时代伦敦的鼎盛时期，这座城市"是如此巨大，以至于这里符合任何一种观点，任何人对它的看法都没有错"[620]。维多利亚时代的伦敦如此，今天的伦敦亦是如此。关于伦敦，我们能讲出千千万万个故事。

"伦敦是一个让你发财的地方。"

"伦敦是一个让你耗尽钱财的地方。"

"伦敦是一个总有事情可做的地方。"

"伦敦是一个找工作的好地方。"

"伦敦是一个欢迎八方来客的地方。"

"伦敦是一个把穷人赶出城市的地方。"

"伦敦是乐土。"

伦敦是一座希望之城，也是一座苦难之城。一座总有事情可做的城市，一座永远不缺乏苦难劳工挣扎奋斗的城市。这些都是伦敦梦的一部分。

然而，他们还是来了。只是，他们还能在这里坚持多久呢？

注释

1. James Boswell, *The Life of Samuel Johnson* (London: Hutchinson and Co, 1791), 285.

2. Boswell, 286.

3. Boswell, 286.

4. Tony Parsons, 'London Is the Greatest City in the World,' GQ, 2016, http://www.gq-magazine.co.uk/article/tony-parsons-london-capital-world.

5. Sam Selvon, *The Lonely Londoners* (London: Penguin Books, 2006), 79.

6. 在我写下这些看似乐观的话的时候，世界正忍受着英国脱欧带来的混乱。我完全明白，读者在阅读本书时，恐怕会把这些话当成笑话。

7. Cynthia Cockburn, *Looking to London* (London: Pluto Press, 2017).

8. Karl Marx, *Das Kapital* (Oxford: Oxford University Press, 1995), 362.

9. Yvonne Kapp，*Eleanor Marx: Vol 1 Family Life*（London：Virago Press，1972），128；资料来源于 Lindsey German and John Rees，*A People's History of London*（London and New York：Verso，2012），126。

10. Karl Marx and Fredrich Engels, *Marx and Engels: 1844-51: Vol. 38* (London: Lawrence and Wishart, 1982), 377.

11. Francis Wheen, *Marx's Das Kapital* (London: Atlantic Books, 2006), 25.

12. Blanchard Jerrold, *London, a Pilgrimage* (London: Anthem Press, 2005); Peter Ackroyd, *London: The Concise Biography* (London: Vintage, 2001), 483.

13. Plato, *The Republic* (New York: Cosimos, 2008), 92.

14. 书中所有人名均为化名。

15. Cockburn, *Looking to London*.

16. Ben Judah, *This Is London* (London: Picador, 2016).

17. Alan White, 'Literally No One Has A Clue What Theresa May Means By 'The British Dream,'' Buzzfeed, 2017, https://www. buzzfeed.com/ alanwhite/everyone-wants-to-know-what-the-hell-theresa-may-means-by?utm_term=.bmQx0A4RQV#.ahJ21wEmvd.

18. Nesrine Malik, 'Theresa May Has a Dream. A Mawkish, Shabby 'British Dream,'' The Guardian, 2018, https://www.theguardian. com/commentisfree/2018/feb/01/theresa-may-british-dream.

19. Ade Sawyerr, 'Will There Ever Be a British Dream?,' Operation Black Vote, 2011, http://www.obv.org.uk/news-blogs/will-there-ever-be-british-dream.Z. Nia Reynolds, *When I Came to England: An Oral History of Life in 1950s and 1960s Britain* (London: Black Stock, 2001).

20. 这并不是否认移民在现代英国的存在以及他们对英国的贡献，也不是否认将移民的故事纳入英国历史的价值。正如戴维·古德哈特（David Goodhart）在《英国梦》（*The British Dream*）一书中呼吁的那样，一个以移民为导向的英国梦，可能有助于在当前分

歧严重的领域提高凝聚力。

21. Ackroyd, *London: The Concise Biography*, 573.

22. German and Rees, *A People's History of London*, 13–14.

23. Cockburn, *Looking to London*, 10.

24. 这段话最早出自马修·帕里斯（Matthew Paris）在 1255 年的描述。后被引述于 Nick Merriman Sara Selwood，Bill Schwarz，*The Peopling of London: Fifteen Thousand Years of Settlement from Overseas: An Evaluation of the Exhibition*（London：Museum of London，1996）。

25. 'EU Referendum: The Results in Maps and Charts,' BBC News, 2016, http://www.bbc.co.uk/news/uk-politics-36616028.

26. Corporate Research Unit, 'Spitalfields and Banglatown Ward Profile,' London Borough of Tower Hamlets (London, 2014), https://www.towerhamlets.gov.uk/Documents/Borough_statistics/Ward_ profiles/Spitalfields-and-Banglatown-FINAL-10062014.pdf.

27. Ackroyd, *London: The Concise Biography*, 702.

28. 'Immigration and Emigration: The Huguenots,' BBC, 2003, http://www.bbc.co.uk/legacies/immig_emig/england/london/article_1.shtml.

29. Jerry White, *London in the 18th Century* (London: The Bodley Head, 2012), 138.

30. White, 139.

31. 'Changing Shadows,' *The Economist*, 2003, https://www.economist.com/christmas-specials/2003/12/18/changing-shadows.

32. White, *London in the 18th Century*, 218.

33. White, 137–39.

34. 'The Origin of "Refugee,"' Merriam-Weber, accessed May 10, 2018, https://www.merriam-webster.com/words-at-play/origin-and-meaning-of-refugee.

35. Cockburn, *Looking to London*.

36. 'National Statistics: Asylum,' Home Office, 2017, https://www.gov.uk/government/publications/immigration-statistics-october-to-december-2016/asylum.

37. Cockburn, *Looking to London*, 24.

38. German and Rees, *A People's History of London*, 26.

39. German and Rees, 27.

40. 'Immigration and Emigration: East End Jews,' BBC, 2003, http://www.bbc.co.uk/legacies/immig_emig/england/london/article_2.shtml.

41. 'Changing Shadows.'

42. 'Immigration and Emigration: East End Jews.'

43. David Goldberg, *This Is Not the Way: Jews, Judaism and the State of Israel* (London: Faber and Faber, 2012).

44. 'Changing Shadows.'

45. Jerry White, *London in the 20th Century* (London: The Bodley Head, 2001), 131.

46. White, 133.

47. White, 130.

48. White, 130–31.

49. Office for National Statistics, 'Births by Parents' Country of Birth, England and Wales: 2017,' 2018, https://www.ons.gov.uk/peoplepopulationandcommunity/birthsdeathsandmarriages/livebirths/bulletins/parentscountryofbirthenglandandwales/2017.

50. White, *London in the 20th Century*, 131.

51. 'Enoch Powell's 'Rivers of Blood' Speech,' The Telegraph, 2007, https://www.telegraph.co.uk/comment/3643823/Enoch-Powells-Rivers-of-Blood-speech.html.

52. White, *London in the 20th Century*, 132.

53. Clair Wills, 'Passage to England,' Times Literary Supplement, 2017, https://www.the-tls.co.uk/articles/public/punjabi-immigrants-stories/.

54. Jack London, *The People of the Abyss* (London: Macmillan, 1903), 6.

55. 同上。

56. London, *The People of the Abyss*, 65.

57. 'Analysis of Real Earnings and Contributions to Nominal Earnings Growth, Great Britain: May 2018,' Office for National Statistics, 2018, https://www.ons.gov.uk/employmentandlabourmarket/peopleinwork/earningsandworkinghours/articles/supplementaryanalysisofaverageweeklyearnings/may2018.

58. 'The Scale of Economic Inequality in the UK,' The Equality Trust, 2018, https://www.equalitytrust.org.uk/scale-economic-inequality-uk.

59. Moussa Haddad, 'The Perfect Storm: Economic Stagnation, the Rising Cost of Living, Public Spending Cuts and the Impact on UK Poverty,' Oxfam, 2012, https://policy-practice.oxfam.org.uk/publications/the-perfect-storm-economic-stagnation-the-rising-cost-of-living-public-spending-228591.

60. Jerry White, *London in the 19th Century* (London: The Bodley Head, 2007), 109.

61. White, 108.

62. White, 109.

63. White, 109.

64. 'Hidden Homelessness in London,' London Assembly, 2017, https://www.london.gov.uk/sites/default/files/london_assembly_-_hidden_homelessness_report.pdf.

65. 'Hidden Homelessness in London.'

66. Richard Brown and Brell Wilson, 'Running on Fumes: London's Council Services in Austerity,' Centre for London, 2015, https://www.centreforlondon.org/wp-content/uploads/2016/08/CFL3888_Running-on-fumes_short_paper_12.11.15_WEB.pdf.

67. Joseph Addison, 'Thursday, June 12, 1712,' The Spectator, 1712, https://www.gutenberg.org/files/12030/12030-h/SV2/Spectator2.html#section403.

68. German and Rees, *A People's History of London*, 26–27.

69. Ackroyd, *London: The Concise Biography*, 703.

70. Ackroyd, 704.

71. Emma Tapsfield and James Glanfield, 'The Most Racist Programme I've Ever Watched': BBC Faces Twitter Backlash over Controversial Documentary The Last Whites of the East End – While Some Viewers Say 'It's Only Telling the Truth,'' Mail Online, 2016, http://www.dailymail.co.uk/news/article-3608136/The-racist-programme-honest-reflection-state-nation-Britain-divided-reaction-Whites-East-End.html.

72. '2011 Census: Key Statistics and Quick Statistics for Local Authorities in the United Kingdom,' Office for National Statistics, 2011, https://www.ons.gov.uk/peoplepopulationandcommunity/populationandmigration/populationestimates/bulletins/keystatisticsandquickstatisticsforlocalauthoritiesintheunitedkingdom/2013-10-11.

73. Ackroyd, *London: The Concise Biography*, 706–8.

74. Nick Gutteridge, 'REVEALED: EU Migrants Pocket MORE Tax Credits Cash and Child Benefits than BRITISH Workers,' Express, 2016, https://www.express.co.uk/news/uk/655145/Brexit-EU-referendum-European-migrants-benefits-tax-credits-British-workers.

75. Susan Fox, *The New Cockney: New Ethnicities and Adolescent Speech in the Traditional East End of London* (Basingstoke: Palgrave

Macmillan, 2015).

76. 'A Guide to the Hostile Environment,' Liberty, 2018, https://www.libertyhumanrights.org.uk/sites/default/files/HE web.pdf.

77. Zac Goldsmith, 'On Thursday, Are We Really Going to Hand the World's Greatest City to a Labour Party That Thinks Terrorists Is Its Friends? A Passionate Plea from ZAC GOLDSMITH Four Days before Mayoral Election,' Mail Online, 2016, http://www.dailymail.co.uk/debate/article-3567537/On-Thursday-really-going-hand-world-s-greatest-city-Labour-party-thinks-terrorists-friends-passionate-plea-ZAC-GOLDSMITH-four-days-Mayoral-election.html.

78. Ackroyd, *London: The Concise Biography*, 703.

79. 'Our #LondonisOpen Campaign,' Mayor of London, 2017, https://www.london.gov.uk/about-us/mayor-london/londonisopen.

80. 'Facing Facts: The Impact of Migrants on London, Its Workforce and Economy,' PWC, 2017, https://www.pwc.co.uk/services/legal-services/services/immigration/facing-facts--the-impact-of-migrants-on-london--its-workforce-an.html.

81. Fredrich Engels, *The Condition of the Working Class in England* (London: Penguin, 1845).

82. Henry Mayhew, 'Victorian London -Publications -Social Investigation/Journalism - The Criminal Prisons of London and Scenes of London Life,' The Great World of London, 1862, http://www.victorianlondon.org/publications5/prisons-01.htm.

83. Ackroyd, *London: The Concise Biography*, 486.

84. Henry Fielding, 'An Enquiry Into the Causes of the Late Increase of Robbers,' Internet Archive, 1751, https://archive.org/details/anenquiryintoca00fielgoog.

85. William Booth, *In Darkest England and the Way Out* (Cambridge: Cambridge University Press, 1890), 11–12.

86. Ackroyd, *London: The Concise Biography*, 490.

87. Henry Mayhew, *London Labour and the London Poor* (Ware: Wordsworth Editions, 2008), 6–8.

88. German and Rees, *A People's History of London*, 156.

89. Charles Dickens, *Oliver Twist* (London: Penguin, 2003), 63.

90. Graham Mooney, 'Shifting Sex Differentials in Mortality During Urban Epidemiological Transition: The Case of Victorian London,' *International Journal of Population Geography* 8 (2002): 26.

91. Ackroyd, *London: The Concise Biography*, 288.

92. Ackroyd, 291.

93. German and Rees, *A People's History of London*, 99.

94. White, *London in the 19th Century*, 30.

95. White, 30.

96. London, *The People of the Abyss*, 29.

97. Ackroyd, *London: The Concise Biography*, 500.

98. Mayor of London, 'London Datastore,' Historical Census Population, 2011, https://data.london.gov.uk/dataset/historic-census-population/resource/2c7867e5-3682-4fdd-8b9d-c63e289b92a6#.

99. Clive Emsley; Tim Hitchcock; Robert Shoemaker, 'A Population History of London,' Old Bailey Proceedings Online, 2017, https://www.oldbaileyonline.org/static/Population-history-of-london.jsp.

100. Mayor of London, 'London Datastore.'

101. White, *London in the 19th Century*, 30.

102. Dickens, *Oliver Twist*, 11.

103. London, *The People of the Abyss*, 34.

104. Robert Winnett, 'Get a Job, Iain Duncan Smith Tells Parents on the Dole,' The Telegraph, 2012, https://www.telegraph.co.uk/news/

politics/9330574/Get-a-job-Iain-Duncan-Smith-tells-parents-on-the-dole.html.

105. White, *London in the 19th Century*, 29.

106. 有关这部分活动的文档记录超出了本书的讨论范围。如有兴趣可参阅 Lindsey German's and John Rees，*A People's History of London*，它对伦敦激进主义政治的历史进行了全面、有力的分析。

107. German and Rees, *A People's History of London*, 100–101.

108. German and Rees, 108.

109. German and Rees, 111.

110. Catherine J. Golden, *Posting It: The Victorian Revolution in Letter Writing* (Gainesville, Florida: University Press of Florida, 2009), 129.

111. Liza Picard, 'The Great Exhibition,' British Library, 2009, https://www.bl.uk/victorian-britain/articles/the-great-exhibition.

112. White, *London in the 19th Century*, 103.

113. Clement Shorter, *The Brontes Life and Letters Volume II* (London: Hodder and Stoughton, 1908), 215–16.

114. White, *London in the 19th Century*, 269.

115. Noted in White, 78.

116. White, 102.

117. H.A. Shannon, 'Migration and the Growth London, 1841-1891,' *Economic History Review* V, no. 2 (1935): 79–86; *White, London in the 19th Century*, 102.

118. White, *London in the 19th Century*, 103.

119. White, 116.

120. White, 102.

121. Ackroyd, *London: The Concise Biography*, 485.

122. Kimberly Conner, '20 Reasons London Is the Most Exciting City

in the World,' Huffington Post, 2016, https://www.huffingtonpost.com/kimberly-conner/20-reasons-london-is-the-_b_9633332.html.

123. Katie Allen, 'Economic Output per Person in London More than Double Rest of UK,' The Guardian, 2016, https://www.theguardian.com/business/2016/dec/15/economic-output-of-london-more-than-double-rest-of-uk.

124. Richard Florida, 'The Economic Power of Cities Compared to Nations,' CityLab, 2017, https://www.citylab.com/life/2017/03/the-economic-power-of-global-cities-compared-to-nations/519294/.

125. Parsons, 'London Is the Greatest City in the World.'

126. White, *London in the 20th Century*, 188.

127. White, 206.

128. White, 208.

129. White, 76.

130. White, 338.

131. White, 325.

132. White, 326.

133. David Batty, *My Generation* (United Kingdom: Lionsgate, 2017).

134. Richard Florida, *The Rise of the Creative Class: And How It's Transforming Work, Leisure, Community and Everyday Life* (New York: Basic Books, 2002).

135. Batty, *My Generation*.

136. Stryker McGuire and Michael Elliott, 'Hot Fashion, a Pulsating Club Scene and Lots of New Money Have Made This the Coolest City on the Planet,' *Newsweek*, November 1996.

137. David Kamp, 'London Swings! Again!,' *Vanity Fair*, 1997, https://www.vanityfair.com/magazine/1997/03/london199703.

138. 和众多新晋父母一样，1995 年，赫斯特在第一个孩子出生后，搬离了伦敦（去了德文郡）。有一天我肯定也会那么做，但不是现在，因为我目前还在撰写一本关于伦敦的书。

139. Rachel Lichtenstein, *On Brick Lane* (London: Hamish Hamilton, 2007), 276.

140. White, *London in the 20th Century*, 342.

141. Richard Florida, *The New Urban Crisis* (London: OneWorld, 2017), 58.

142. Nevin Martell, 'Brett Anderson and Mat Osman on Suede's Discography,' Filter, 2011, http://filtermagazine.com/index.php/exclusives/entry/brett_anderson_and_mat_osman_on_suedes_discography.

143. 'You Can Walk Across It on Grass,' *Time*, April 1966.

144. Alan Ehrenhalt, *The Great Inversion and the Future of the American City* (New York: Vintage, 2013).

145. 'Trust for London,' London's population over time, 2018, https://www.trustforlondon.org.uk/data/londons-population-over-time/.

146. 'You Can Walk Across It on Grass.'

147. Joe Muggs, 'Is New Cross the New Camden?,' Evening Standard, accessed August 5, 2018, https://www.standard.co.uk/go/london/clubbing/is-new-cross-the-new-camden-6695175.html.

148. 'New Cross,' UK Census Data, 2011, http://www.ukcensusdata.com/new-cross-e05000449#sthash.eAlmTa7g.dpbs.

149. 'Ward Profiles and Atlas,' Greater London Authority, 2015, https://data.london.gov.uk/dataset/ward-profiles-and-atlas.

150. 'You Can Walk Across It on Grass.'

151. 'London's Population by Age,' Trust for London, 2018, https://www.trustforlondon.org.uk/data/londons-population-age/.

152. White, *London in the 20th Century*, 171.

153. German and Rees, *A People's History of London*, 14.

154. Ackroyd, *London: The Concise Biography*, 455.

155. William Dalrymple, 'The East India Company: The Original Corporate Raiders,' The Guardian, 2015, https://www.theguardian.com/world/2015/mar/04/east-india-company-original-corporate-raiders.

156. The Economist, 'The Company That Ruled the Waves,' The Economist, 2011, http://www.economist.com/node/21541753.

157. 'Britain and the Slave Trade,' The National Archives, accessed October 30, 2017, http://www.nationalarchives.gov.uk/slavery/pdf/britain-and-the-trade.pdf.

158. White, *London in the 20th Century*, 171.

159. White, *London in the 18th Century*, 168.

160. German and Rees, *A People's History of London*, 233.

161. German and Rees, 86.

162. German and Rees, 234.

163. Mayhew, *London Labour and the London Poor*.

164. Robert Douglas-Fairhurst, 'London Labour and the London Poor by Henry Mayhew,' The Guardian, 2010, https://www.theguardian.com/books/2010/oct/16/rereading-henry-mayhew-london-poor.

165. Mayhew, *London Labour and the London Poor*, 301.

166. Douglas McWilliams, *The Flat White Economy* (London: Douglas Overlook, 2015), 23.

167. Wandsworth Council, 'Battersea Power Station,' History of Battersea Power Station, 2018, http://www.wandsworth.gov.uk/info/200536/nine_elms/2101/battersea_power_station.

168. 'The History,' Battersea Power Station, 2018, https://batterseapowerstation.co.uk/about/heritage-history.

169. 'Coal-Fired Power Stations,' Hansard, 1984, http://hansard.millbanksystems.com/written_answers/1984/jan/16/coal-fired-

power-stations#S6CV0052P0_19840116_CWA_281.

170. 'Battersea Power Station,' South Chelsea, accessed March 7, 2018, https://web.archive.org/web/20120310153152/http://www.southchelsea.freeserve.co.uk/page11.html.

171. Peter Watts, 'Mosque, Circus, Neverland UK ... the Best Failed Ideas for Battersea Power Station,' The Guardian, 2016, https://www.theguardian.com/cities/2016/may/31/battersea-power-station-london-mosque-circus-neverland.

172. Matt West, 'Almost All 866 Flats in Battersea Power Station Development Sold to Foreign Investors for £675m - and They Haven't Even Been Built Yet,' This is Money, 2013, http://www.thisismoney.co.uk/money/mortgageshome/article-2328459/Almost-866-flats-Battersea-Power-Station-development-sold-foreign-investors.html.

173. Julia Kollewe, 'Battersea Power Station Developer Slashes Number of Affordable Homes,' *The Guardian*, 2017, http://www.thisismoney.co.uk/money/mortgageshome/article-2328459/Almost-866-flats-Battersea-Power-Station-development-sold-foreign-investors.htm.

174. Ruth Bloomfield, 'It's Battersea Poor Station: First-Time Buyers Banished to Former Industrial Estate Half a Mile from Luxury Homes,' Evening Standard, 2015, https://www.homesandproperty.co.uk/property-news/its-battersea-poor-station-firsttime-buyers-banished-to-former-industrial-estate-half-a-mile-from-47706.html.

175. Sheila Hills, John, Brewer, Mike, Jenkins, Stephen P, Lister, Ruth, Lupton, Ruth, Machin, Stephen, Mills, Colin, Modood, Tariq, Rees, Teresa and Riddell, 'An Anatomy of Economic Inequality in the UK: Report of the National Equality Panel' (London, 2010).

176. Robert Watts, 'The Sunday Times Rich List 2017: Boom Time for Billionaires,' The Times, 2017, https://www.thetimes.co.uk/article/the-sunday-times-rich-list-2017-boom-time-for-billionaires-pzbkrfbv2.

177. Trust for London, 'Children,' London's Poverty Profile, 2016, http://www.londonspovertyprofile.org.uk/indicators/groups/

children/.

178. Calvin Tomkins, 'The Modern Man,' The New Yorker, 2012, https://www.newyorker.com/magazine/2012/07/02/the-modern-man.

179. Jack Simpson, 'Battersea Power Station Deal Delayed Again,' Construction News, 2018, https://www.constructionnews.co.uk/markets/sectors/housing/battersea-power-station-deal-delayed-again/10033827.article.

180. BBC, 'Tate Modern Drew in Record Visitors in 2016,' BBC News, 2017, http://www.bbc.co.uk/news/entertainment-arts-39404206.

181. Tate, 'History of Tate,' Who We Are, 2017, http://www.tate.org.uk/about/who-we-are/history-of-tate#modern.

182. 在 Tomkins，"The Modern Man" 中有引述。

183. ''Wobbly' Millennium Bridge Fixed,' BBC News, 2002, http://news.bbc.co.uk/1/hi/england/1829053.stm.

184. Tomkins, 'The Modern Man.'

185. Gabrielle Brace Stevenson, 'Ben Wilson's Chewing Gum Art On The Millennium Bridge,' Culture Trip, 2016, https://theculturetrip.com/europe/united-kingdom/england/london/articles/ben-wilsons-chewing-gum-art-on-the-millennium-bridge/.

186. www.uncsbrp.org, 'London's Finance Industry,' London's Economic Plan, 2017, http://www.uncsbrp.org/finance.htm.

187. Charles Booth, Life and Labour of the People in London (London and New York: Macmillan, 1890).

188. 'Welcome to South Bank,' Home Page for South Bank, 2017, https://www.southbanklondon.com/index.

189. Daryl Rozario, 'London's Creative Industries – 2017 Update,' London Datastore, 2017, https://data.london.gov.uk/apps_and_analysis/londons-creative-industries-2017-update/.

190. Daniel Bell, The Coming of Post-Industrial Society (New York: Basic Books, 1976).

191. Slavoj Žižek, *First as Tragedy, Then as Farce* (London: Verso, 2009).

192. Fredric Jameson, *Postmodernism, or, the Cultural Logic of Late Capitalism* (Durham, NC: Duke University Press, 1991).

193. Thomas Frank, *The Conquest of Cool* (Chicago: The University of Chicago Press, 1997).

194. Jim McGuigan, *Cool Capitalism* (London: Pluto Press, 2009).

195. 'About Us,' Goldsmiths University of London, 2018, https://www.gold.ac.uk/about/.

196. Coran Elliott, 'Landlords Spending Thousands on Flowers to Create "Instagram Friendly" Pubs to Boost Trade,' The Telegraph, 2018, https://www.telegraph.co.uk/news/2018/08/04/landlords-spending-thousands-flowers-create-instagram-friendly/.

197. 'Zero-Hours Tate Staff Amazed as They're Asked to Stump up for Boss's New Boat,' Freedom News, 2017.

198. Geraldine Kendall Adams, 'Campaign Launched against Privatisation in Museums,' Museums Association, 2018, https://www.museumsassociation.org/museums-journal/news/21032018-campaign-launched-against-privatisation.

199. 'Gallery Staff's Pay Should Reflect Success of Tate Modern 2,' Public and Commercial Services Union, 2016, https://www.pcs.org.uk/news/gallery-staffs-pay-should-reflect-success-of-tate-modern-2.

200. Hannah Ellis-Petersen, 'Anger as Tate Asks Staff to Contribute towards Boat for Nicholas Serota,' The Guardian, 2017, https://www.theguardian.com/artanddesign/2017/apr/27/tate-asks-staff-to-pitch-in-to-buy-boat-for-departing-chief-nicholas-serota.

201. Tomkins, 'The Modern Man.'

202. Susanna Rustin, 'Modern Master: How Nick Serota's Tate Skyrocketed to Success,' The Guardian, 2017, https://www.theguardian.com/artanddesign/2017/may/30/tate-modern-britain-liverpool-st-ives-nicholas-serota.

203. Charlotte Higgins, 'How Nicholas Serota's Tate Changed Britain,' The Guardian, 2017, https://www.theguardian.com/artanddesign/2017/jun/22/how-nicholas-serota-tate-changed-britain.

204. Ellis-Petersen, 'Anger as Tate Asks Staff to Contribute towards Boat for Nicholas Serota.'

205. Higgins, 'How Nicholas Serota's Tate Changed Britain.'

206. Higgins.

207. 'Gallery Staff's Pay Should Reflect Success of Tate Modern 2.'

208. ONS, 'UK Labour Market: May 2017,' UK labour market: May 2017, 2017, https://www.ons.gov.uk/employmentandlabourmarket/peopleinwork/employmentandemployeetypes/bulletins/uklabourmarket/may2017.

209. LSE, 'Prosperity, Poverty and Inequality in London 2000/01 to 2010/11,' Social Policy in a Cold Climate, 2013, 51, http://sticerd.lse.ac.uk/dps/case/spcc/srr03.pdf.

210. Robert Booth and Caelainn Barr, 'Number of Londoners Abandoning Capital Hits 10-Year High,' The Guardian, 2017, https://www.theguardian.com/uk-news/2017/dec/29/londoners-leaving-capital-for-brighton-birmingham-and-bristol.

211. 'House Price Calculator: Where Can I Afford to Rent or Buy?,' BBC News, 2018, https://www.bbc.co.uk/news/business-23234033.

212. Alex Sims, '14 Reasons to Go to New Cross Road, SE14,' Time Out, 2016, https://www.timeout.com/london/blog/14-reasons-to-go-to-new-cross-road-se14-102116.

213. Henry James, *The Notebooks of Henry James* (Chicago: The University of Chicago Press, 1947), 27.

214. Harry de Quetteville, 'The Silicon Joke?,' The Telegraph, 2018, https://www.telegraph.co.uk/technology/the-silicon-joke/.

215. Matt Biddulph, 'How London's Silicon Roundabout Really Got

Started,' Gigaom, 2012, https://gigaom.com/2012/12/11/how-londons-silicon-roundabout-really-got-started/.

216. @mattb, '"Silicon Roundabout": The Ever-Growing Community of Fun Startups in London's Old Street Area [Tweet],' 2018, https://twitter.com/mattb/status/866136681.

217. Tim Bradshaw, 'Silicon Roundabout : Is This the Heart of the UK's New Dotcom Boom?,' Financial Times, 2008, https://www.ft.com/content/f815bdd4-4bfa-3e47-bfda-5948428001b7; Mike Butcher, 'Now We Have Silicon Roundabout Where Are London's Existing, Organic, Tech Hubs?,' Tech Crunch, 2008.

218. Prime Minster's Office, 'PM Announces East London "Tech City",' Gov.uk, 2010, https://www.gov.uk/government/news/pm-announces-east-london-tech-city.

219. 如今叫作"科技之国"，是"科技城"和"科技北方"的集合体。

220. Biddulph, 'How London's Silicon Roundabout Really Got Started.'

221. McWilliams, *The Flat White Economy*, 47.

222. McWilliams, 15.

223. McWilliams, *The Flat White Economy*.

224. McWilliams, 17.

225. 绝对不是起源于澳大利亚。

226. Rozario, 'London's Creative Industries – 2017 Update.'

227. Milja Keijonen, 'London's Sectors: More Detailed Jobs Data,' GLA Economics, 2015, https://www.london.gov.uk/sites/default/files/gla_migrate_files_destination/London%27s sectors- more detailed jobs data.pdf.

228. McWilliams, *The Flat White Economy*, 28.

229. Mayor of London, 'Culture for All Londoners' (London, 2018), https://www.london.gov.uk/sites/default/files/2017_draft_strategies_culture_2.0.pdf.

230. Mayor of London, 'Sadiq Khan Places Culture at the Heart of the London Plan,' 2017, https://www.london.gov.uk/press-releases/mayoral/mayor-places-culture-at-heart-of-london-plan.

231. Florida, *The Rise of the Creative Class: And How It's Transforming Work, Leisure, Community and Everyday Life*, xxi.

232. Florida, 8.

233. Florida, 8.

234. Simon Goodley and Jonathan Ashby, 'Revealed: How Sports Direct Effectively Pays below Minimum Wage,' The Guardian, 2015, https://www.theguardian.com/business/2015/dec/09/how-sports-direct-effectively-pays-below-minimum-wage-pay.Olivia Solon, 'Amazon Patents Wristband That Tracks Warehouse Workers' Movements,' The Guardian, 2018, https://www.theguardian.com/technology/2018/jan/31/amazon-warehouse-wristband-tracking.

235. Alec MacGillis, 'The Ruse of the Creative Class,' The American Prospect, 2009, http://prospect.org/article/ruse-creative-class-0.

236. Florida, *The Rise of the Creative Class: And How It's Transforming Work, Leisure, Community and Everyday Life*.

237. 我把穿黑色服装看作一种反时尚的方法。我喜欢这样搭配，主要是为了掩盖衣服上的食物或咖啡污渍。

238. Oliver Wainwright, '"Everything Is Gentrification Now": But Richard Florida Isn't Sorry,' The Guardian, 2017, https://www.theguardian.com/cities/2017/oct/26/gentrification-richard-florida-interview-creative-class-new-urban-crisis.

239. Florida, *The New Urban Crisis*, xxiii.

240. Wainwright, '"Everything Is Gentrification Now": But Richard Florida Isn't Sorry.'

241. Florida, *The New Urban Crisis*, xxiv.

242. Danny Dorling, 'The New Urban Crisis by Richard Florida Review– "Flawed and Elitist Ideas,"' The Observer, 2017, https://www.

theguardian.com/books/2017/sep/26/richard-florida-new-urban-crisis-review-flawed-elitist-ideas.

243. Richard Florida, *The Rise of the Creative Class, Revisited* (New York: Basic Books, 2014), vii.

244. Florida, 7.

245. Florida, vii.

246. Florida, xxiii.

247. 这是佛罗里达本人强调的。

248. 当然并不是真的申请了专利。

249. Frank Field and Andrew Forsey, 'Wild West Workplace: Self-Employment in Britain's "Gig Economy"' (London, 2016), http://www.frankfield.co.uk/upload/docs/Wild West Workplace.pdf.

250. '20 Facts About London's Culture,' Mayor of London, 2018, https://www.london.gov.uk/what-we-do/arts-and-culture/vision-and-strategy/20-facts-about-london's-culture#.

251. Florida, *The Rise of the Creative Class, Revisited*, 306.

252. Florida, *The New Urban Crisis*, xx.

253. 'Johnson: How British Values Help to Make the World Richer and Safer,' CCHQ Press, 2016, http://press.conservatives.com/post/151242631480/johnson-how-british-values-help-to-make-the-world.

254. Richard Florida, 'Class-Divided Cities: London Edition,' CityLab, 2013, https://www.citylab.com/life/2013/11/londons-class-divides/6056/.

255. Adam Woods, 'Who's Who on the Silicon Roundabout?,' The Campaign, 2011, https://www.campaignlive.co.uk/article/whos-silicon-roundabout/1053814.

256. McWilliams, *The Flat White Economy*, 51.

257. McWilliams, 63.

258. Sam Francis, 'Londoners Work "Three Weeks a Year More than Rest of UK,"' BBC News, 2017, https://www.bbc.co.uk/news/uk-england-london-39516134.

259. 是的，这里也有星巴克。

260. 说句公道话，罗比，无麸质啤酒正合我意。

261. Christopher Rocks, *London's Creative Industries - 2017 Update*, 2017, https://www.london.gov.uk/sites/default/files/working_paper_89-creative-industries-2017.pdf.

262. 'Mayfair,' Instant Offices, 2018, https://www.instantoffices.com/en/gb/a-guide-to-office-space-in-mayfair; 'Berkeley Square vs Canary Wharf – Which Is London's Premium Business Address?,' Morgan Pryce, 2011, https://www.morganpryce.co.uk/knowledge-centre/exclusive-news-articles/berkeley-square-vs-canary-wharf-which-is-london-s-premium-business-address.

263. White, *London in the 19th Century*, 172.

264. White, 173.

265. White, *London in the 20th Century*, 180.

266. 'Statistics,' Creative Industries Federation, 2017, https://www.creativeindustriesfederation.com/statistics.

267. 'Statistics.'

268. 正是她把我对罗比的采访录音转成了文字，促成了我们这次谈话。

269. 'Personal Well-Being in the UK: 2015 to 2016,' Office for National Statistics, 2016, https://www.ons.gov.uk/peoplepopulationandcommunity/wellbeing/bulletins/measuringnationalwellbeing/2015to2016#people-in-london-reported-lower-worthwhile-ratings-than-uk-overall.

270. 'Personal Well-Being Estimates,' Office for National Statistics, 2018, https://www.ons.gov.uk/peoplepopulationandcommunity/wellbeing/datasets/headlineestimatesofpersonalwellbeing.

271. Ackroyd, *London: The Concise Biography*, 493.

272. '"Half of Women" Sexually Harassed at Work, Says BBC Survey,' BBC News, 2017, https://www.bbc.co.uk/news/uk-41741615.

273. Tim Wallace, 'London Goes from Best to Worst for Gender Pay Gap,' The Telegraph, 2017, https://www.telegraph.co.uk/business/2017/11/27/london-goes-best-worst-gender-pay-gap/.

274. TUC, 'The Gig Is Up: Trade Unions Tackling Insecure Work' (London, 2017), https://www.tuc.org.uk/workplace-issues/employment-rights/gig-trade-unions-tackling-insecure-work.

275. 'Women,' Trust for London, 2018, https://www.trustforlondon.org.uk/data/populations/women/.

276. Rebecca Wilson, 'Creative Sector Gender Pay Gap at 28%, Sphere Salary Survey Reveals,' Recruitment International, 2017, https://www.recruitment-international.co.uk/blog/2017/07/creative-sector-gender-pay-gap-at-28-percent-sphere-salary-survey-reveals.

277. Thomas Friedman, *The World Is Flat: The Globalized World in the Twenty-First Century* (London: Penguin Books, 2005).

278. Ben Paytner, 'Female Freelancers Are Paid Way Less Than Men For The Same Creative Jobs,' Fast Company, 2017, https://www.fastcompany.com/40482750/female-freelancers-are-paid-way-less-than-men-for-the-same-creative-jobs.

279. ONS, 'Population Dynamics of UK City Regions since Mid-2011,' Population dynamics of UK city regions since mid-2011, 2016, https://www.ons.gov.uk/peoplepopulationandcommunity/populationandmigration/populationestimates/articles/populationdynamicsofukcityregionssincemid2011/2016-10-11.

280. Social Mobility Commission, 'Social Mobility Index: 2017 Data,' Gov.uk, 2017, https://www.gov.uk/government/publications/social-mobility-index-2017-data.

281. BOP Consulting, 'Soho: The World's Creative Hub' (London, 2013), http://www.thecreativeindustries.co.uk/media/232461/soho-bop-report.pdf.

伦敦梦：移民与城市神话

282. Paul Swinney and Maire Williams, 'The Great British Brain Drain' (London, 2016), http://www.centreforcities.org/wp-content/uploads/2016/11/16-11-18-The-Great-British-Brain-Drain.pdf.

283. 长期以来，伦敦对牛津大学、剑桥大学学生的吸引力一直很强。

284. Swinney and Williams，"The Great British Brain Drain。"如果有发现称，具有一定文化或经济特权的学生更有可能获得这些学位，更有可能在这些机构就读，任何人都不会感到惊讶。

285. Sidney Pierucci, 'Why MICRO-INFLUENCER Marketing Is Still "The Game" in 2019.,' The StartUp, 2018, https://medium.com/swlh/why-micro-influencer-marketing-is-the-game-in-2018-fdeda0993c36.

286. Pierucci.

287. Susie Khamis, Lawrence Ang and Raymond Welling, 'Self-Branding, "Micro-Celebrity" and the Rise of Social Media Influencers,' *Celebrity Studies*, 2016, https://doi.org/10.1080/19392397.2016.1218292.

288. 'Craft Content. Make Bank.,' TRIBE, 2019, https://www.tribegroup.co/influencers.

289. Taylor Lorenz, 'Rising Instagram Stars Are Posting Fake Sponsored Content,' The Atlantic, 2018, https://www.theatlantic.com/technology/archive/2018/12/influencers-are-faking-brand-deals/578401/.

290. White, *London in the 18th Century*, 187.

291. James Walvin, *A Short History of Slavery* (London: Penguin, 2007), 57.

292. White, *London in the 19th Century*, 187.

293. White, *London in the 18th Century*, 188.

294. White, 189.

295. White, 195.

336

296. Pat Hudson, 'The Workshop of the World,' BBC History, 2011, http://www.bbc.co.uk/history/british/victorians/workshop_of_ the_ world_01.shtml.

297. Flora Tristan, *London Journal 1840* (London: George Prior Publishers, 1980), 2.

298. Ackroyd, *London: The Concise Biography*, 386.

299. White, *London in the 20th Century*, 311.

300. Ackroyd, *London: The Concise Biography*, 388.

301. Steven Kettell, 'Circuits of Capital and Overproduction: A Marxist Analysis of the Present World Economic Crisis,' *Review of Radical Political Economics* 238, no. 1 (2006): 24–44.

302. 在 Zygmunt Bauman，*Work, Consumerism and the New Poor*（Berkshire：Open University Press，2005）中引述；Colin Cremin, *Capitalism's New Clothes*（London：Pluto Press，2011），111。

303. 作为一名中年学者，我没资格告诉别人什么叫作酷炫。在下一个部分中，我会从社会学角度对酷炫进行一番解读。再没有什么比这条注释更不酷炫的了。

304. Slavoj Žižek, 'You May!,' London Review of Books, 1999, https://www.lrb.co.uk/v21/n06/slavoj-zizek/you-may.

305. Pierre Bourdieu, *Distinction* (London: Routledgc, 1984), 367.

306. YOLO（You Only Live Once）——人生只有一次；FOMO（Fear Of Missing Out）——害怕错过。

307. 需要明确的是，这种享受带来的兴奋感并不适用于所有伦敦人。许多人仍然生活在受约束的环境中，特别是那些靠服务或体力劳动勉强度日的人。此外，我发现我的学生们对未来越来越担忧；他们往往更关心的是能不能找到工作，而不是自由和堕落。也许只有解决了工作问题，才有堕落的自由吧。

308. Luke Scorziell, 'The Experience Economy with Case Lawrence,' The Edge of Ideas, 2018, https://theedgeofideas.com/2018/03/21/ep-33-experience-economy-case-lawrence/.

309. 'Things to Do in London This Weekend,' Time Out, 2018, https://www.timeout.com/london/things-to-do-in-london-this-weekend.

310. Glyn Daly, 'Politics of the Political: Psychoanalytic Theory and the Left(S),' *Journal of Political Ideologies* 14 (2009): 290.

311. 在 Robert Farris Thompson, *African Art in Motion*（Berkeley：University of California Press, 1974）, 43；McGuigan, *Cool Capitalism*, 3 中有引述。

312. Dick Pountain and David Robins, *Cool Rules: An Anatomy of an Attitude* (London: Reaktion, 2000), 41.

313. 在 Pountain and Robins, 26；McGuigan, *Cool Capitalism*, 4 中有引述。

314. Frank, *The Conquest of Cool*, 26.

315. 'The Politics of Cultural Studies,' Cultural Politics 2, no. 2 (2006): 137–58；'The Coolness of Capitalism Today,' TripleC 10, no. 2 (2012): 425–38.

316. 参见 Monica；Degen, Clare Melhuish and Gillian Rose, 'Producing Place Atmospheres Digitally：Architecture, Digital Visualisation Practices and the Experience Economy,' *Journal of Consumer Culture* 27（2015）：1–22。

317. 'Pop Up London,' Pop Up London Entertainment, 2016, http://thenudge.com/london-/pop-up-london.

318. *No Logo* (Picador: Knopf Canada, 1999).

319. Florida, *The Rise of the Creative Class: And How It's Transforming Work, Leisure, Community and Everyday Life*, 7.

320. Booth, *Life and Labour of the People in London*.

321. McWilliams, *The Flat White Economy*, 23–24.

322. McWilliams, 24.

323. Ollie O'Brien, 'Cool London?,' Mapping London, 2014, http://mappinglondon.co.uk/2014/cool-london/.

324. 'Box Park Shoreditch : About,' Box Park Shoreditch, 2018, https://www.boxpark.co.uk/shoreditch/about/.

325. 'Rent a Space - Ebor Street Wall,' Rent a Space, 2018, https://www.appearhere.co.uk/spaces/ebor-street-wall-shoreditch.

326. '#GOODBYESHOREDITCH,' Last Days of Shoreditch, 2018, http://lastdaysofshoreditch.co.uk/.

327. Mike Urban, 'The Death of Brixton's Pope's Road as Sports Direct Take Over,' Brixton Buzz, 2018, http://www.brixtonbuzz.com/2018/06/the-death-of-brixtons-popes-road-as-sports-direct-take-over/.

328. Rowan Moore, *Slow Burn City* (London: Picador, 2016), xix.

329. Sheila Patterson, *Dark Strangers: A Sociological Study of the Absorption of a Recent West Indian Migrant Group in Brixton, South London*（Bloomington: Indiana University Press，1963），54。在该书中有引述：White, *London in the 20th Century*，22。

330. 他们来伦敦还有另一个原因。1952 年，美国通过了《麦卡伦—沃尔特法案》(*McCarran-Walter Act*)，有效关闭了他们的边境。那些渴望逃离国内失业和贫困现状的人别无选择，只能前往英国。

331. Donald Hinds, *Journey to an Illusion: The West Indian in Britain* (London: Heinemann, 1966).

332. White, *London in the 20th Century*, 135.

333. White, 135.

334. Lloyd Bradley, 'Calypso and the Birth of British Black Music,' British Library, 2018, https://www.bl.uk/windrush/articles/calypso-and-the-birth-of-british-black-music.

335. Andy Wilson, '"Co-Existence through Calypsos and Cockney Cabaret": The Inter-Racial Movement and Dutiful Citizenship,' London Black Histories, 2017, http://www.blacklondonhistories.org.uk/tag/1960s/.

336. Martin Kettle and Lucy Hodges, *Uprising!: Police, the People and*

the Riots in Britain's Cities (London: Macmillan, 1982), 141.

337. Alex Wheatle, 'The Gentrification of Brixton : How Did the Area's Character Change so Utterly?,' The Independent, 2015, https:// www.independent.co.uk/news/uk/home-news/the-gentrification-of-brixton-how-did-the-areas-character-change-so-utterly-a6749276. html.

338. Future Brixton , 'Have Your Say What Happens "Meanwhile at Pope's Road",' Love Lambeth, 2014, https://love.lambeth.gov.uk/ have-your-say-what-happens-meanwhile-at-popes-road/.

339. 关于"新潮布里克斯顿"的历史，可参阅 Jason Cobb,'Exclusive：Grow Brixton to Pop Brixton – How a Green Oasis for the Community Turned into a 21st Century Business Park,' Brixton Buzz，2016，http://www.brixtonbuzz.com/2016/06/exclusive-grow-brixton-to-pop-brixton-how-a-green-oasis-for-the-community-turned-into-a-21st-century-business-park/。

340. Lambeth Council, 'Future Brixton Masterplan' (London, 2009), https://moderngov.lambeth.gov.uk/documents/s57901/01 Future Brixton Masterplan 1.pdf.

341. Jason Cobb, 'Planning Permission Recommended for Grow:Brixton to Transform Site of Old Pope's Road Car Park,' Brixton Buzz, 2014, http://www.brixtonbuzz.com/2014/09/planning-permission-recommended-for-growbrixton-to-transform-site-of-old-popes-road-car-park/.

342. Taffus Maximus, 'Pop Brixton (Formerly Grow Brixton) Pope's Road Development,' Urban75.net, 2014, https://www.urban75.net/ forums/threads/pop-brixton-formerly-grow-brixton-popes-road-development.322188/.

343. Cobb, 'Exclusive: Grow Brixton to Pop Brixton – How a Green Oasis for the Community Turned into a 21st Century Business Park.'

344. Jack Hopkins, 'Bridging the Gap between Bedroom and High Street: A Space for Start-Ups to POP up in Brixton ,' jackhopkins, 2015, https://jackhopkins.wordpress.com/2015/04/14/bridging-the-gap-

between-bedroom-and-high-street-a-space-for-start-ups-to-pop-up-in-brixton/.

345. Lambeth Council, 'Pop Brixton - Lease Extension until November 2020,' 2017, https://moderngov.lambeth.gov.uk/documents/s92926/Pop Brixton ODDR - SLA and Lease extension 003.docx.pdf.

346. Jason Cobb, 'Lambeth Council Extends Pop Brixton Lease for Two Years as Business Park Fails to Deliver Any Profit,' Brixton Buzz, 2018, http://www.brixtonbuzz.com/2018/01/lambeth-council-extends-pop-brixton-lease-for-two-years-as-business-park-fails-to-deliver-any-profit/.

347. Lambeth Council, 'State of the Borough 2016' (London, 2016), https://www.lambeth.gov.uk/sites/default/files/State of Borough 2016-v3.pdf.

348. Lambeth Council, 'Officer Delegated Decision,' Brixton High Street Fund, Pop Brixton co-working space, 2014.

349. Taffus Maximus, 'Pop Brixton (Formerly Grow Brixton) Pope's Road Development,' Urban75.net, 2015, https://www.urban75.net/forums/threads/pop-brixton-formerly-grow-brixton-popes-road-development.322188/page-96.

350. 'Working Lives,' Tube Creature, 2011, http://tubecreature.com/#/occupation/current/same/U/940GZZLUBXN/TFTFTF/13/-0.1029/51.4517/.

351. 'Chasing Cool,' *The Economist*, 2014, https://www.economist.com/blighty/2014/04/08/chasing-cool.

352. 但我都没有选。我刚了解过伦敦高昂的托儿所费用，于是自带了三明治。

353. 'Coldharbour,' City Population, 2011, https://www.citypopulation.de/php/uk-wards-london.php?adm2id=E05000420.

354. 'Impact Hub,' Pop Brixton , 2019, https://www.popbrixton.org/members/impact-hub/.

355. 'Get to Know Us,' Impact Hub Global Community, 2019, https://impacthub.net/get-to-know-us/#frequent.

356. Andy Wilson, 'Lambeth's Budget Challenge,' Love Lambeth, 2019, https://love.lambeth.gov.uk/lambeth-budget-challenge/.

357. Lambeth Council, 'Officer Delegated Decision.'

358. Rebecca Montacute, 'Internships - Unpaid, Unadvertised, Unfair,' Sutton Trust, 2018, https://www.suttontrust.com/wp-content/uploads/2018/01/Internships-2018-briefing.pdf; Orian Brook, David O'Brien and Mark Taylor, 'Panic! Social Class, Taste and Inequalities in the Creative Industries' (London, 2018).

359. Florida, *The New Urban Crisis*, xi.

360. Florida, xxiv.

361. Florida, xiv.

362. Florida, 35.

363. 'Peckham Levels,' Peckham Levels, 2019, https://www.peckhamlevels.org/.

364. Ehrenhalt, *The Great Inversion and the Future of the American City.*

365. Florida, 'Class-Divided Cities: London Edition.'

366. Graeme Archer, 'Let's Talk about the Exodus of 600,000 Whites from London,' Daily Telegraph, 2013, https://www.telegraph.co.uk/news/uknews/immigration/9888310/Lets-talk-about-the-exodus-of-600000-whites-from-London.html.

367. Office for National Statistics, 'Population Estimates for the UK, England and Wales, Scotland and Northern Ireland: Mid-2017,' Population Estimates, 2018, https://www.ons.gov.uk/peoplepopulationandcommunity/populationandmigration/populationestimates/bulletins/annualmidyearpopulationestimates/mid2017#growth-varies-less-across-the-uk-london-no-longer-growing-fastest.

368. 'Annual Commuting Time Is up 18 Hours Compared to a Decade Ago, Finds TUC,' TUC, 2018, https://www.tuc.org.uk/news/annual-commuting-time-18-hours-compared-decade-ago-finds-tuc.

369. 参见 Ben Judah, *This Is London* (London：Picador, 2016) pp. 203—213，本书对 N21 路公交上的生活做了生动描述。

370. Hilary Osborne, 'Average Price of London Home Almost Doubles to £ 600,625 since 2009,' The Guardian, 2016, https://www. theguardian. com/money/2016/may/11/average-london-home-doubles-price-house-property.

371. Sarah Marsh, 'How Has Brixton Really Changed? The Data behind the Story,' The Guardian, 2016, https://www.theguardian.com/cities/datablog/2016/jan/14/how-has-brixton-really-changed-the-data-behind-the-story.

372. Olivia O'Suvillan, 'Cine-Files: Ritzy, Brixton , London,' The Guardian, 2011, https://www.theguardian.com/film/2011/oct/05/cine-files-ritzy-cinema-brixton.

373. BECTU, 'Living Staff Living Wage,' Campaigns, 2018, https://www.bectu.org.uk/get-involved/campaigns/picturehouse.

374. Murad Ahmed, 'Strong 2017 Movie Slate Lifts Cineworld Sales, Profits,' Financial Times, 2018, https://www.ft.com/content/efdc62fc-2821-11e8-b27e-cc62a39d57a0.

375. Mike Urban, 'Boycott the Ritzy Campaigners Keep up the Pressure into 2018,' Brixton Buzz, 2018, http://www.brixtonbuzz.com/2018/01/boycott-the-ritzy-campaigners-keep-up-the-pressure-into-2018/.

376. Mayhew, *London Labour and the London Poor*.

377. 'Aristocrats Own Third of Land in England and Wales,' The Independent, 2010, https://www.independent.co.uk/news/uk/home-news/aristocrats-own-third-of-land-in-england-and-wales-2130392.html.

378. 'Who Owns Central London?,' Who Owns England?, 2017, https://whoownsengland.org/2017/10/28/who-owns-central-london/.

379. 案例参考 Carole Cadwalladr, 'Whatever the Party，Our Political Elite Is an Oxbridge Club,' The Guardian, 2015, https://www.theguardian.com/commentisfree/2015/aug/24/our-political-elite-oxbridge-club；

Owen Jones，*The Establishment*（London：Penguin，2014）；Philip Kirby，'Leading People 2016：The Educational Backgrounds of the UK Professional Elite，' 2016，https://www.suttontrust.com/wp-content/uploads/2016/02/Leading-People_ Feb16.pdf。

380. 对我而言，背诵一长串暴怒的国王和王后的名单完全不痛苦。

381. Catherine Hall et al.，'Introduction，' in *Legacies of British Slave Ownership* (Cambridge: Cambridge University Press, 2014).

382. White, *London in the 19th Century*, 216.

383. White, 216.

384. White, 218–19.

385. Kate Fox, *Watching the English* (London: Hodder and Stoughton, 2004), 81.

386. White, *London in the 18th Century*, 131–32.

387. German and Rees, *A People's History of London*, 46.

388. Mike Savage et al.，'A New Model of Social Class? Findings from the BBC's Great British Class Survey Experiment，' *Sociology* 47, no.2（2014）。

389. 'Huge Survey Reveals Seven Social Classes in UK，' BBC News, 2013, https://www.bbc.co.uk/news/uk-22007058.

390. Mike Savage, *Social Class in the 21st Century* (London: Pelican Books, 2015), 6–7.

391. Savage et al.，'A New Model of Social Class? Findings from the BBC's Great British Class Survey Experiment，' 242。

392. Florida, *The Rise of the Creative Class, Revisited*, 37.

393. Florida, 'Class-Divided Cities: London Edition.'

394. Florida, *The Rise of the Creative Class, Revisited*, 9.

395. Florida, 'Class-Divided Cities: London Edition.'

396. 'Insight: Focus on the Southwest Ontario Region，' Martin

Prosperity Insights, 2009, http://martinprosperity.org/tag/service-class/.

397. Florida, 'Class-Divided Cities: London Edition.'

398. Corporate Research Unit, 'Bethnal Green Ward Profile,' London Borough of Tower Hamlets, 2014, https://www.towerhamlets.gov.uk/ Documents/Borough_statistics/Ward_profiles/Bethnal_Green. pdf.

399. 'DataShine: Census,' DataShine, 2019, http://datashine.org.uk/#table= QS112EW&col=QS112EW0031&ramp=YlOrRd&layers=BTTT&zoom =14&lon=-0.0636&lat=51.5280.

400. 'More than Half of Children Now Live in Poverty in Some Parts of the UK,' End Child Poverty, 2018, https://www.endchildpoverty. org.uk/more-than-half-of-children-now-living-in-poverty-in-some-parts-of-the-uk/.

401. Ruth Bloomfield, 'Hotspot in Waiting: Bethnal Green Set to Rival Shoreditch with Trendy Bars and New Homes in the Victorian Chest Hospital,' The Evening Standard, 2018, https://www. homesandproperty.co.uk/property-news/buying/new-homes/ bethnal-green-set-to-rival-shoreditch-with-trendy-bars-and-new-homes-in-the-victorian-chest-hospital-a119346.html.

402. 'London Loses One Pub a Week, According to New Figures,' BBC News, 2018, https://www.bbc.co.uk/news/uk-england-london-44659180.

403. Martin Prosperity Insights, 'London, Brilliant!' 2013, http:// martinprosperity.org/wp-content/uploads/2013/06/London-Insight_ v01.pdf.

404. Florida, 'Class-Divided Cities: London Edition.'

405. BFI, 'UK Films and British Talent Worldwide' (London, 2018).

406. Heather Carey et al., 'A Skills Audit of the UK Film and Screen Industries' (London, 2017)。

407. 'Employment and Place of Employment in the Film Industry, 2017,' Office for National Statistics, 2017, https://www.ons.gov.uk/

employmentandlabourmarket/peopleinwork/employmentandemployeetypes/
adhocs/008458employmentandplaceofemploymentinthefilmindustry2017?:uri
=employmentandlabourmarket/peopleinwork/employmentandemployeetypes/
adhocs/008458employmentandplac.

408. White, *London in the 20th Century*, 336.

409. Brook, O'Brien, and Taylor, 'Panic! Social Class, Taste and Inequalities in the Creative Industries.'

410. 'Employment in the Film Industry' (London, 2017).

411. 'Employment in the Film Industry.'

412. BECTU, 'Production Branch Ratecard 2018,' Production branch ratecard 2018, 2017, https://www.bectu.org.uk/advice-resources/library/2449.

413. S Cunningham, 'Developments in Measuring the "Creative Workforce",' *Cultural Trends* 20, no. 1 (2011): 37.

414. 这个数字不包括外国机构，比如像我所在的美国"留学"中心。

415. 'Student Numbers in London,' London Higher, 2017, https://www.londonhigher.ac.uk/ceo-blog/student-numbers-in-london/.

416. 'Student Numbers in London.'

417. White, *London in the 18th Century*, xx–xxi.

418. 'History of University of London,' University of London, 2018, https://london.ac.uk/about-us/history-university-london.

419. Richard Florida, 'Mapping the World's Knowledge Hubs,' CityLab, 2017, https://www.citylab.com/life/2017/01/mapping-the-worlds-knowledge-hubs/505748/.

420. 'Top Ten Facts About Studying in London,' Study London, 2018, https://www.studylondon.ac.uk/why-study-in-london/top-10-facts.

421. '20 Facts About London's Culture.'

422. White, *London in the 20th Century*, 337.

423. White, 337.

424. White, *London in the 18th Century*, 175.

425. David Holmes, *Communication Theory: Media, Technology and Society* (London: SAGE, 2005), 77.

426. White, *London in the 18th Century*, 166.

427. Sidney W. Mintz, *Sweetness and Power: The Place of Sugar in Modern History* (New York: Penguin Books, 1985), 111.

428. Chris Harman, *A People's History of the World*, 2nd ed.（London：Verso，2008），249。

429. Daniel Defoe, *A Tour Thro' the Whole Island of Great Britain, Divided into Circuits or Journies* (London: JM Dent and Co, 1927).

430. Will Dahlgreen, 'Bookish Britain: Literary Jobs Are the Most Desirable,' YouGov, 2015, https://yougov.co.uk/topics/politics/articles-reports/2015/02/15/bookish-britain-academic-jobs-are-most-desired.

431. 'The Values of Queen Mary University of London,' Queen Mary University of London, 2014, https://www.qmul.ac.uk/strategy/the-strategy/values/index.html.

432. 我产生的这些刻板印象，可能更多地反映了我自己的工作伦理，而不是我那些同事们的。

433. 在此我得向所有打扮时髦的学者们道歉，打扮漂亮或追随流行文化，并不是反智行为。此外，这里对疯狂教授形象以讹传讹的描述，也存在一些强烈的性别刻板印象。

434. 星期三除外，因为那天我会被清洁工粗鲁地叫醒。

435. Paul F. Gorczynski, Denise Hill and Shanaya Rathod, 'Examining the Construct Validity of the Transtheoretical Model to Structure Workplace Physical Activity Interventions to Improve Mental Health in Academic Staff,' *EMS Community Medicine Journal* 1, no. 1 (2017).

436. 我也是其中之一。

437. Katia Levecque et al., 'Work Organization and Mental Health Problems in PhD Students,' *Research Policy* 46, no. 4（2017）。

438. Anonymous Academic, 'Academia Is Built on Exploitation. We Must Break This Vicious Circle,' The Guardian, 2018, https:// www.theguardian.com/higher-education-network/2018/may/18/ academia-exploitation-university-mental-health-professors-plagiarism.

439. Ken Mayhew, Cecile Deer and Mehak Dua, 'The Move to Mass Higher Education in the UK: Many Questions and Some Answers,' *Oxford Review of Education* 30, no. 1 (2004): 66.

440. Ana Lopes and Indra Angeli Dewan, 'Precarious Pedagogies? The Impact of Casual and Zero-Hour Contracts in Higher Education,' *Journal of Feminist Scholarship* 7, no. 8 (2014): 28–42.

441. Tony Blair, 'Full Text of Tony Blair's Speech on Education,' The Guardian, 2001, https://www.theguardian.com/politics/2001/ may/23/labour.tonyblair.

442. Mayhew, Deer, and Dua, 'The Move to Mass Higher Education in the UK: Many Questions and Some Answers,' 66.

443. Lord Robbins, 'The Robbins Report' (London, 1963).

444. National Committee of Inquiry into Higher Education, 'Higher Education in the Learning Society (The Dearing Report),' 1997, http://www.leeds.ac.uk/educol/ncihe/.

445. 'With Greater Participation, Even "Greater Inequality,"' Times Higher Education, 2016, meshighereducation.com/news/expansion-in-global-higher-education-has-increased-inequality.

446. Queen Mary University, 'The Queen Mary Statement of Graduate Attributes,' 2015, http://www.qmul.ac.uk/gacep/statement/.

447. 'Strike - QMUL UCU,' Strike, 2018, https://qmucu.wordpress.com/ strike/.

448. 'Precarious Work in Higher Education,' UCU, 2016, https://www. ucu.org.uk/media/7995/Precarious-work-in-higher-education-a-

snapshot-of-insecure-contracts-and-institutional-attitudes-Apr-16/
pdf/ucu_precariouscontract_hereport_apr16.pdf.

449. Jacqueline Z. Wilsona et al., 'Retaining a Foothold on the Slippery
Paths of Academia: University Women, Indirect Discrimination,
and the Academic Marketplace,' Gender and Education 22, no. 5
（2010）: 535-545。

450. Alexandre Afonso, 'How Academia Resembles a Drug Gang,' LSE
Impact Blog, 2013, http://blogs.lse.ac.uk/impactofsocialscienc-
es/2013/12/11/how-academia-resembles-a-drug-gang/.

451. Steven Levitt and Sudhir Venkatesh, 'An Economic Analysis of a
Drug-Selling Gang's Finances,' *Quarterly Journal of Economics*
115, no. 3 (2000): 755-789.

452. Johan Davidsson and Marek Naczyk, 'The Ins and Outs of
Dualisation: A Literature Review,' *Working Papers on the
Reconciliation of Work and Welfare in Europe* 2 (2009).

453. Aditya Chakrabortty and Sally Weale, 'Universities Accused of "importing
Sports Direct Model" for Lecturers' Pay,' The Guardian, 2016, https://
www.theguardian.com/uk-news/2016/nov/16/universities-accused-of-
importing-sports-direct-model-for-lecturers-pay.

454. Afonso, 'How Academia Resembles a Drug Gang.'

455. Emmenegger, Partick; H.usermann, Silja; Palier, Bruno; Seeleib-
Kaiser, Martin, ed., *The Age of Dualization: The Changing Face of
Inequality in Deindustrializing Societies* (Oxford: Oxford University
Press, 2012).

456. 'The Disposable Academic,' *The Economist* 397, no. 8713 (2010).

457. David Knights and Caroline Clarke, 'It's a Bittersweet Symphony,
This Life: Fragile Academic Selves and Insecure Identities at Work,'
Organization Studies 35, no. 3 (2014): 335-57.

458. 当我晚上睡着后，梦到的事情都是怎么调整幻灯片的格式，而不
是具体的工作内容时，我就知道，我工作得太努力了。不过，这
一认知并没有阻止我努力工作。

459. 例如，参见 Anonymous Academic, 'Academia Is Built on Exploitation. We Must Break This Vicious Circle'; Anonymous Academic, 'I Just Got a Permanent Academic Job – but I'm Not Celebrating,' *The Guardian*, 2018, https://www.theguardian.com/higher-education-network/2018/jun/22/permanent-academic-job-university-system-unfair-exploitative; Alexander Gallas, 'The Proliferation Of Precarious Labour in Academia,' *Progress in Political Economy*, 2018, http://ppesydney.net/proliferation-precarious-labour-academia/。

460. R Gill, 'Academics, Cultural Workers and Critical Labour Studies,' *Journal of Cultural Economy* 7, no. 1 (2014): 12.

461. 'Stamp out Casual Contracts,' UCU, 2018, https://www.ucu.org.uk/stampout.

462. 'Population by Nationality,' Office for National Statistics, 2017, https://data.london.gov.uk/dataset/nationality.

463. BOP Consulting & Graham Devlin Associates, 'Arts Council England Analysis of Theatre in England' (London, 2016), https://www.artscouncil.org.uk/sites/default/files/download-file/Analysis of Theatre in England - Final Report.pdf.

464. Joe Murphy, 'Nearly Half of Black and Ethnic Minority Londoners "Have Faced Racist Abuse", Study Finds,' The Independent, 2017, https://www.standard.co.uk/news/crime/nearly-half-of-black-and-ethnic-minority-londoners-have-faced-racist-abuse-study-finds-a3252851.html.

465. Greater London Authority, 'Ethnicity Pay Gap Reporting: March 2017 Data' (London, 2017), https://www.london.gov.uk/sites/default/files/gla-ethnicity-pay-gap-report-2017.pdf.

466. 'Low Pay and High Stress: Survey Lifts Lid on Life as a Struggling Performer,' BBC News, 2018, https://www.bbc.co.uk/news/entertainment-arts-46356689.

467. A McRobbie, 'Re-Thinking Creative Economy as Radical Social Enterprise,' *Variant* 41 (2011): 32–33.

468. Daniel Ashton, 'Creative Work Careers: Pathways and Portfolios for the Creative Economy,' *Journal of Education and Work* 28, no. 4（2015）。我自己就有过类似的经历。当我甚至都找不到一个大学职位的面试时，我为了在零售店工作重新改写了自己的简历；不仅如此，我甚至还为艺术专业的学生开设了一节如何打造简历的课程，美其名曰"艺术创造"。这真让我感到悲哀。

469. Brook, O'Brien, and Taylor, 'Panic! Social Class, Taste and Inequalities in the Creative Industries.'

470. 我并不是暗示曼迪拉参与了什么不合法的事。

471. Alistair Smith, 'London Theatre Report' (London, 2014), https://www.londontheatre1.com/londontheatrereportv7.pdf.

472. Nick Clark, 'Just One Actor in 50 Makes More than £20,000 per Year, Survey Shows,' The Independent, 2014, https://www.independent.co.uk/incoming/just-one-actor-in-50-makes-more-than-20000-per-year-survey-shows-9448922.html.

473. Levitt and Venkatesh, 'An Economic Analysis of a Drug-Selling Gang's Finances.'

474. Emma Youle, 'Camden Fringe Theatre Thrives but Actors Pay Remains Too Low: Only One in Five on Minimum Wage,' Ham & High, 2014, https://www.hamhigh.co.uk/news/camden-fringe-theatre-thrives-but-actors-pay-remains-too-low-only-one-in-five-on-minimum-wage-1-3785159.

475. 'Plays in London,' Official London Theatre, 2018, https://officiallondontheatre.com/plays-in-london/.

476. Smith, 'London Theatre Report.'

477. Smith.

478. Emma Holland, 'Where to Find Australian Flat Whites and Coffees in London,' The Upsider, 2018, https://theupsider.com.au/london-coffee/8768.

479. Peter Thomson, 'Origins of the Flat White,' Peter J Thomson, 2014,

https://www.peterjthomson.com/coffee/flat-white-coffee-origins/.

480. Jonathan Pearlman, 'Who Invented the Flat White? Row Breaks out between Australian and New Zealand Cafe Owners,' Telegraph, 2015, https://www.telegraph.co.uk/news/worldnews/australiaandthepacific/australia/11895654/Who-invented-the-flat-white-Row-breaks-out-between-Australian-and-New-Zealand-cafe-owners.html.

481. 'London's Original Flat White,' Flat White, 2015, http://www.flatwhitesoho.co.uk/.

482. 'London's Original Flat White.'

483. Harriet Marsden, 'How the Flat White Conquered the Coffee Scene,' The Independent, 2018, https://www.independent.co.uk/life-style/flat-white-coffee-culture-antipodean-mcdonalds-advert-starbucks-latte-a8246111.html.

484. 我觉得有点内疚，但说实话也不是那么内疚。

485. 'The Changing Face of British Coffee Culture: 5 Key Themes,' Allegra World Coffee Portal, 2018, https://www.worldcoffeeportal.com/Latest/InsightAnalysis/2018/5-key-themes-The-changing-face-of-British-coffee.

486. 'The Decline of the Australian in the UK,' BBC News, 2014, https://www.bbc.co.uk/news/magazine-25401024.

487. GLA Intelligence, 'Country of Birth Ward Tools (2011 Census),' Census Information Scheme, 2011, https://data.london.gov.uk/dataset/country-of-birth-ward-tools--2011-census-.

488. Ash London, 'Ten Reasons You Need to Spend a Year Living in London in Your 20s,' news.com.au, 2016, https://www.news.com.au/travel/travel-ideas/adventure/ten-reasons-you-need-to-spend-a-year-living-in-london-in-your-20s/news-story/0278b09c1ac8bdfde28332fb02e2c3e0.

489. Alex Stanhope, 'An Australian Explains Why London Is the Worst City on Earth,' Vice UK, 2017, https://www.vice.com/en_uk/article/

ezz4ke/an-australian-explains-why-london-is-the-worst-city-on-earth.

490. Esther Smith, 'Trial Shifts: To Pay or Not to Pay?,' Big Hospitality, 2017, https://www.bighospitality.co.uk/Article/2017/08/09/Trial-shifts-to-pay-or-not-to-pay.

491. 'Jobs Paid Less than the London Living Wage in London in 2015, 2016, 2017, by Industry,' Office for National Statistics, 2018, https://www.ons.gov.uk/employmentandlabourmarket/peopleinwork/earningsandworkinghours/adhocs/008557jobspaidlessthanthelondonlivingwageinlondonin201520162017byindustry.

492. 'London Analysis: Estimates of Employee Jobs Paid Less than the Living Wage in London and Other Parts of the UK,' Office for National Statistics, 2015, https://www.ons.gov.uk/employmentandlabourmarket/peopleinwork/earningsandworkinghours/articles/londonanalysis/2015-10-12.

493. Florida, *The New Urban Crisis*.

494. Wainwright, ''Everything Is Gentrification Now': But Richard Florida Isn't Sorry.'

495. Wainwright.

496. Mark Spilsbury, 'Journalists at Work' (London, 2018).

497. Nick Davies, *Flat Earth News* (London: Vintage, 2008).

498. 'Journalism and Social Class Briefing,' National Union of Journalists, 2012, https://www.nuj.org.uk/documents/journalism-and-social-class-briefing/milburn.pdf.

499. Neil Thurman, Alessio Cornia and Jessica Kunert, 'Journalists in the UK' (London, 2016), http://openaccess.city.ac.uk/14664/1/Journalists in the UK.pdf.

500. 'Journalism and Social Class Briefing.'

501. Spilsbury, 'Journalists at Work.'

502. 'One in Five Journalists Earn Less than £20,000,' National Union

of Journalists, 2015, https://www.nuj.org.uk/news/one-in-five-journalists-earn-less-than-20000/.

503. Spilsbury, 'Journalists at Work.'

504. Thurman, Cornia, and Kunert, 'Journalists in the UK.'

505. Montacute, 'Internships - Unpaid, Unadvertised, Unfair.'

506. Spilsbury, 'Journalists at Work.'

507. Dahlgreen, 'Bookish Britain: Literary Jobs Are the Most Desirable'; Laura Hampson, 'This Is the Age Most Adults Land Their Dream Job,' The Evening Standard, 2018, https://www.standard.co.uk/lifestyle/london-life/how-to-find-dream-job-a4007906.html.

508. '2018 Authors' Earnings' (London, 2018), https://literaturealliancescotland.co.uk/wp-content/uploads/2018/06/ALCS_ Authors_Earnings_Report_2018.pdf.

509. '2018 Authors' Earnings.'

510. Thurman, Cornia, and Kunert, 'Journalists in the UK.'

511. White, London in the 19th Century, 225.

512. White, 227.

513. White, 229.

514. White, 235.

515. White, 236.

516. White, 235.

517. 我最近的一篇文章，对方开价 50 英镑。我接受了。

518. Allen Wood, Karl Marx (London: Routledge, 2004), 246.

519. Terry Eagleton, After Theory (London: Penguin, 2003), 42.

520. Wood, Karl Marx, 135–36.

521. London, The People of the Abyss, 65.

522. London, 66.

523. London, 67.

524. Charles Duhigg and David Barboza, 'Apple IPad and the Human Costs for Workers in China,' The New York Times, 2012, http://www.nytimes.com/2012/01/26/business/ieconomy-apples-ipad-and-the-human-costs-for-workers-in-china.html?_r=4&pagewanted=all.

525. James Pomfret, 'Migrants Elbow for Foxconn Jobs despite Labor Probe,' Reuters, 2012, http://www.reuters.com/article/us-apple-labour-china-idUSTRE81M0EA20120223; Rob Waugh, 'Apple's Chinese Supplier Foxconn Is Recruiting 18,000 People to Build New IPhone - and Device Is "Due in June",' Mail Online, 2012, http://www.dailymail.co.uk/sciencetech/article-2125009/iPhone-5-release-date-Apples-Chinese-supplier-Foxconn-recruiting-18k-people-build-new-device-June.html.

526. Karl Marx, *Capital* (Oxford: Oxford University Press, 1995), 352.

527. Marx, 352.

528. Marx, 357.

529. GLA Economics, 'London's Economic Outlook : Spring 2017 The GLA's Medium-Term Planning Projections' (London: Greater London Authority, 2017).

530. GLA Economics.

531. Jonathan Prynn, 'Record Year as 19 Million Tourists Visit London,' Evening Standard, 2017, https://www.standard.co.uk/news/london/record-year-as-19m-tourists-visit-london-a3542271.html.

532. 'Annual Survey of Visits to Visitor Attractions: Latest Results,' Visit Britain, 2016, https://www.visitbritain.org/annual-survey-visits-visitor-attractions-latest-results.

533. 这次空前成功的博览会盈利 18.6 万英镑，相当于今天 2300 万英镑。

534. 'Whitehall, May 18 1899,' *The London Gazette*, May 19, 1899,

https://www.thegazette.co.uk/London/issue/27081/page/3186.

535. 就像整个伦敦的情况一样，我们的房东把这个住房分成了 4 个独立的公寓。并无嘲讽之意——事实上，房东经常抱怨自己的女儿们仍然和他住在一起，因为她们在伦敦买不起房子。

536. 毕竟，我还不算成功人士。

537. Kathryn Hughes, 'The Middle Classes: Etiquette and Upward Mobility,' The British Library, 2014, https://www.bl.uk/romantics-and-victorians/articles/the-middle-classes-etiquette-and-upward-mobility.

538. 'Domestic Workers,' Women in Informal Employment: Globalizing and Organizing, 2018, http://www.wiego.org/informal-economy/occupational-groups/domestic-workers.

539. William Cavert, *The Smoke of London: Energy and Environment in the Early Modern City* (Cambridge: Cambridge University Press, 2016), 14.

540. White, *London in the 20th Century*, 193–194.

541. German and Rees, *A People's History of London*, 233.

542. 'Employment by Occupation Type and Gender, Borough,' London Datastore, 2017, https://data.london.gov.uk/dataset/employment-occupation-type-and-gender-borough.

543. Harry Mount, 'Are You Being Served?,' The Telegraph, 2013, http://www.telegraph.co.uk/lifestyle/10024092/Are-you-being-served.html.

544. Kalayaan, 'Britain's Forgotten Slaves; Migrant Domestic Workers in the UK Three Years after the Introduction of the Tied Overseas Domestic Worker Visa,' Kalayaan Three Year Briefing, 2015, http://www.kalayaan.org.uk/wp-content/uploads/2014/09/Kalayaan-3-year-briefing.pdf.

545. Mount, 'Are You Being Served?'

546. Clive Coleman, '"Outsourced" Workers Seek Better Deal in

Landmark Case,' BBC News, 2017, http://www.bbc.co.uk/news/uk-42056769.

547. Equality and Human Rights Commission, 'The Invisible Workforce: Employment Practices in the Cleaning Sector - Findings Report,' no. August (2014): 1–92, https://www.equalityhumanrights.com/sites/default/files/the_invisible_workforce_full_report_08-08-14.pdf; Trust for London, 'Low Pay,' London's Poverty Profile, 2016, http://www.londonspovertypro.le.org.uk/indicators/topics/low-pay/.

548. Katie Morley, 'Half of Millennials Hiring Cleaners as They Are "too Busy" to Clean One-Bed Flats,' The Telegraph, 2017, http://www.telegraph.co.uk/news/2017/06/18/half-millenials-hiring-cleaners-busy-clean-one-bed-flats/.

549. Tristram Hunt, 'Urban Britain Is Heading for Victorian Levels of Inequality,' The Guardian, 2007, https://www.theguardian.com/commentisfree/2007/jul/18/comment.money; David Olusoga, 'The Victorian Slums Are Back – and Housing Developers Are to Blame Again,' The Guardian, 2018, https://www.theguardian.com/commentisfree/2018/jan/16/victorian-slums-housing-developers-housebuilding-inequality; Haddad, 'The Perfect Storm: Economic Stagnation, the Rising Cost of Living, Public Spending Cuts, and the Impact on UK Poverty'; Graham Snowdon, 'Pay Gap Widening to Victorian Levels,' The Guardian, 2012, https://www.theguardian.com/business/2011/may/16/high-pay-commission-wage-disparity.

550. 'Spain Youth Unemployment Rate,' Trading Economics, 2018, https://tradingeconomics.com/spain/youth-unemployment-rate.

551. 'Population by Nationality.'

552. D. McIlwaine, C. and Bunge, 'Towards Visibility: The Latin American Community in London' (London, 2016).

553. Equality and Human Rights Commission, 'The Invisible Workforce: Employment Practices in the Cleaning Sector - Findings Report,' 23.

554. Keijonen, 'London's Sectors: More Detailed Jobs Data.'

555. ONS, 'London Analysis: Estimates of Employee Jobs Paid Less than the Living Wage in London and Other Parts of the UK,' London Analysis: Estimates of employee jobs paid less than the Living Wage in London and Other Parts of the UK, 2015, https://www.ons.gov.uk/employmentandlabourmarket/peopleinwork/earningsandworkinghours/articles/londonanalysis/2015-10-12.

556. Mayhew, *London Labour and the London Poor*, 10.

557. ONS, 'People in Employment on a Zero-Hours Contract: March 2017,' People in employment on a zero-hours contract: Mar 2017, 2017, https://www.ons.gov.uk/employmentandlabour market/peopleinwork/earningsandworkinghours/articles/contractsthatdonot guaranteeaminimumnumberofhours/mar2017.

558. ADS, 'UK Security Sector Outlook 2016,' UK security sector outlook 2016, 2016, https://www.adsgroup.org.uk/wp-content/uploads/sites/21/2016/12/SecurityOutlook2016-E-Res.pdf.

559. London Stock Exchange, 'GFS G4S PLC ORD 25P,' London Stock Exchange, 2017.

560. Shane Croucher, 'G4S Scandals: From London 2012 Security Fiasco to Jimmy Mubenga Death,' International Business Times, 2014.

561. BBC, 'FTSE 100 Closes at Another Record High,' BBC News, 2017, http://www.bbc.co.uk/news/business-39301556.

562. Trust for London, 'Low Pay.'

563. Frank Field and Andrew Forsey, 'Sweated Labour: Uber and the "Gig Economy"' (London, 2016), http://www.frankfield.co.uk/upload/docs/Sweated Labour - Uber and the 'gig economy'.pdf.

564. Select Committee on the Sweating System, 'Report from the Select Committee of the House of Lords on the Sweating System, with Proceedings of the Committee,' 1890.

565. 就连马克思也没有写过关于失业的文章，而是引用了剩余劳动力和后备劳动力大军的概念，这些术语均来自当时的英国劳工运动。

566. White, *London in the 19th Century*, 184.

567. 'Drive with Uber Make Money on Your Schedule,' Uber, 2019, https://www.uber.com/a/join-new/gb.

568. Field and Forsey, 'Sweated Labour: Uber and the "Gig Economy."'

569. 'PHVs and the Congestion Charge,' Transport for London, 2019, https://tfl.gov.uk/info-for/taxis-and-private-hire/phvs-and-the-congestion-charge.

570. 'Taxi and Private Hire Driver Demographic Statistics,' Transport for London, 2018, http://content.tfl.gov.uk/taxi-and-phv-demographic-stats.pdf.

571. White, *London in the 19th Century*, 186.

572. White, 187.

573. Booth, *Life and Labour of the People in London*, 322.

574. Sean Morrison, Hatty Collier and Johnathan Mitchell, 'Uber London Ban Reaction as It Happened: TfL Strips App of Its Licence,' The Evening Standard, 2017, https://www.standard.co.uk/news/transport/uber-stripped-of-london-licence-live-updates-and-reaction-a3641111.html.

575. 'IWGB Reaction to TfL Decision to Revoke UBER's License,' IWGB, 2017, https://www.forbes.com/sites/oliversmith/2018/03/16/the-londoner-who-brought-uber-to-its-knees/#6ec6d6dd6933.

576. Samuel Fishwick, 'Uber Drivers React to News of TfL's London Ban: 'I Finished the Job, Then Pulled over and Cried,'' The Evening Standard, 2017, https://www.standard.co.uk/lifestyle/london-life/uber-drivers-react-over-news-of-tfl-ban-a3643966.html.

577. 'Uber Granted Short-Term Licence to Operate in London,' BBC News, 2018, https://www.bbc.co.uk/news/business-44612837.

578. Sarah Butler, 'Uber Loses Appeal over Driver Employment Rights,' The Guardian, 2018, https://www.theguardian.com/technology/2018/dec/19/uber-loses-appeal-over-driver-employment-rights.

579. Field and Forsey, 'Wild West Workplace: Self-Employment in Britain's "Gig Economy."'

580. Chris Yuill, 'Identity and Solidarity in the Gig Economy,' in *BSA 2018 Annual Conference* (Northumbria: British Sociological Association, 2018).

581. 'Keep Deliveroo' in,' Reddit, 2019, https://www.reddit.com/r/deliveroos/.

582. 'Tech Round-Up: Why Am I Offered Specific Orders?,' Roo Community, 2019, https://roocommunity.com/tech-round-up-how-and-why-am-i-offered-specific-orders/.

583. 'Introduction to Deliveroo,' European Commission, 2016, http://ec.europa.eu/information_society/newsroom/image/document/2016-6/deliveroo_13855.pdf.

584. 'Deliveroo Claims Victory in Self-Employment Case,' BBC News, 2017, https://www.bbc.co.uk/news/business-41983343.

585. Anoosh Chakelian, ''I Don't Even Go to the Toilet' : Deliveroo Riders Will Fight to Be Recognised as Workers,' The New Statesman, 2018, https://www.newstatesman.com/politics/economy/2018/06/i-don-t-even-go-toilet-deliveroo-riders-will-fight-be-recognised-workers.

586. Patrick Collinson, 'How Do Deliveroo and Uber Workers Cope with Precarious Pay?,' The Guardian, 2018, https://www.theguardian.com/business/2018/oct/20/deliveroo-uber-workers-pay-gig-economy.

587. White, *London in the 19th Century*, 198.

588. Field and Forsey, 'Sweated Labour: Uber and the "Gig Economy."'

589. London, *The People of the Abyss*, 18.

590. Bauman, *Wasted Lives: Modernity and Its Outcasts* (London: Polity, 2004).

591. Michael Denning, 'Wageless Life,' *New Left Review*, 2010, 79–97.

592. Guy Vincent, 'Sustainable Microentrepreneurship: The Roles of

Microfinance, Entrepreneurship and Sustainability in Reducing Poverty in Developing Countries,' The Global Development Research Centre, 2005.

593. Henrik Huitfeldt and Johannes Jütting, 'Informality and Informal Employment,' 2009; Thanos Maroukis, Krystyna Iglicka and Katarzyna Gmaj, 'Irregular Migration and Informal Economy in Southern and Central-Eastern Europe: Breaking the Vicious Cycle?' *International Migration* 49, no. 5 (October 16, 2011): 129–56, https://doi.org/10.1111/j.1468-2435.2011.00709.x.

594. White, *London in the 19th Century*, 198.

595. Marx, *Das Kapital*, 362.

596. Marx, *Das Kapital*.

597. Yvonne Roberts, 'The Tiny Union Beating the Gig Economy Giants,' The Guardian, 2018, https://www.theguardian.com/politics/2018/jul/01/union-beating-gig-economy-giants-iwgb-zero-hours-workers.

598. 'About Us,' The University of London, 2019, https://london.ac.uk/about-us.

599. 'Boycott Senate House,' IWGB, 2019, https://iwgb.org.uk/boycottsenatehouse.

600. 'Why Support the Boycott?,' IWGB, 2019, https://iwgb.org.uk/page/hidden/why-support-the-boycott.

601. Richard J Evans, 'Eric Hobsbawm Would Not Have Backed University of London Boycott,' The Guardian, 2019, https://www.theguardian.com/education/2019/feb/11/eric-hobsbawm-would-not-have-backed-university-of-london-boycott.

602. Sarah Marsh, 'London University Criticised for Spending £415,000 on Protest Security,' The Guardian, 2018, https://www.theguardian.com/education/2018/jun/04/university-of-london-criticised-for-spending-415000-on-student-protest-security.

603. Simon Childs, 'The University of London's "Theatre of Security" Is Clamping Down on Student Dissent,' Vice, 2018, https://www.vice.

com/en_uk/article/wjbn5n/the-university-of-londons-theatre-of-security-is-clamping-down-on-student-dissent.

604. '10 December 2018 - University of London Statement on Boycott of Senate House,' University of London, 2018, https://london.ac.uk/10-december-2018-university-london-statement-boycott-senate-house.

605. '10 December 2018 - University of London Statement on Boycott of Senate House.'

606. Butler, 'Uber Loses Appeal over Driver Employment Rights.'

607. Sarah Butler, 'Deliveroo Riders Lose High Court Battle to Gain Union Recognition,' The Guardian, 2018, https://www.theguardian.com/business/2018/dec/05/deliveroo-riders-lose-high-court-battle-gain-union-recognition.

608. @boycottUoL, 'Around 50 @UoLondon Cleaners Have Written a Letter Thanking Academics for Boycotting @londonu and Telling Them Why Their Resolve to Campaign to End Outsourcing Is Stronger than Ever. ... 😭😭😭 #BoycottSenateHouse Http://Boycottsenatehouse.Com,' BOYCOTT SENATE HOUSE, 2019.

609. Tito Boeri and Juan F. Jimeno, 'The Unbearable Divergence of Unemployment in Europe' (Madrid, 2015), https://www.bde.es/f/webbde/SES/Secciones/Publicaciones/PublicacionesSeriadas/DocumentosTrabajo/15/Fich/dt1534e.pdf.

610. Rupert Neate, 'Two-Thirds of UK's Highest Paid Live in London or South-East, HMRC Data Shows,' The Guardian, 2019, https://www.theguardian.com/inequality/2019/mar/18/two-thirds-of-uks-highest-paid-live-in-london-or-south-east-hmrc-data-shows.

611. Oxford Economics, 'London 2030: How Will the Capital's Economy Change?' (Oxford, 2018).

612. Julia Kollewe, 'High Times: 76 Tall Buildings to Join London's Skyline in 2019,' The Guardian, 2019, https://www.theguardian.com/business/2019/mar/05/tall-buildings-london-skyline-2019.

613. Ashley Kirk, 'Seven Things You Did Not Know about Migration in

the UK,' The Telegraph, 2015, https://www.telegraph.co.uk/news/
uknews/immigration/11942613/Seven-things-you-did-not-know-
about-migration-in-the-UK.html.

614. GLA Intelligence, 'Interim 2015-Based Trend Projection Results'
(London, 2017).

615. 'More than Half of Children Now Live in Poverty in Some Parts of
the UK.'

616. Sarah Marsh, 'Record Number of People Sleeping Rough in
London,' The Guardian, 2018, https://www.theguardian.com/
society/2018/oct/31/record-number-of-people-are-sleeping-rough-
in-london.

617. 'Northern European Cities Offer Best Living Conditions,' ECA
International, 2018, https://www.eca-international.com/news/
march-2018/northern-european-cities-offer-best-living-conditi.

618. '2019 World's Best Cities,' Resonance Consultancy, 2018, http://
resonanceco.com/reports/2019-worlds-best-cities/.

619. Prynn, 'Record Year as 19 Million Tourists Visit London.'

620. Ackroyd, *London: The Concise Biography*, 492.